Hans Otto Spillmann

Einführung in die germanistische Linguistik

Germanistische Fernstudieneinheit 5

Fernstudienprojekt
zur Fort- und Weiterbildung
im Bereich Germanistik
und Deutsch als Fremdsprache

Teilbereich Germanistik

Kassel · München · Tübingen

LANGENSCHEIDT

Berlin · München · Wien · Zürich · New York

Fernstudienprojekt des DIFF, der GhK und des GI
allgemeiner Herausgeber: Prof. Dr. Gerhard Neuner

Herausgeber dieser germanistischen Fernstudieneinheit:
Dr. Britta Hufeisen, Technische Hochschule Darmstadt
Dr. Volker Kilian, Universität Gesamthochschule Kassel

unter Mitarbeit von:
Monika Asche

Im Fernstudienprojekt „Deutsch als Fremdsprache und Germanistik“ arbeiten das Deutsche Institut für Fernstudienforschung an der Universität Tübingen (DIFF), die Universität Gesamthochschule Kassel (GhK) und das Goethe-Institut, München (GI) unter Beteiligung des Deutschen Akademischen Austauschdienstes (DAAD) und der Zentralstelle für das Auslandsschulwesen (ZfA) zusammen.

Das Projekt wird vom Bundesminister für Bildung und Wissenschaft (BMBW) und dem Auswärtigen Amt (AA) gefördert.

⟸ Dieses Symbol bedeutet „Verweis auf andere Fernstudieneinheiten“

* Mit diesem Zeichen versehene Begriffe werden im Glossar erklärt

Dieses Werk folgt der Rechtschreibreform vom 1. August 1996. Ausnahmen bilden Texte und Realien, bei denen historische, künstlerische oder lizenzrechtliche Gründe einer Änderung entgegenstehen.

Druck: 5. 4. 3. 2. 1. | Letzte Zahlen
2004 2003 2002 2001 2000 | maßgeblich

Verlagsredaktion: Manuela Beisswenger, Mechthild Gerdes

Titelgrafik: Andreas Terglane
Satz und Gestaltung (DTP): Uli Olschewski, Astrid Neuhaus und Daniel Hofmann
Druck: Druckhaus Langenscheidt, Berlin
Printed in Germany: ISBN 3 – 468 – **49568** – 4

Inhalt

Für Julie –
und Snert, der meist dabei war

Vorwort

Eine Einführung in eine wissenschaftliche Disziplin zu geben, ist immer eine schwierige und eine undankbare Angelegenheit zugleich. Schwierig deshalb, weil der Autor nicht sicher sein kann, welche Kenntnisse er bei dem Leser voraussetzen darf: So wird sich der Anfänger häufig überfordert, der etwas Fortgeschrittenere unterfordert fühlen, die präsentierten Sachverhalte werden dem einen viel zu umfangreich und viel zu detailliert erscheinen, dem anderen dagegen viel zu oberflächlich und viel zu grob.

Aus der Schwierigkeit der Aufgabe lässt sich leicht ableiten, warum sie so undankbar ist: So existiert mit Sicherheit wohl keine Form einer wissenschaftlichen Äußerung, die mit höherer Wahrscheinlichkeit darauf rechnen darf, geschmäht zu werden, als eine *Einführung*.
Wenn dennoch immer wieder Einführungen in wissenschaftliche Sachgebiete vorgelegt werden, so sind hierfür drei Gründe denkbar:

a) Der Autor ist naiv und weiß nicht, auf was er sich mit seinem Unterfangen einlässt.
b) Der Autor ist Masochist.
c) Der Autor handelt letztendlich aus der Einsicht in die didaktische Notwendigkeit seines Unterfangens.

Eine derartige Position schließt dann selbstverständlich die Offenheit für die Kritik an seinem Entwurf durch die Leser ein, denen er sich verpflichtet fühlt. Aber eben: Kritik und keine Schmähung.
Der Autor des vorliegenden Buches möchte die unter c) aufgeführte Position als Begründung für den hier vorgelegten Versuch in Anspruch nehmen – auch mit den dort angemerkten Folgerungen.

Die vorliegende Einführung in die *Linguistik* geht davon aus, dass die Leser oder diejenigen, die sich unter Anleitung den Inhalt dieses Buches erarbeiten, über keine fachlichen Voraussetzungen verfügen. Das können Studienanfänger im Bereich deutschsprachiger Studiengänge sein oder aber Auslandsgermanisten, die in der letzten Phase ihres Studiums oder bereits als Postgraduierte sich in die Linguistik einarbeiten möchten. Für beide Lesergruppen gleichermaßen gilt, dass der Autor davon ausgeht, bei ihnen Neugierde und Zähigkeit, in ein selbst gewähltes Studienfach einzudringen, voraussetzen zu können.

Für den auslandsgermanistischen Leser erlaube ich mir noch eine Präzisierung: Die Beschäftigung mit einer Sprache, z. B. das Erlernen einer Sprache, ist nicht identisch mit dem Betreiben der Wissenschaft von dieser Sprache, in unserem Fall der germanistischen Linguistik. Dies wird häufig übersehen. Ohne ganz sichere Kenntnisse der deutschen Sprache ist eine Beschäftigung mit germanistischer Linguistik verfrüht und sinnlos. Wenn Sie, liebe Leserin und lieber Leser, bei der Lektüre dieses Vorworts oder aber der folgenden Einleitung s p r a c h l i c h e Verständnisschwierigkeiten haben, dann nehmen Sie sich dieses Buch getrost zu einem späteren Zeitpunkt noch einmal vor: Im Augenblick ist es für Sie noch verfrüht, die ersten Schritte in die Linguistik zu wagen, weil Ihre Sprachfertigkeiten dafür noch nicht ausreichend sind.

Das Ziel dieser *Einführung* ist dann erreicht, wenn der Leser nach dem Durcharbeiten eine grobe Vorstellung von den wichtigsten linguistischen Disziplinen und ihren Fragestellungen hat und dann imstande ist, z. B. die Kommentierung einer linguistischen Lehrveranstaltung zu verstehen oder den Stellenwert der übrigen linguistischen Studieneinheiten im Rahmen der Fernstudienmaterialien zu erkennen, zu denen auch dieses Buch gehört. Das Ziel der Einführung ist in ganz besonders hohem Maße dann erreicht, wenn der Leser zu einzelnen Kapiteln dieser Einführung Anmerkungen zu machen hat oder das Eingehen auf weitere wichtige Sachverhalte vermisst – und wenn er bei der dann zweiten Lektüre dieses Vorworts diese Zeilen sehr viel besser versteht und vielleicht sogar zu ahnen meint, weshalb der Verfasser sie überhaupt geschrieben hat.

1 Einleitung – oder: Wovon die Rede sein wird

Sprache als Zeichensystem

Eine Sprache kann aufgefasst werden als ein System von Zeichen. Diese sehr häufig gebrauchte, griffige Formulierung haben Sie sicher auch schon einmal gehört; allerdings müsste diese Aussage präzisiert werden, denn die Systemhaftigkeit unseres Untersuchungsgegenstandes *Sprache* liegt ja gerade darin begründet, dass seine Elemente, die Zeichen, nicht irgendwie oder beliebig, sondern nach ganz bestimmten Regeln miteinander verknüpft werden müssen.

Beispiele

So können wir z. B. im Deutschen nicht sagen:
**Die Flasche bellt.*
(Unformen, d. h. nicht normgerechte Formen, werden mit einem vorangestellten Sternchen* gekennzeichnet.)
Denn die Bedeutung des Substantives *Flasche* erlaubt es nicht, es mit dem Verb *bellen* in einem Satz wie dem vorliegenden zu verbinden. Die Bedeutungen von *Flasche* und *bellen* vertragen sich nicht miteinander, d. h., ihre Verknüpfung ergibt keinen Sinn.

Ebenso wenig wird folgender Satz im Deutschen akzeptiert werden:
**Morgen bin ich ins Kino gegangen.*
Morgen bezieht sich auf Zukünftiges und ist damit in der vorliegenden Aussage formal nicht mit der Verbform *gegangen* kombinierbar, die die Vergangenheit anzeigt.
Aber auch wenn wir den Satz vordergründig hinsichtlich der Zeitform in Ordnung bringen und formulieren:
**Gestern gingen ich ins Kino.*
wird er als falsch zurückgewiesen werden, weil nun zwar die Zeitbezüge stimmen, aber das Personalpronomen in der ersten Person Singular *ich* zwingend die Verbform *ging* und nicht *gingen* erfordert.

Es ist also ganz deutlich, dass Zeichen nach ganz bestimmten Regeln miteinander verknüpft werden müssen. Aus dieser Erkenntnis wird auch deutlich, dass die Formulierung: Sprache ist ein System von Zeichen und Regeln der Präzisierung bedarf und zu der Aussage ergänzt werden muss:

Sprache als System von Zeichen und Regeln

Sprache ist ein System von Zeichen und Regeln zur Verknüpfung dieser Zeichen.

Sprache ist aber lediglich ein Zeichensystem unter vielen anderen. So können z. B. auch die Lichtzeichen der Verkehrsampeln als – sehr kleines – Zeichensystem aufgefasst werden, ebenso der international gebräuchliche Morsecode oder mathematische oder chemische Formelsysteme. Diese Zeichensysteme betreffen alle den menschlichen Bereich. Eine ausführliche Darstellung dieser Thematik finden Sie in der Studieneinheit *Einführung in die Semantik*. ⟹

Aber es gibt auch im Tierreich Zeichensysteme mit kommunikativer Funktion, die teilweise sehr kompliziert sind, so z. B. der Schwänzeltanz der Honigbienen, mit dem eine Biene ihren Artgenossinnen mitteilt, dass und wo sie Futter gefunden hat. Wir werden uns im Verlauf dieses Kapitels noch eingehender damit beschäftigen.

Es gibt eine Unzahl von Naturphänomenen, die für uns Menschen Zeichencharakter haben: Ein ganz bestimmter Ruf eines ganz bestimmten Vogels, z. B. der des Eichelhähers, zeigt uns, weil wir selber eine entsprechende Erfahrung gemacht oder diese Kenntnis erworben haben, dass der Vogel sich in seinem Lebensbereich durch herannahende Tiere oder Menschen gestört fühlt.

Oder nehmen wir ein weiteres Beispiel: Aufziehende Gewitterwolken können für einen Menschen in einer ganz bestimmten Situation, z. B. für einen Bergsteiger, Zeichen für eine äußerst wichtige und schnelle Entscheidung sein: Der Bergsteiger wird beim Anblick dieser Z e i c h e n sein Vorhaben augenblicklich abbrechen oder, wenn dies nicht mehr möglich ist, umgehend Vorkehrungen zu seinem Schutz und damit zum Erhalt seines Lebens treffen.

Wir machen uns die Vielfalt von Zeichen und Zeichensystemen, mit denen wir tagtäglich konfrontiert werden, nur deshalb nicht klar, weil sie für uns bereits zur Gewohnheit geworden sind.

Diesen Sachverhalt verdeutlicht sehr anschaulich die detaillierte Schilderung einer Episode aus dem Leben eines Herrn mit dem bezeichnenden Namen *Signor Sigma* (das ist das italienische Wort für *Zeichen*), mit der der bedeutende italienische Semiotiker und Autor Umberto Eco sein Buch *Zeichen – Einführung in einen Begriff und seine Geschichte* beginnen lässt:

Umberto Eco:
Signor Sigma

„Signor Sigma, so wollen wir annehmen, hat bei einem Aufenthalt in Paris plötzlich Beschwerden im ‚Bauch'. Ich habe einen ungenauen Ausdruck benutzt, weil das, was Herr Sigma empfindet, noch unbestimmt ist. Sigma hört jetzt in sich hinein und versucht, die Empfindungen näher zu bestimmen: Hat er nun Sodbrennen oder Krämpfe oder Schmerzen im Unterleib? Er versucht, für diese dumpfen Empfindungen einen Namen zu finden: Indem er sie benennt, macht er sie zu etwas Kulturellem, d. h., er ordnet das, was ein Naturphänomen war, in präzise ‚kodifizierte' Rubriken ein, versucht also, eine persönliche Erfahrung so zu qualifizieren, daß sie mit anderen, in medizinischen Büchern oder Zeitungsartikeln beschriebenen Erfahrungen vergleichbar wird.
Jetzt hat er das Wort gefunden, das ihm passend erscheint: Dieses Wort steht f ü r die Beschwerden, die er verspürt. Da er mit einem Arzt über seine Beschwerden reden möchte, kann er nun dieses Wort (das der Arzt zu verstehen vermag) anstelle der Beschwerden benutzen (die der Arzt nicht spürt und möglicherweise noch nie in seinem Leben gespürt hat).

Jedermann würde nun wohl sagen, das Wort, auf das Herr Sigma gestoßen ist, sei ein Z e i c h e n. Aber unser Problem ist verwickelter.

Herr Sigma beschließt, sich einen Termin bei einem Arzt geben zu lassen. Er schaut ins Pariser Telefonbuch: Präzise graphische Zeichen sagen ihm dort, wer Arzt ist und wie er ihn erreichen kann. Er verläßt das Haus und sucht mit den Augen ein bestimmtes ihm wohlbekanntes Signal: Er geht in eine Bar. Handelte es sich um eine italienische Bar, so würde er nach einem gleich neben der Kasse befindlichen Verschlag suchen, in dem ein metallfarbenes Telefon stehen müßte. Da er weiß, daß es sich um eine französische Bar handelt, verfügt er über andere Regeln zur Interpretation dieser Umgebung: Er sucht eine Treppe, die nach unten führt. Dort befinden sich – das weiß er – in jeder Pariser Bar, die etwas auf sich hält, Toiletten und Telefone. Die Szenerie stellt sich ihm mithin als System orientierender Zeichen dar, die ihm darüber Aufschluß geben, wo er telefonieren kann.

Sigma geht hinunter und steht vor drei ziemlich engen Kabinen. Ein anderes Regelsystem sagt ihm, in welcher Weise er eine der Wertmarken (es sind verschiedene, und nicht alle passen für diesen Telefontyp; er muß also die Wertmarke x l e s e n als ‚zum Telefon y passende Wertmarke') einwerfen muß und schließlich sagt ihm ein akustisches Signal, ob die Leitung frei ist: Dieses Signal ist verschieden von dem in Italien benutzten, weshalb er eine andere Regel kennen muß, die es ihm erlaubt, es zu ‚dekodieren': auch dieses Geräusch s t e h t für das verbale Äquivalent ‚Leitung frei'. Nun hat er die Wählscheibe mit den Buchstaben des Alphabets und den Zahlen vor sich: Er weiß, daß der gesuchte Arzt die Nummer DAN 0019 hat; diese Folge von Buchstaben und Zahlen entspricht dem Namen des Arztes ...

Diese Nummer wiederum wird durch einen sehr subtilen Kode bestimmt: Die Buchstaben z. B. entsprechen einem bestimmten Stadtteil, doch bedeutet jeder Buchstabe wiederum eine Nummer, und wenn ich Paris im Selbstwählverkehr von Mailand aus anrufen würde, so müßte ich, da mein italienisches Telefon einem anderen Kode folgt, DAN durch die entsprechenden Zahlen ersetzen.

Sigma jedenfalls wählt die Nummer: ein neuer Ton s a g t ihm, daß die Nummer frei ist. Und schließlich hört er eine Stimme: Diese Stimme spricht französisch, also nicht in Sigmas Muttersprache. Sigma muß, um den Termin zu bekommen (und auch später, wenn er dem Arzt seine Beschwerden beschreibt) von einem Kode zu einem anderen übergehen und das, was er auf italienisch gedacht hat, ins Französische übersetzen. Jetzt hat der Arzt ihm einen Termin und eine Adresse gegeben. Die

Adresse ist ein Zeichen, das auf einen genau festgelegten Ort in der Stadt, auf ein bestimmtes Stockwerk in einem Gebäude, auf eine bestimmte Tür in diesem Stockwerk verweist. Der Termin beruht auf der beiden offenstehenden Möglichkeit, sich auf ein allgemein benutztes Zeichensystem, nämlich die Uhr, zu beziehen.

Sodann muß Sigma verschiedene Operationen ausführen, um ein Taxi als solches zu erkennen, und er muß dem Taxifahrer bestimmte Zeichen übermitteln; der Taxifahrer interpretiert die Verkehrsschilder und Ampeln, er muß die verbal empfangene Adresse mit der Adresse auf dem Straßenschild vergleichen ...; und dann folgen die zahlreichen Operationen, die Sigma ausführen muß, um in dem betreffenden Gebäude den Aufzug zu erkennen, um den dem gewünschten Stockwerk entsprechenden Knopf zu finden, ihn zu drücken, damit die Vertikalbewegung zustande kommt, und schließlich das Erkennen der zur Arztpraxis führenden Türe aufgrund des Türschilds. (...)

Schließlich sitzt er vor dem Arzt und versucht, ihm zu erklären, was heute morgen geschehen ist: ‚J'ai mal au ventre.' Der Arzt versteht zwar die Worte, aber er verläßt sich nicht darauf; d. h., es ist nicht sicher, daß Sigma genau die richtigen Worte für seine Empfindungen gefunden hat. Er stellt Fragen, es kommt zu einem Gespräch; Sigma soll die Art seiner Beschwerden und ihren Sitz präzisieren. Nun tastet der Arzt Sigmas Magen und Leber ab – gewisse Tasterfahrungen haben für ihn eine Bedeutung, die sie für andere Menschen nicht haben, denn er hat Bücher durchgearbeitet, in denen erklärt wird, daß bestimmte Tasterfahrungen bestimmte organische Veränderungen wiedergeben. Der Arzt interpretiert die Empfindungen, die Sigma hatte (und die er selbst nicht hat), und vergleicht sie mit den Tastempfindungen, die er gerade hat. Sind seine Kodes einer m e d i z i n i s c h e n S e m i o t i k richtig, dann müßten die beiden Empfindungsbereiche übereinstimmen. Doch werden Sigmas Empfindungen dem Arzt durch die Laute der französischen Sprache übermittelt; der Arzt muß darum feststellen, ob die Worte, die sich akustisch manifestieren, nach dem gängigen Sprachgebrauch Sigmas Empfindungen wiedergeben; er argwöhnt, daß Sigma sich ungenau ausdrückt, und zwar nicht deshalb, weil seine Empfindungen ungenau wären, sondern weil er schlecht aus dem Italienischen ins Französische übersetzt. Sigma sagt ‚ventre', meint aber ‚foie' (und es könnte auch sein, daß Sigma ungebildet ist und daß für ihn auch in seiner Muttersprache Leber und Bauch eine gewisse undifferenzierte Einheit bilden).

Der Arzt betrachtet nunmehr Sigmas Handflächen und sieht, daß sie von unregelmäßigen roten Flecken bedeckt sind: ‚Ein schlechtes Zeichen', murmelt er – ‚Sie trinken wohl zuviel?' Sigma kann es nicht leugnen: ‚Wie haben Sie das gemerkt?' Die Frage ist naiv, denn der Arzt deutet Symptome, als ob sie sehr beredte Zeichen wären: Er weiß, was ein bestimmter Fleck, eine bestimmte Schwellung bedeuten. Aber er weiß es nicht mit völliger Sicherheit. Aus Sigmas Worten und seinen eigenen Tast- und Seherfahrungen hat er Symptome erschlossen und sie in wissenschaftlichen Termini bestimmt, die er an der Universität gelernt hat; aber er weiß auch, daß gleichen Symptomen verschiedene Krankheiten entsprechen können und umgekehrt. Er muß jetzt einen Zusammenhang zwischen dem Symptom und der Krankheit, für die es Zeichen ist, feststellen, und das hängt ganz von seinem Können ab. Hoffen wir, daß er nicht auch noch eine Röntgenaufnahme machen muß, denn in diesem Fall müßte er von grafisch-fotografischen Zeichen auf das durch sie repräsentierte Symptom und von diesem Symptom auf die organische Veränderung schließen. Er müßte sich dann nicht nur mit e i n e m System zeichenhafter Konventionen, sondern gleich mit mehreren Systemen befassen. Das Ganze ist so schwierig, daß es außerordentlich leicht zu Fehldiagnosen kommen kann.

Aber darum brauchen wir uns jetzt nicht zu kümmern. Wir können Sigma seinem Schicksal überlassen (und ihm alles Gute wünschen): ob er das Rezept lesen kann, das der Arzt ihm gibt (keine leichte Sache, weil die Handschrift der Mediziner nicht wenige Entzifferungsprobleme stellt); vielleicht erholt er sich wieder und kann seinen Urlaub in Paris genießen."

Eco (1977), 9 – 13

Aussage des Textes

Was will Umberto Eco uns mit diesem Text zeigen? Eine ganz alltägliche Situation wird vorgeführt: Ein Mensch verspürt Bauchschmerzen und sucht einen Arzt auf. Die Beschreibung der Situation wirkt nur deshalb so verfremdend, weil sie quasi mit Hilfe eines Vergrößerungsglases, einer Lupe, erfolgt. Aber gerade dadurch wird für uns erkennbar, dass das, womit der arme Signor Sigma konfrontiert ist, bevor er endlich vor seinem Arzt sitzt, als eine Vielzahl von Zeichensystemen aufgefasst werden muss, ja, dass wir es mit einem Netzwerk von Zeichensystemen zu tun haben, denn alle diese Systeme sind, wenn auch in einem hochkomplizierten Zusammenhang, aufeinander bezogen.

Netzwerk von Zeichensystemen

Aus der Schilderung dieser Episode können wir folgern, dass nicht nur Signor Sigmas Existenz in dieser Situation, sondern menschliches Leben in einer Kultur überhaupt als die Orientierung in einem ganz bestimmten Netzwerk von Zeichensystemen aufgefasst werden muss. Das Sich-bewegen-Können in einem anderen/fremden Land darf nicht etwa reduziert werden auf das Beherrschen der in diesem Land gesprochenen Sprache, die für den ausländischen Benutzer eine Fremdsprache ist, sondern es setzt auch die Vertrautheit mit einem anderen als dem eigenen, bekannten und auf andere Bezugspunkte gerichteten Netzwerk von Zeichensystemen voraus.

Kultur als Zeichensystem

Wir können sagen, dass das, was wir eine Kultur nennen, nichts anderes ist als ein hochkomplexes und hochkompliziertes Netzwerk von Zeichensystemen.

Dies lässt sich schon an einem sehr einfachen Beispiel veranschaulichen: Die Tatsache, dass in der deutschen Sprache die Bezeichnung *Unkraut* für die Vielzahl von unterschiedlichen Pflanzen existiert, die auf dem Feld und im Hausgarten unerwünscht sind, hatte und hat zur Konsequenz, dass diese Pflanzen überall dort, wo sie auftreten, unnachsichtig entfernt und auch mit chemischen Mitteln vernichtet werden. Die Trennung der Pflanzen und Kräuter in nützliche und in *Unkräuter* ist aber in der Natur überhaupt nicht gegeben; es handelt sich vielmehr um eine in die Natur hineingetragene Wertung durch den Menschen, die von einem ausschließlich auf ihn bezogenen Nützlichkeitsdenken bestimmt ist. Für eine große Zahl von Tieren z. B. stellen diese so genannten „Unkräuter" eine Hauptnahrungsquelle dar, deren Reduzierung bzw. Verschwinden für die Tiere existenzbedrohend sein kann.
In Kulturen dagegen, wie z. B. der hinduistisch-buddhistischen, die von einer Gesamtbeseelung der Natur ausgehen, wird in aller Regel auch eine sprachlich wertende Differenzierung der Pflanzenwelt unter reinen Nützlichkeitsgesichtspunkten für den Menschen fehlen. Aus dieser Tatsache ergibt sich folgende Konsequenz: Wenn in einer anderen Kultur, in einer anderen Sprache, z. B. das entsprechende Wort für das deutsche Wort *Unkraut* fehlt, so zeigt dies, dass die in diesem Kulturkreis lebenden Individuen zu ihrer Umwelt eine andere Einstellung haben als Sprecher des Deutschen.

Aus unserem Beispiel geht hervor, dass bei näherem Hinsehen schon tief greifende Unterschiede in sehr kleinen Bereichen des Netzwerks von Zeichensystemen feststellbar sind, die letztendlich eine K u l t u r ausmachen.

Umberto Eco hat deswegen vollkommen Recht, wenn er zum Abschluss der Episode aus dem Leben des Signor Sigma die Folgerung zieht und sagt:

> „Womit ein Buch über den Begriff des Zeichens sich beschäftigen muß: *mit allem*."
>
> Eco (1977), 15

Semiotik: Wissenschaft von den Zeichen und Zeichensystemen

Die Wissenschaft, die sich mit den Zeichen und allen Zeichensystemen überhaupt beschäftigt und deren prominentester Vertreter zum gegenwärtigen Zeitpunkt Umberto Eco ist, nennt man die S e m i o t i k*.

Linguistik: Wissenschaft von der menschlichen Sprache

Wie ist es nun zu begründen, dass neben dieser allgemeinen Zeichenlehre eine spezielle Disziplin zur Untersuchung nur e i n e s Zeichensystems besteht, nämlich die Wissenschaft von der Sprache, die L i n g u i s t i k*? Gibt es Gründe, der menschlichen Sprache in der Erscheinungsform einer natürlichen Einzelsprache einen Sonderstatus unter allen übrigen, die jeweilige Kultur konstituierenden Zeichensystemen zuzubilligen, die die Legitimation für eine Sonderdisziplin innerhalb der Semiotik darstellen? Denn so viel hat der zitierte Text uns schon deutlich gemacht: Wenn die Semiotik die Wissenschaft von allen möglichen Zeichensystemen ist, dann muss die Linguistik als eine Unterdisziplin dieser allgemeinen Zeichenlehre angesehen werden, wobei wir zweckmäßigerweise differenzieren zwischen einer allgemeinen Linguistik, die die Erscheinungsform und das Funktionieren menschlicher Sprache überhaupt untersucht und beschreibt, und der Linguistik einer natürlichen Einzelsprache, z. B. der germanistischen Linguistik, die als Beschreibungsobjekt eine ganz bestimmte Sprache hat.

Als Begründung für den Sonderstatus der Sprache unter allen anderen Zeichensystemen ist immer wieder ins Feld geführt worden, dass es die Sprache ist, die den Menschen vom Tier unterscheidet und dass Tiere nicht imstande sind, mit ihren Artgenossen s y m b o l i s c h zu kommunizieren. Die dabei zugrunde gelegte Argumentation soll hier kurz nachskizziert werden: Die Signale, die Tiere von sich geben, stellen ursprünglich Naturreflexe dar. So wird z. B. in einer ganz bestimmten Situation, bei herannahender Gefahr, ein Angstlaut produziert, worauf das betreffende Tier mit seinen Artgenossen zusammen flüchtet. Bei dem Angstlaut handelt es sich um einen angeborenen, d. h. *unbedingten Reflex.*

Sonderstatus der Sprache

Durch die häufige Wiederholung des Zusammenhanges von drohender Gefahr und Angstlaut kommt es schließlich dazu, dass der Fluchtreflex der Tiere schon dadurch ausgelöst wird, dass ein Tier den Angstlaut ausstößt, ohne dass seine Artgenossen die drohende Gefahr überhaupt bemerken. Damit hat sich ein *bedingter Reflex* herausgebildet, d. h., der Angstlaut ist zum S i g n a l geworden. Unter Verweis auf den russischen Psychologen I. P. Pawlow (1849 – 1936) spricht man in diesen Fällen vom e r s t e n S i g n a l s y s t e m. Auf diesem Signalsystem basiert z. B. die Dressur beim Hund: Für sein Zurückkommen zum Herrn auf ein bestimmtes Wort oder einen bestimmten Pfiff hin wird der junge Hund zunächst mit einem Leckerbissen belohnt und kommt auf dieses Wort oder diesen Pfiff hin schließlich stets freudig zu diesem zurück.

Im Gegensatz hierzu kommunizieren die Menschen aufgrund s y m b o l i s c h e r Interaktion. So kann im Deutschen die Tatsache, dass kein Licht vorhanden ist, mit zwei p h y s i s c h vollkommen unterschiedlichen Signalen mitgeteilt werden: Ich kann nämlich sagen:

> *Es ist d u n k e l.* Und:
> *Es ist f i n s t e r.*

Für ein Tier sind zwei unterschiedliche Signale, die den gleichen Reflex auslösen, undenkbar. Der Mensch dagegen reagiert auf die B e d e u t u n g des Wortes; die Interaktion erfolgt mittels S y m b o l e n. Pawlow hat diese Kommunikationsebene, die nur die menschliche Sprache betrifft, das z w e i t e S i g n a l s y s t e m genannt.

Zeichensystem Im Tierreich

Nun könnte eingewendet werden, dass die skizzierte Unterscheidung mit dem Bekanntwerden komplizierter Zeichensysteme im Tierreich problematisch geworden ist, wobei hier noch nicht einmal auf die Kommunikationssysteme der Wale und Delphine Bezug genommen werden soll, denen sich die Forschung in sehr starkem Maße zugewandt hat und die offensichtlich einen Sonderstatus im gesamten Tierreich einnehmen. Vielmehr soll die Diskussion der aufgeworfenen Frage unter Verweis auf die Kommunikation der Honigbienen geführt werden, die der österreichische Zoologe Karl von Frisch (1886 – 1982) erforscht hat (Frisch 1953).

Beispiel
Kommunikationssystem der Bienen

> Wenn die Biene Futter gefunden hat, kehrt sie zu ihrem Bienenstock zurück und führt dort im Stockfinstern auf der senkrecht stehenden Wabe komplizierte Drehbewegungen aus, wobei eine andere Biene oder mehrere andere Bienen zu ihr Körperkontakt haben. Hiergegen könnte eingewendet werden, dass dies nichts Außergewöhnliches darstelle, weil ein Mensch einen anderen im Dunkeln bei der Hand nehmen und ein Stück führen könne, um ihm so die Richtung anzugeben. Das aber tut die Biene gerade nicht, weil es ihr im Bienenstock gar nicht möglich ist, sich in der gleichen Richtung zu bewegen wie im Gelände: Bewegt sie sich im Freien in horizontaler Richtung zur Futterstelle, so ist ihr im Bienenstock lediglich eine vertikale Bewegung möglich. Das heißt, die Biene kann auf der senkrecht stehenden Wabe die Orientierungsrichtung im Gelände nur in Übertragung auf eine andere räumliche Ebene und damit modellhaft anzeigen. Im Gelände orientiert sich die Biene nach der Sonne.

nach: Porzig (1971), 50ff.

„Diese Richtung zur Sonne wird auf der Wabe als Richtung nach oben, also der Schwerkraft entgegen, dargestellt. D. h. also, die Biene kriecht oder tanzt genau nach oben, wenn die Futterstelle, die sie entdeckt hat, genau in Richtung der Sonne lag. Bildete die Flugrichtung nach der Futterstelle einen Winkel mit der Richtung zur Sonne, so weicht sie auf der Wabe um eben diesen Winkel von der Senkrechten ab. Dabei deutet die Biene zugleich die Entfernung an, indem sie um so langsamer tanzt, je weiter in der Natur die Futterstelle vom Stock entfernt ist. Übrigens wird dieses Verfahren nur angewendet, wenn es bis zur Futterstelle verhältnismäßig weit ist. Befindet sie sich in der Nähe des Stockes, so tanzt die Biene, die sie gefunden hat, auf der Wabe einfach einen Tanz im Kreise, und ihre Gefährtinnen bewegen sich dann im Freien ebenfalls in Kreisen um den Stock und finden auf diese Weise die Futterstelle."

Porzig (1971), 53

Die Biene, die Futter gefunden hat, vermittelt diese Kenntnis ihren Artgenossinnen eindeutig mit S y m b o l e n. Es ist also festzuhalten, dass auch die Biene mit Hilfe ihres Verständigungssystems eine M i t t e i l u n g m a c h e n kann.

Im Gegensatz dazu hat die Sprache noch mehr Funktionen als die der Mitteilung. Wenn uns jemand eine Mitteilung macht, die wir nicht verstehen, werden wir f r a g e n. Und wenn wir ein Bedürfnis haben, z. B. Hunger verspüren, so können wir die A u f f o r d e r u n g an jemanden richten, uns zu essen zu geben. Aber auch mit der Auflistung der Leistungen der Sprache: M i t t e i l u n g, F r a g e, A u f f o r d e r u n g ist die Beschreibung der sprachlichen Funktionen noch nicht vollständig.
Denn wenn Sie an dieser Stelle der Lektüre der Studieneinheit vor sich hinbrummen, „Das ist ja ganz interessant" oder „Das interessiert mich doch gar nicht", dann handelt es sich hierbei weder um eine Mitteilung noch um eine Frage oder Aufforderung, weil Sie ja gar keinen Kommunikationspartner haben, sondern vielmehr um eine K o m m e n t i e r u n g.

Grundleistungen der Sprache

Sind diese vier Grundleistungen der Sprache: M i t t e i l u n g, F r a g e, A u f f o r d e r u n g und K o m m e n t i e r u n g genuin menschliche Kommunikationsleistungen, die nur sprachlich vollzogen werden können?

Dass auch die Biene eine Mitteilung machen kann, haben wir gesehen. Auch dem Menschen sind nichtsprachliche Mitteilungen, z. B. durch Zeigegesten, möglich. Ebenso sind Aufforderungen ohne Sprache bei der Kommunikation unter Menschen zu beobachten, so z. B., wenn man jemanden zu sich heranwinkt. Solche nichtsprachlichen Aufforderungen finden wir auch im Tierreich häufig, so z. B., wenn ein Hund zu einer ganz bestimmten Uhrzeit regelmäßig an jedem Tag durch Bellen zu erkennen gibt, dass er gefüttert werden möchte. Nichtsprachliches Fragen kann man sowohl beim Menschen, so z. B. mimisch durch Stirnrunzeln oder gestisch durch Armbewegungen, als auch im Tierreich beobachten, wo z. B. jedes Balz- oder Werbeverhalten letztendlich als Frage aufgefasst werden kann. Und nichtsprachliches Kommentieren mittels mimischer Veränderungen schließlich hat beim Menschen z. B. im Gespräch eindeutig eine kommunikationssteuernde Funktion und begegnet uns auch häufig im Tierreich, so z. B., wenn Hund oder Katze ihr Wohlbehagen durch Lautäußerungen anzeigen.

Damit ergibt sich ein einigermaßen verwirrender Befund:

1. Alle sprachlichen Grundfunktionen sind auch n i c h t s p r a c h l i c h realisierbar.
2. Alle sprachlichen kommunikativen Grundfunktionen lassen sich auch im Tierreich nachweisen.

Situationsgebundenheit nichtsprachlicher Kommunikation

Als e n t s c h e i d e n d e s Kriterium für eine Differenzierung zwischen sprachlicher und nichtsprachlicher K o m m u n i k a t i o n* erweist sich der Umstand, dass jede nichtsprachliche Kommunikation des Menschen l a g e- bzw. s i t u a t i o n s g e b u n d e n ist, d. h. unlösbar verknüpft ist mit dem H i e r und J e t z t.

So ist es o h n e Sprache z. B. nicht möglich,
– auf einen *gestrigen* Kinobesuch zu verweisen,
– an einen bestimmten Geburtstag *in drei Jahren* zu erinnern,

- von Sternenkonstellationen *in der Milchstraße* zu reden oder
- auf die Existenz von *Nicht-Existentem,* wie z. B. auf ein Loch oder die Fabelwesen Einhorn bzw. Drachen, und *Unsichtbarem, Unsinnlichem* oder *Abstraktem,* wie z. B. Gott, Teufel oder Demokratie, zu verweisen.

Nun könnte eingewendet werden, dass auch die Biene die Mitteilung, die sie ihren Artgenossinnen weitergibt, durchaus nicht situations- bzw. lagegebunden vermittelt, weil sie mit ihren Tanzbewegungen auf eine räumlich – evtl. sehr weit – entfernte Futterstelle s y m b o l i s c h verweist.

Dem ist entgegenzuhalten, dass zwischen dem Verständigungssystem der Bienen und der menschlichen Sprache hinsichtlich der Bereiche, auf die ein Sichbeziehen, ein Referieren, möglich ist, ein enormer qualitativer Unterschied besteht: Kann die Biene auf der Wabe, also räumlich, durch ihre Tanzbewegungen modellhaft lediglich auf die Dimension des Raumes referieren, so ist in der sprachlichen Mitteilung des Menschen, wie aus den oben genannten Beispielen hervorgeht, ein Referieren auf alle denkbaren Dimensionen, Sachverhalte, Abläufe usw. möglich. Vor allem aber wird unsere Honigbiene und werden alle Bienen ihre Tanzbewegungen unverändert ausüben, solange sie als Art existieren, weil ihr Verständigungssystem als biologische Erbanlage anzusehen ist. Wir wollen dies an einem weiteren Beispiel verdeutlichen:

<u>Beispiel</u>

> Man kann einen jungen Sperling in einem Käfig großziehen, in dem sich eine andere Vogelart, z. B. Amseln, befindet und ihn dort eine beliebig lange Zeit belassen: Wenn er eine Lautäußerung von sich gibt, so wird dies nicht der Gesang der Amseln sein, sondern das Rufen oder Zwitschern des Sperlings, weil ihm nur diese Lautäußerung aufgrund seiner Erbanlage möglich ist. Ein in Deutschland geborener Säugling aber, der nur Deutsch sprechende Eltern hat und aufgrund irgendwelcher Umstände ganz allein in eine anderssprachige Umgebung, z. B. nach Japan, gelangt, wird dann, wenn er spricht, die Sprache dieser neuen Umgebung, in unserem Fall also Japanisch, sprechen, weil der Mensch zwar die biologische Fähigkeit zu sprechen besitzt, eine ganz bestimmte Sprache aber erwerben, erlernen muss.

Sprache als soziales Phänomen

Menschliche Sprache muss also angesehen werden als ein soziales Phänomen. Sprache und Gesellschaft bedingen einander gegenseitig: So wie ohne Sprache soziale Gemeinschaft nicht denkbar ist, setzt die Entwicklung der Sprache andererseits eben diese soziale Gemeinschaft voraus. Eine Sprache bezieht sich auf die sozialen und historischen Bedingungen einer ganz bestimmten Gesellschaft und ist der Veränderung dieser Bedingungen unterworfen: Deshalb ist Sprache v e r ä n d e r b a r und v e r ä n d e r l i c h, ist Sprache produktiv. Demgegenüber ist die Kommunikation im Tierreich b i o l o g i s c h b e d i n g t, ist definitiv f i x i e r t und u n v e r ä n d e r l i c h.

Mit diesen Überlegungen ist nun bewiesen, dass Sprache unter allen anderen Zeichensystemen nicht nur quantitativ das bedeutendste ist, sondern vor allem in qualitativer Hinsicht einen Sonderstatus besitzt.

Sprache und Tradition

Diese Schlussfolgerung kann noch durch eine weitere Überlegung gefestigt werden: Eine Kultur ist als solche nur zu bezeichnen, wenn sie als generationenübergreifende Zivilisationsform erkennbar, d. h. als Kontinuität bestimmter Verhaltensweisen und Anschauungen fassbar ist. Kultur ist gebunden an die Überlieferung, die Tradierung bestimmter Zivilisationsformen. Die Fortführung dieser Tradition von einer Generation auf die nächste aber ist nur möglich mittels des s p r a c h l i c h e n Zeichensystems. Denn rein nachahmend, imitativ, ist nicht einmal das komplexe Netzwerk der Zeichen in einer Kultur zu vermitteln, die wir hier einmal als *einfache* oder *äußere* Zeichen klassifizieren wollen. So ist z. B. die Funktion eines Klingelknopfes oder die Bedienung eines Fahrstuhls ohne s p r a c h l i c h e Erklärungen kaum oder nicht vermittelbar. Die Einübung von Zivilisationsnormen mit Hilfe der S p r a c h e können wir auf Schritt und Tritt beobachten, wenn wir nur genauer hinschauen:

Beispiel

Die Tatsache, dass man in Deutschland zur Begrüßung einander die *rechte* Hand schüttelt, wird kleinen Kindern mit der immer wiederholten, zwar dümmlichen, aber bezeichnenden Aufforderung beigebracht: „Gib dem Onkel das *schöne* Händchen."

Der ganze Komplex von Verhaltensformen und Einstellungen der Welt gegenüber, die eine Kultur eigentlich ausmachen, ist ohne sprachliche Vermittlung undenkbar: Was in einer bestimmten Kultur als *Höflichkeit*, *Aufrichtigkeit* oder *Lüge*, *Fleiß* oder *Faulheit*, *Mut* oder *Feigheit* angesehen und tradiert wird, ist nur sprachlich vermittelbar.

Beispiel

So wird z. B. ein Südspanier unter *Fleiß* etwas ganz anderes verstehen als ein Deutscher, und ein Indonesier wird u. U. das, was Deutsche *Aufrichtigkeit* nennen, als Unhöflichkeit oder Dummheit bewerten müssen.

Alle diese Einstellungen und kulturellen Wertungen sind und werden sprachlich vermittelt.

Damit wird deutlich, dass eine bestimmte Sprache und demzufolge auch die wissenschaftliche Beschreibung dieser Sprache immer im Zusammenhang mit der jeweiligen für sie ganz spezifischen Kultur gesehen werden muss. Diese Einsicht ist von eminenter Wichtigkeit: Der semiotische Prozess, das Bezeichnen und das Verfügbarmachen von Dingen, von Sachverhalten und Relationen ist von Kultur zu Kultur als Prozess immer gleich. Aber das Was und Wie, d. h. die unterschiedliche sprachliche Repräsentation von dem, was wir hier einmal *Wirklichkeit* oder *Sein* nennen wollen, unterscheidet die Kulturen. Das folgende Beispiel soll das verdeutlichen:

Beispiel

Aus der Sicht der Kinder werden in der neuhochdeutschen Sprache die Geschwister der Eltern als *Onkel* und *Tante* bezeichnet. Diese Bezeichnungen gelten sowohl für die Geschwister des Vaters als auch für die der Mutter. In einer früheren Sprachstufe des Deutschen, dem Mittelhochdeutschen, sowie auch heute noch in einigen deutschen Mundarten liegt eine weitere Differenzierung vor, und zwar danach, ob es sich um Geschwister des Vaters oder der Mutter handelt: So wird hier aus der Sicht der Kinder die Schwester des Vaters *Base*, die der Mutter hingegen *Muhme* genannt. In der indonesischen Gemeinsprache z. B., der Bahasa Indonesia, ist diese Differenzierung sowohl was Schwestern als auch was Brüder von Mutter und Vater anbelangt, voll ausgebildet; darüber hinaus besteht noch eine sehr viel weiter gehende Differenzierung dieses Bezeichnungsfeldes bis hin zu den angeheirateten Eltern der Kinder.
Der Grund für die beobachteten Unterschiede liegt in den verschiedenen Sozialstrukturen der Kulturen: in Deutschland die Klein- oder Kleinstfamilie im Gegensatz zur Großfamilie in Indonesien.

Die Wissenschaft, die sich einerseits allgemein mit der Erforschung und wissenschaftlichen Beschreibung von menschlicher Sprache und andererseits mit der natürlichen Einzelsprache beschäftigt, ist die Sprachwissenschaft oder Linguistik. Wir werden im Folgenden diese Wissenschaft entsprechend der internationalen Terminologie ausschließlich als Linguistik bezeichnen.

Objektbereich der Linguistik

Die Linguistik ist die wissenschaftliche Disziplin, die das Netzwerk natürlicher Einzelsprachen beschreibt, und zwar nicht etwa nur hinsichtlich ihrer Struktur, sondern auch hinsichtlich ihrer Bedingungen, ihrer Funktion und ihrer historischen Entwicklung. Dieser Hinweis ist von entscheidender Wichtigkeit, denn Linguistik darf nicht gleichgesetzt werden mit der Beschreibung der Struktur, der Grammatik einer Sprache. Das kann nicht deutlich genug herausgestellt werden, wenn nicht ein eingeschränktes Verständnis vom Objektbereich der Linguistik hervorgerufen werden soll. Denn die Menschen sprechen ja nicht, nur um zu sprechen – von pathologisch einzustufenden Fällen einmal abgesehen –, sondern sie sprechen, um mit Sprache bei ihrem Kommunikationspartner etwas zu bewirken, eine Intention durchzusetzen, um zu überzeugen, zu überreden, zu informieren, um beim Kommunikationspartner ein Bewusstsein entstehen zu lassen oder um ihn zum Handeln zu veranlassen.

Linguistik und Literaturwissenschaft

Ausgehend von diesen Überlegungen lassen sich Berührungspunkte zu einer anderen wissenschaftlichen Disziplin, die auch zur Germanistik gehört, erkennen – der Literaturwissenschaft. Diese befasst sich, wenn auch unter einem anderen Aspekt, ebenfalls mit der Untersuchung sprachlicher Äußerungen, von Texten. Das Gemeinsame beider Disziplinen hinsichtlich ihres Objektbereiches ist, dass sie den Text zum Untersuchungsgegenstand haben. Und dies ist auch die Begründung dafür, dass beide Disziplinen zusammen, Linguistik und Literaturwissenschaft, erst die Germanistik als die Wissenschaft ausmachen, deren Untersuchungsobjekt Texte der deutschen Sprache sind – wobei unter Text nicht nur der schriftlich fixierte Text verstanden werden darf.

Im Folgenden soll eine grobe Übersicht über mögliche Fragestellungen zur wissenschaftlichen Untersuchung von Sprache geliefert werden, aus der sich einerseits eine Grobgliederung der Linguistik in so genannte „Unterdisziplinen" ableiten und andererseits dann präzisieren lässt, worum es in der vorliegenden Studieneinheit gehen soll und welche Bereiche nicht behandelt werden können.

Pragmalinguistik

⟹

Wenn Sprache unter dem Aspekt untersucht wird, in welchem Zusammenhang die sprachliche Äußerung mit einem beabsichtigten oder vollzogenen Handeln steht, dann ist dies eine Fragestellung der Pragmalinguistik* (*Pragma* bedeutet griechisch *die Tat* – ausführliche Informationen dazu finden Sie in der Studieneinheit *Einführung in die Pragmalinguistik*). Zur Illustrierung einer derartigen Fragestellung soll folgendes bekanntes Beispiel dienen:

<u>Beispiel</u>

> Die Absicht, meinen Kommunikationspartner zum Schließen des Fensters zu veranlassen, d. h. ihn zu der von mir beabsichtigten Handlung zu bewegen, kann ich in ganz unterschiedliche sprachliche Äußerungen kleiden:
>
> - *Mach das Fenster zu!*
> - *Mach bitte das Fenster zu!*
> - *Mach das Fenster zu, sonst erkälte ich mich!*
> - *Es ist kalt hier.*
> - *Es zieht.*

Der Einsatz von Sprache im Zusammenhang mit Handeln basiert immer auf bestimmten Voraussetzungen: Sprache wird von Eltern, Lehrern, Mitmenschen, die sich in einer ganz bestimmten historischen, sozialen und geographischen Lebenssituation befinden, an Kinder weitergegeben, die wiederum in unterschiedlichen Verhältnissen und unter unterschiedlichen Bedingungen diese Sprache erlernen. Hinzu kommt die jeweilige Rollenbeziehung der Kommunikationspartner. Wie aus dem oben stehenden Beispiel deutlich wird, ist es wichtig, in welchen Rollenbeziehungen die Kommunikationspartner zueinander stehen: So kann ein Schüler zu seinem Lehrer nicht sagen: *Mach das Fenster zu!* Dies ist dem Lehrer gegenüber seinem Schüler jedoch sehr wohl möglich. Wenn Sprache im Hinblick auf ihre im weitesten Sinne als sozial einzugrenzenden Einsatzbedingungen untersucht wird, fallen derartige Fragestellungen in den Bereich der Soziolinguistik*.

Soziolinguistik

Der Erwerb, der Besitz wie auch der Verlust (z. B. bei Gehirnschädigungen) von Sprache (der Muttersprache oder einer bzw. mehrerer Fremdsprachen) ist an bestimmte psychische Voraussetzungen gebunden, vollzieht sich in bestimmten Stadien über ganz bestimmte Zwischenschritte mit Verzögerungen und Beschleunigungen, die ihrerseits wieder von verschiedenen Faktoren abhängen. So durchlaufen Kinder, wenn sie eine Sprache erlernen, stets die gleichen Spracherwerbs*stadien*, dies aber abhängig von verschiedenen Faktoren und in zeitlicher Verschiebung. Zwillinge z. B. erlernen deutlich später die Sprache ihrer Umgebung als Einzelkinder. Die Tatsache, dass wir eine Sprache als Muttersprache sprechen, bedingt unsere Einstellung der uns umgebenden Welt gegenüber, beeinflusst und steuert unser Bewusstsein. Wenn Sprache unter all diesen Aspekten untersucht wird, dann fallen derartige Fragestellungen in den Bereich der P s y c h o l i n g u i s t i k*.

Psycholinguistik

Die Untersuchungsbereiche der P r a g m a -, S o z i o - und P s y c h o l i n g u i s t i k sind hierbei nicht strikt gegeneinander abgrenzbar, vielmehr sind die Übergänge sowohl hinsichtlich der Untersuchungsbereiche als auch hinsichtlich der Fragestellungen in Abhängigkeit von der jeweiligen Zielsetzung wie auch der Methoden fließend. Das ist auch dadurch begründet, dass Sprache ja nicht für allemal unveränderlich und unveränderbar gegeben, also nicht statisch ist, sondern dass sie vielmehr einem ständigen Wandel unterworfen, also dynamisch ist.

Beispiel

> So bedeutete vor 800 Jahren im Mittelhochdeutschen, einem früheren Sprachzustand des Deutschen, das Wort *cranc* nicht etwa wie heutzutage *nicht gesund, hinfällig*, sondern vielmehr *schlank*.
> Auch die so genannte „starke Flexion" zur Bildung der Vergangenheitsform des deutschen Verbs *backen*, nämlich *buk*, wird heute kaum noch gebraucht und entspricht nicht mehr der gegenwärtigen Sprachnorm.

Historiolinguistik

Wenn Sprache unter historischem Aspekt untersucht wird mit dem Ziel, die Entwicklung und Veränderung dieser Sprache aufzuzeigen, dann fallen derartige Fragestellungen in den Bereich der H i s t o r i o l i n g u i s t i k* oder H i s t o r i s c h e n S p r a c h w i s s e n s c h a f t.

Schwerpunkt der Studieneinheit

Um die genannten Unterdisziplinen Pragma-, Sozio- und Psycholingustik wird es im vorliegenden Buch nicht gehen. Es ist aber wichtig, dass Sie als Leser wissen, dass diese Disziplinen a u c h zur Linguistik gehören, dass alle linguistischen Unterdisziplinen zusammen erst die Linguistik ausmachen. Diese genannten Disziplinen können und dürfen in einer linguistischen Ausbildung nicht ausgeklammert werden, sie sind nur nicht Gegenstand der vorliegenden Studieneinheit. In dieser soll es vielmehr darum gehen, elementare, grundsätzliche Strukturen des Netzwerkes der Sprache als ein System von Zeichen und Regeln zur Verknüpfung der Zeichen zu beschreiben. Ziel der vorliegenden Studieneinheit ist es also nicht, eine Einführung in den gesamten Bereich der Linguistik zu geben, sondern das Ziel unserer Darlegungen soll sein, Sie in das Teilgebiet der Z e i c h e n l i n g u i s t i k* einzuführen.

Zeichenlinguistik

Wir haben gesehen, dass die menschliche Sprache unter einer Vielzahl von Zeichensystemen, die das Netzwerk einer Kultur ausmachen, quantitativ, vor allem aber qualitativ als wichtigstes System angesehen werden muss. Unsere Aufgabe soll es nun sein, die Struktur dieses Systems, des verbalen Zeichensystems, zu beschreiben und dessen Wirkungsmechanismen aufzuzeigen.

2 Zur Struktur des verbalen Zeichensystems

2.1 Zur Differenzierung des Begriffs *Sprache*

> *Erläutern Sie zunächst selber einmal, was Sie unter dem Begriff „Sprache“ verstehen.*

Aufgabe 1

Bedeutungen des Wortes *Sprache*

Sie sind mit der griffigen Formel konfrontiert worden, dass Sprache aufgefasst werden kann als ein System von Zeichen und Regeln zur Verknüpfung von Zeichen. Bevor wir uns nun der Klärung der Frage zuwenden, was wir uns unter einem Zeichen bzw. unter Verknüpfungsregeln von Zeichen vorzustellen haben, müssen wir zunächst bestimmen, wovon überhaupt die Rede ist, wenn wir von Sprache reden, so trivial Ihnen das zunächst vielleicht erscheinen mag.

Wir wollen uns der Klärung unseres Problems durch eine Reihe von Beispielen nähern.

Beispiel 1

1. Eine Nachbarin sagt zu ihrem Nachbarn: *Stellen Sie sich vor, der Professor von nebenan, der neben Deutsch doch noch Italienisch, Spanisch, Französisch, Englisch und ein bisschen Russisch spricht, hat die Sprache verloren.*
   Der angesprochene Nachbar kann nun alles Mögliche zurückfragen, nur eines kann er nicht fragen: *Welche Sprache hat der Professor verloren*?

Beispiel 2

2. *Er spricht Deutsch.*
   In diesem Satz könnte man *Deutsch* ersetzen durch:
   Er spricht *eine Sprache/zwei Sprachen.*
   Das entspricht vollkommen der Norm der deutschen Gegenwartssprache.

Kommen wir nun zu unserem Professor aus Beispiel 1 zurück und nehmen wir an, dass er nicht die Sprache verloren, sondern dass es ihm die Sprache verschlagen hat.
In dem Satz:

Beispiel

> *Das verschlägt mir die Sprache.*
> kann ich *die Sprache* nicht ersetzen durch die Satzglieder, die im Beispiel 2 stehen:
> * Das verschlägt mir *eine/zwei Sprachen.*

Was können wir aus diesen Beispielen ersehen?
Es wurde in unterschiedlichen Kontexten das gleiche sprachliche Zeichen verwendet: *die Sprache*. Wir haben darüber hinaus gesehen, dass in unterschiedlichen Kontexten dieses gleiche sprachliche Zeichen (*eine/zwei Sprachen*) nicht eingesetzt werden darf, weil damit die Norm verletzt wird. Es gibt eindeutige Wahlbeschränkungen. Damit kann aus den oben stehenden Beispielen abgeleitet werden, dass das sprachliche Zeichen *Sprache* mindestens zwei Bedeutungen hat, dass es doppeldeutig ist. Ein doppeldeutiges sprachliches Zeichen ist aber für eine wissenschaftliche Argumentation unbrauchbar.
Die Funktion eines sprachlichen Zeichens in wissenschaftlichen Aussagen liegt ja gerade darin, einen Sachverhalt eindeutig zu bezeichnen. Stellen Sie sich vor, zwei Chemiker würden mit H_2O ganz unterschiedliche Dinge bezeichnen. Damit ist die Notwendigkeit nachgewiesen, den Begriff *Sprache* nunmehr noch weiter zu differenzieren.

2.1.1 *langue* und *parole*

Diese Differenzierung kann von einem weiteren Beispiel aus geleistet werden.

Beispiel 3

3. Den deutschen Satz: *Klaus spricht Englisch.*
   kann ich auf zweierlei Art und Weise ins Englische übertragen:

a) *Klaus speaks English.* Oder:
b) *Klaus is speaking English.*

Hierbei besteht ein wichtiger Unterschied zwischen den Sätzen a) und b):
Satz a) kann so aufgefasst werden, dass Klaus imstande ist, Englisch zu sprechen, weil er die Zeichen und Regeln der englischen Sprache kennt.
Satz b) muss eindeutig so aufgefasst werden, dass Klaus im Moment Englisch spricht, dass er im Sprachvollzug steht. Diese Möglichkeit haben wir im Deutschen nicht, wir können zur Verdeutlichung des Sachverhalts b) nur sagen:

Klaus spricht gerade Englisch. Oder:
Er ist gerade dabei, Englisch zu sprechen.

Ziehen wir ein Fazit: Sprache ist auf dreierlei Art und Weise aufzufassen:

Sprachbesitz

- Sprache muss aufgefasst werden als Sprachbesitz eines Sprechers (vgl. Beispiel 2), zugleich aber auch als das soziale Gebilde einer natürlichen Einzelsprache (vgl. Beispiel 3a), als ein Gebilde aus Zeichen und Regeln zur Verknüpfung dieser Zeichen.

Sprachvollzug

- Sprache muss aufgefasst werden als Sprachvollzug, als Sprechakt, eines Individuums, das natürlich den Sprachbesitz und die Existenz einer Einzelsprache voraussetzt (vgl. Beispiel 3b).

Sprechfähigkeit

- Sprache muss aufgefasst werden als Sprechfähigkeit, als Artikulationsfähigkeit, die den Besitz und das intakte Funktionieren der Sprechorgane voraussetzt (vgl. Beispiel 1). Diese Sprechfähigkeit kann in gewisser Weise als biologisch festgelegt angesehen werden.

Ferdinand de Saussure

Diese klare Aufteilung des Begriffes *Sprache*, der, wie wir gesehen haben, nicht nur doppeldeutig ist, sondern sogar dreifache Bedeutung trägt, hat der berühmte frankophone Schweizer Linguist Ferdinand de Saussure (1857 – 1913) geleistet. Ferdinand de Saussure war von 1906 bis 1913 Professor in Genf und hat dort Vorlesungen zur Einführung in die Linguistik gehalten, die erst Jahre nach seinem Tod nach Mitschriften der Hörer seiner Vorlesungen zusammengestellt worden sind.
Die Zusammenstellung seiner Vorlesungen ist der berühmte *Cours de linguistique générale* aus dem Jahr 1916, der in deutscher Übersetzung als *Grundfragen der allgemeinen Sprachwissenschaft* erst 1931 erschien.

De Saussure prägt für die Begriffe, die wir aus unseren Beispielen abgeleitet haben, folgende französischsprachige Differenzierungen, die Gemeinbesitz der Linguistik geworden sind:

langue

1. Das Sprachsystem, das in unseren Beispielen 2 und 3a angesprochen ist, wird als langue* bezeichnet. Damit ist das System einer natürlichen Einzelsprache, die systematische Menge von sozial gebundenen Konventionen und Invarianten, die jeder Sprachäußerung zugrunde liegen, bezeichnet.
   De Saussure nennt die *langue* eine *fait social* (soziale Tatsache).
   Die *langue* ist damit das verbindliche Normensystem einer natürlichen Einzelsprache.

parole

2. In Abhebung zur *langue* steht bei de Saussure die parole*.
   Unter *parole* versteht de Saussure die Aktualisierung des Systems der *langue* durch einen Sprecher, durch ein Individuum beim Sprechen oder Schreiben. Mit *parole* bezeichnet de Saussure das Zufällige, die Varianten der Sprache. Auf die *parole* bezieht sich unser Beispiel 3b.

langage

3. Schließlich ist von *langue* und *parole* noch die biologische Sprechfähigkeit des Menschen abzuheben, die de Saussure als die faculté de langage* bezeichnet.

Es hat nicht an Versuchen gefehlt, die französischen Begriffe *langue*, *parole* und *langage* in das Deutsche zu übertragen. Gerade für die deutsche Sprache ist das aber äußerst problematisch, wie Sie soeben gesehen haben. Deswegen ist es auch in der deutschen Linguistik üblich geworden, sich dem internationalen Brauch anzuschließen und von *langue*, *parole* und *langage* zu sprechen.

> *Vergleichen Sie Ihre Beschreibung des Begriffs „Sprache" mit den drei Definitionen von de Saussure. Welche Bereiche haben Ihre Überlegungen abgedeckt?*

Aufgabe 2

2.1.2 Zum Zusammenhang von *langue* und *parole*

Der Zusammenhang von *langue* und *parole* ist äußerst kompliziert. Deshalb sind hier nur einige grundlegende Überlegungen möglich. Was de Saussure *langue* nennt, kann als ein soziales Phänomen angesehen werden, dessen systemhafte Regeln und Beziehungen von allen Mitgliedern einer Sprachgemeinschaft beherrscht werden. Denn nur so ist es erklärbar, dass in einer Gemeinschaft trotz der ja unbestreitbaren individuellen Abweichungen im Sprachvollzug eine Kommunikation zweifelsfrei möglich ist. Anders formuliert: Alle Angehörigen einer bestimmten Sprachgemeinschaft, z. B. Deutsche, produzieren dann, wenn sie sprechen, trotz der zu beobachtenden Individualität ihrer Äußerungen Texte, die strukturelle Gemeinsamkeiten haben. Das sprechende Individuum kann das jeweils geltende Sprachsystem als solches nicht verändern und auch nicht erfinden. Es muss sich den jeweils geltenden Konventionen beugen, wenn es kommunizieren will. Selbstverständlich gibt es aber auch bewusste Veränderungen oder Verfremdungen.

Beispiel

> Denken Sie z. B. an die konkrete Poesie: So nennt z. B. Ernst Jandl ein Büchlein, die Wendung ‚laut und leise' nur geringfügig abwandelnd, *Laut und Luise*. Oder erinnern Sie sich an lyrische Texte mit einer außerordentlich schwierigen Metaphorik, z. B. von Paul Celan. Diesen Veränderungen, die ganz bewusst von einem Individuum vorgenommen worden sind, sind jedoch sehr enge Grenzen gesetzt. Und gerade am Beispiel der Lyrik zeigt sich, dass bei bewussten Verfremdungen in fiktionalen Texten keine zweifelsfreie Kommunikation beabsichtigt ist, sondern vielmehr ein Assoziationshorizont eröffnet werden soll, der über die Alltagskommunikation hinausgeht.

Vielleicht ist der Vergleich für das Verhältnis von *langue* und *parole* am besten im Bild eines Spieles zu fassen. Wie ein Spiel erlernt werden muss, so muss auch das System einer Sprache erlernt werden. Sprache und Spiel sind durch festgelegte Regeln gekennzeichnet. Werden die Regeln nicht korrekt eingehalten, dann schließt sich das Individuum aus der Sprach- bzw. der Spielgemeinschaft aus. Das kennzeichnet Ferdinand de Saussure in der wohl berühmtesten Stelle seines *Cours*:

> „Unter allen Vergleichen, die sich ausdenken lassen, ist am schlagendsten der zwischen dem Zusammenspiel der sprachlichen Einzelheiten und einer Partie Schach. Hier sowohl als dort hat man vor sich ein System von Werten und man ist bei ihren Modifikationen zugegen. Eine Partie Schach ist gleichsam die künstliche Verwirklichung dessen, was die Sprache in ihrer natürlichen Form darstellt."
>
> de Saussure (1931), 104f.

Substanz und Struktur

In diesem Zitat fällt auf, dass de Saussure sagt, man habe ein System von Werten vor sich, aber zugleich entschieden auf ein Schachspiel verweist. Damit will er klarstellen, dass nicht das Aussehen, die Substanz der Figuren wichtig ist, sondern vielmehr nur die Funktion, die sie erfüllen können. Wichtig am Spiel wie an der Sprache ist nicht, so verblüffend das zunächst sein mag, die Substanz, sondern vielmehr nur die Struktur, d. h. die Relation der Elemente beim Spiel und die Relation der Elemente in der Sprache. Wir werden weiter unten auf diesen Gedanken noch einmal zurückkommen.

Einen anderen Vergleich hat der französische Strukturalist Roland Barthes (1964) formuliert. Er sagt, ein sprachliches Zeichen bzw. eine regelkonforme Zeichenverbindung sei vergleichbar mit einer Münze. So wie man mit einer Münze eine ganz bestimmte Ware kaufen kann, so kann man mit einem Zeichen oder einer Zeichenverbindung, die einen ganz bestimmten kommunikativen Wert hat, kommunizieren, nämlich mitteilen, fragen, auffordern und kommentieren.

Im Gegensatz zum Sprachsystem, zur *langue*, das ein soziales Phänomen ist, stellt die Äußerung, der konkrete Sprachvollzug, das, was de Saussure die *parole* nennt, einen individuellen Akt dar, eine Auswahl aus dem unendlichen Kombinationsangebot des Systems. Das Individuum trifft die Auswahl aus den Zeichen und Zeichenverbindungen in Abhängigkeit von seinen Sprechintentionen.

> Denken Sie z. B. an einen Streit. Je nach Grad Ihrer Erregung und Ihrer Intention, Ihren Streitpartner zu verletzen, werden Sie Wortwahl, Sprechtempo, Lautstärke usw. einrichten.

Was ist nun beobachtbar, *langue* und/oder *parole*? Der menschlichen Beobachtung zugänglich ist nur die *parole*. Insofern ist der Begriff eines Sprachsystems, einer *langue*, von der *parole* nicht unabhängig. Nur von den Äußerungen im Rahmen der *parole* ist der Schluss auf die *langue*, die zunächst ein Konstrukt ist, möglich. Der Schluss auf die Existenz der *langue* erfolgt dadurch, dass in allen Akten der *parole* die jeweiligen Invarianten nachgewiesen werden können.

Systemzwang

Der Sprechakt, die Äußerung, ist also nur vor dem Hintergrund seiner Systemgebundenheit in seiner kommunikativen Funktion erklärbar. Es besteht also ein Systemzwang im Hinblick auf die *parole*: In einem minimalen Aussagesatz erfordert ein Subjekt *er* bei den meisten deutschen Verben ein *-t* als Endung des Verbs, unabhängig davon, welche spezielle Bedeutung dieses Verb hat.

<u>Beispiel</u>

*sag**t**.*
*Er frag**t**.*
*hol**t**.*

Aber nicht:

*sag**en**.*
Er fragen**.*
*hol**en**.*

Wir können hier sehr schön den Systemzwang vom System der *langue* aus auf die Produktion der einzelnen Äußerungen sehen. Dies soll noch an einem weiteren Beispiel demonstriert werden:

<u>Beispiel</u>

> Das Verb *schlafen* kann man in der deutschen Sprache nicht mit Lokaladverbien wie *hin* und *her* verwenden. Deshalb ist es zwar möglich, einen Satz zu bilden wie:
> *Er schläft hier/dort.* Aber nicht:
> * *Er schläft hin/her.*
>
> Der Verweis auf Zukünftiges, der zum Ausdruck kommt in Sätzen wie:
> *Morgen gehe ich ins Kino.*
> ist im Deutschen unverträglich mit Indikatoren, die auf Vergangenes verweisen, so z. B. das Präteritum in der Form des Verbs:
> * *Morgen ging ich ins Kino.*

Einwirkung der *parole*: Bedeutungsveränderung

An diesem Punkt der Überlegungen wäre nun der Schluss ableitbar, das Sprachsystem, die *langue*, sei ein für alle Mal festgelegt und statisch. Das aber wäre ein Fehlschluss. Denn bei der Beziehung zwischen *langue* und *parole* handelt es sich um eine Wechselbeziehung. So wie die *langue* im Sinne des Systems ein Zwang ist, der auf die *parole* einwirkt, so gibt es umgekehrt ebenso eine Einwirkung der *parole* auf die *langue*.

Schauen wir uns diesen Sachverhalt einmal genauer an:

1. Das mittelhochdeutsche Syntagma *vrouven in der mitten cranc* ist nicht etwa in das Neuhochdeutsche zu übersetzen mit: *Frauen mit Bauchschmerzen* oder *Frauen mit einer Bauchverletzung,* sondern vielmehr mit: *adlige Damen mit schlanker Taille.* Denn mittelhochdeutsch (d. h. im 11. bis 14. Jahrhundert) bedeutet das Wort *cranc* = *schlank.*
2. Das mittelhochdeutsche Wort *einvaltec* bedeutet nicht etwa wie im Neuhochdeutschen *beschränkt*, sondern *aufrichtig.*

Man könnte jetzt darauf hinweisen, dass es sich bei den genannten Beispielen um Dokumentationen einer Bedeutungsveränderung handele. Aber das erklärt noch nicht, wie es denn zur Bedeutungsverschiebung von *cranc = schlank* zu *cranc = hinfällig* gekommen ist.

Aufgabe 3

> *Kennen Sie weitere Beispiele für Bedeutungsveränderungen? Schlagen Sie in einem etymologischen Wörterbuch nach, welchen Bedeutungswandel z. B. „Frau" und „Weib" erfahren haben.*

Aufgabe 4

> *Überlegen Sie: Welche Gründe können dafür benannt werden, dass bei „cranc" und „einvaltec" eine Bedeutungsverschiebung im System der langue erfolgt ist?*

Im Falle von *cranc = schlank* zu *cranc = hinfällig* hat sich das Schönheitsideal vom 13. zum 16. Jahrhundert gewandelt. Eine immer größere Anzahl von Sprachteilhabern, mit deren Schönheitsideal *cranc* im Sinne von *schlank, eine schlanke Gestalt,* nicht korrespondierte, benutzte dieses sprachliche Zeichen im negativen Sinne. Und je mehr Sprachteilhaber im Rahmen ihrer *parole*, im Rahmen ihrer Sprachverwendungsakte, diese Abwahl vollzogen und *cranc* im negativen Sinne benutzten, desto stärker wurde der Druck einer systemhaften Veränderung im Bereich der *langue.*

Bei dem Beispiel *einvaltec = aufrichtig* liegt offenbar eine Übersetzung des lateinischen *simplex* durch Mönche vor, und es bedeutet ganz einfach die Charakterisierung eines menschlichen Herzens, das nur eine Falte hat und das Gottes Offenbarung also ganz ausfüllen konnte, ohne dass dort noch weitere Nischen und Gemächer übrig blieben.
Im Zuge des Aufblühens der Stadt und des Handels geriet eine derartige Haltung, die sich natürlich in weltlichen Dingen durch eine ganz bestimmte Verhaltensform dokumentierte, immer mehr in Misskredit, denn ein so gekennzeichneter Mensch ist in aller Regel kein guter Geschäftsmann. Entsprechend wurde langsam aus *einvaltec* im Sinne von *aufrichtig* unser noch heute gültiges *einfältig* im Sinne von *beschränkt, naiv.*

Bedeutungswandel

Wenn wir diese beiden Beispiele einmal generalisieren, dann können wir sagen: Bedeutungswandel ist nichts anderes als die Dokumentation der Einwirkung von *parole* auf *langue*. Bedeutungswandel erklärt sich daraus, dass eine immer größere Zahl von Sprachteilhabern in einem ganz bestimmten Zeitraum unter ganz bestimmten Konstellationen Abwahlen aus dem System trifft und dabei bestimmte Konstellationen favorisiert.

Diese Einwirkungen der *parole* auf die *langue* sind natürlich nicht nur in der Vergangenheit erfolgt, sondern sie vollziehen sich ständig. Wir brauchen uns dazu nur einmal unsere Sprachwirklichkeit anzuschauen:

Beispiele

Im Rechtschreib-Duden für die deutsche Gegenwartssprache ist das Verb *erinnern* als reflexives Verb angegeben, das zwangsläufig mit dem Reflexiv-

pronomen gekoppelt werden muss: *sich erinnern, ich erinnere mich an etwas.*
In der Sprachwirklichkeit, vor allem aber im Fernsehen, das heute zu den wichtigsten Sprachmultiplikatoren zählt, werden Sie aber immer häufiger Sätze finden wie den folgenden:
Ich erinnere dieses Ereignis noch sehr gut.
Erinnern wird hier als transitives Verb gebraucht, was ganz eindeutig aus dem angelsächsischen Sprachbereich stammt, wo *to remember* ein Akkusativobjekt nach sich zieht. Es ist durchaus denkbar, dass in nicht allzu ferner Zukunft der transitivische Gebrauch von *erinnern* zunächst als fakultative Variante im Rechtschreib-Duden vermerkt sein wird und vielleicht eines Tages sogar die Norm darstellen könnte.

So ist auch der Gebrauch des Genitivattributs im Deutschen in starkem Rückgang begriffen:
Meines Bruders Fahrrad
werden Sie als Äußerung im gegenwärtigen Deutsch kaum noch hören.
Gebräuchlich ist dagegen:
Das Fahrrad von meinem Bruder
Präpositionalattribute ersetzen heute auf breiter Front das Genitivattribut.

Aufgabe 5

> *Kennen Sie ähnliche Sprachveränderungen, die sich in der deutschen Gegenwartssprache abzeichnen?*
> *Gibt es solche Erscheinungen auch in Ihrer Muttersprache?*

Die strukturalistische Linguistik analysiert und beschreibt vorrangig sprachliche Strukturen während eines ganz bestimmten Z u s t a n d s der Sprachentwicklung. De Saussure veranschaulicht dies im Schachbeispiel mit dem Zustand des Spieles zu einem ganz bestimmten Zeitpunkt. Dieser Zustand ist aber e n t s t a n d e n aus vorhergehenden Schachzügen, d. h. aus V e r ä n d e r u n g e n des Zustandes beim Spiel. In gleicher Weise führen auch Veränderungen sprachlicher Stukturen zu neuen Sprachstadien. Wie wir gesehen haben, ist es sehr wichtig, auch sprachliche Veränderungen oder Entwicklungen zu kennen, um Strukturen eines Sprachzustandes e r k l ä r e n zu können.

Synchronie

Diachronie

Im Anschluss an de Saussure bezeichnet die Linguistik einen Sprachzustand als S y n c h r o n i e (griech. *zeitlicher Zustand*) und eine sprachliche Entwicklung bzw. Veränderung als D i a c h r o n i e (griech. *zeitlicher Ablauf*). Sprachwissenschaftliche Fragestellungen, die auf Sprachveränderungen ausgerichtet sind, erfolgen also unter einem d i a c h r o n e n Aspekt, während linguistische Untersuchungen und Beschreibungen eines Sprachstadiums unter Ausschluss sprachhistorischer Fakten s y n c h r o n i s c h ausgerichtet sind. Diachrone Untersuchungen setzen eine vorausgehende synchrone Bestandsaufnahme bzw. Strukturbeschreibung voraus.
Wenn auch die strukturalistische Linguistik primär synchronisch bestimmt ist, so gehören diachrone Untersuchungen und Beschreibungen ebenfalls unabdingbar zu einer vollständigen Darstellung einer Sprache.

Schutzbedürftigkeit der Sprache

Vom Aspekt einer diachronischen Betrachtungsweise der Sprache aus wird immer wieder das Problem der so genannten „Sprachverderbnis" diskutiert. Die Befürchtung, dass eine Sprache – und so auch die deutsche Sprache – verhängnisvollen Einflüssen ausgesetzt sei und dass sie gegen diese Verderbnis geschützt werden müsste, ist nicht auszurotten. Die Frage, die sich in diesem Zusammenhang stellt, muss dann aber sein, g e g e n w e n sie zu schützen ist.

Weil diese Frage so außerordentlich wichtig ist und immer wieder so außerordentlich dümmlich angegangen wird, soll sie hier im Zusammenhang mit unseren Überlegungen zum Verhältnis zwischen *parole* und *langue* mit erörtert werden (vgl. Spillmann, 1989).

Hierzu zunächst ein Textbeispiel:

Beispiel

„Es kommt wieder darauf an, die Karrierekiste von der Basis her zu researchen, Gemotze darüber ist längst nicht mehr in und geht nur ungeheuer auf den Geist.
Wer unbedingt Bock darauf hat, kann schon mal eine abgenudelte Weltverbesserungsmessage rüberjubeln, aber eigentlich ist heutzutage eine Speed nicht mehr angesagt, das ist sowieso klaro. Wer heute zwischen 15 und 25 ist, hat in der Regel absolut Nullpower auf einen terroristischen Wahnsinnstrip, bei dem man am Ende nur von den Bullen mit ihren Sackgesichtern gegriffelt, in irgendein Loch eingebunkert wird und von den Untermackern der Big Bosse den letzten Speech aus der Birne gepustet kriegt, sobald man nur die Freßleiste aufmacht.
Nein, die totale Härte bringt echt nichts mehr, und immer nur eine Show abziehen, das ist auch nicht mehr das Wahre.
Heute ist man total cool, zeigt absolut null Flattermann, was die eigene Future anbetrifft, macht keine Randale mehr und tut lieber etwas für seinen Luxusbody anstatt Mauern vollzupinseln und Molotowcocktails zu basteln und den Kings damit eins zu husten.
Eine Optik bieten ist wieder eine schrille Sache, alles andere hält nur auf, geht tierisch auf den Keks und ist der absolute Streß."

Süddeutsche Zeitung v. 23.9.1988
(vgl. Übertragung auf S. 120)

Der zunehmende Einfluss von Fremdwörtern und sondersprachlichen Formen, d. h. von Sprachformen, die von ganz bestimmten sozialen und Altersgruppen verwendet werden, wie z. B. von Schülern, Diskobesuchern usw., wirkt sich immer stärker auf die Gemeinsprache aus, wobei die Verwendung derartiger exotischer Sprachformen für den Sprachbenutzer in irgendeiner Form hochattraktiv sein muss. Die Behauptung, die Verwendung derartiger Sprachformen sei Angeberei, greift m. E. viel zu kurz. Dies kann schon ein Blick auf die Produktwerbung lehren, die den Produzenten ja nachweislich horrende Summen wert ist. Die – hier einmal als „verbale Exotik" bezeichneten – sprachlichen Formen und Äußerungen gehören auch zur sprachlichen Wirklichkeit in der deutschen Sprache des ausgehenden 20. Jahrhunderts . Damit aber treten die in dem zitierten Text – zugegebenermaßen satirisch auf die Spitze getriebenen – beobachteten Formen der Sprachverwendung, der *parole,* in Konkurrenz zu überlieferten älteren, als normgerecht angesehenen Strukturen. Und das ist der Punkt, an dem die Diskussion ansetzt, ob denn die tradierten Formen nicht schutzbedürftig seien und damit zugleich die deutsche Sprache insgesamt.

Damit diese Frage nicht ins Leere zielt, muss sie im Hinblick darauf erweitert werden, gegen w e n und gegen w a s die deutsche Sprache geschützt werden müsse.
Die Antwort, dass unerwünschte Einflüsse ferngehalten werden sollen, ist viel zu unklar und vor allem zu kurzschlüssig. Denn wodurch können denn fremde und unerwünschte Impulse Einfluss auf das System, die *langue,* der deutschen Sprache gewinnen? Doch sicher nicht durch Verordnungen, sondern nur dadurch, dass sie von Sprechern der deutschen Sprache in immer stärkerem Umfang angewendet werden. Das aber bedeutet, dass eine Sprache nur vor unerwünschten Einflüssen zu schützen ist, indem sie vor ihren e i g e n e n S p r e c h e r n geschützt wird. Das jedoch ist ein Widerspruch in sich selbst, denn eine Sprache ist nur dann und nur so lange lebendig, wie sie gesprochen wird.

Es gibt natürlich absolut sichere Sprachen, die nicht schutzbedürftig sind, deren Systeme unveränderlich und ein für alle Mal weiteren Einflüssen entzogen sind. Hier wären das klassische Latein, das Sanskrit oder das klassische Griechisch zu nennen. Nur haben diese Sprachen den Nachteil, tot zu sein, keine Sprecher mehr zu haben, die sie verändern können, denn das Kriterium jeder lebenden Sprache ist die Veränderung. Sprachen sind hochkomplexe, in ständiger Veränderung begriffene Mengen sprachlicher Erscheinungen, wobei über Quantität und über Qualität eine einzige Instanz entscheidet, der Sprecher. Das haben wir vor uns, wenn wir von der Einwirkung der *parole* auf die *langue* sprechen. Die *langue* ist kein statisches, sondern ein dynamisches, ein veränderliches und veränderbares System.

Noam Chomsky

An die Differenzierung des Begriffs *Sprache* in *langue* und *parole* knüpft der amerikanische Linguist Noam Chomsky (geb. 1928) an. Chomsky entwickelt die Differenzierung von *langue* und *parole* weiter. Er unterscheidet zwischen dem Sprachbesitz eines Individuums, der es befähigt, grammatisch akzeptable Sätze zu bilden und zu verstehen, und dem aktuellen Gebrauch, den ein Individuum von seinem individuellen Sprachbesitz macht.

Kompetenz

Performanz

Wenn die *langue* die Menge aller Zeichen und Regeln einer natürlichen Einzelsprache ist, dann ist der innere Sprachbesitz des Sprachteilhabers mit Sicherheit nur ein Ausschnitt daraus. Diesen inneren Sprachbesitz des Individuums, der es befähigt, normgerechte Sätze zu generieren, nennt Chomsky die K o m p e t e n z* eines Sprechers. Den Gebrauch, den ein Sprecher von seiner Kompetenz macht, nennt Chomsky die P e r f o r m a n z*. Kompetenz und Performanz sind zu *langue* und *parole* zu stellen, sie sind aber nicht mit ihnen identisch, weil in die Begriffe von Chomsky explizit das Kriterium des Individuellen einbezogen ist.

Wir können also festhalten, dass Sprache einmal gesehen werden kann als sozialer Besitz, als etwas S o z i a l e s, und andererseits gesehen werden muss als der Besitz eines Einzelnen, als etwas I n d i v i d u e l l e s. Sprache ist zudem immer vorhanden als Möglichkeit, als Angebot, aus dem abgewählt werden kann, aber nicht muss.

Beispiel

> So gibt es z. B. den Mönchsorden der Trappisten, der von seinen Mitgliedern verlangt, dass sie nur im Notfall miteinander sprechen. Von allen Mitgliedern dieses Ordens kann angenommen werden, dass sie sehr wohl über eine Kompetenz verfügen, von dieser Kompetenz aber nicht bzw. nur selten Gebrauch machen.

Sprache ist also immer da als Angebot, als etwas V i r t u a l e s, und sie ist andererseits immer auch vorhanden als Vollzug, der beobachtbar ist im Rahmen der *parole*, als etwas R e a l e s.

Sprachsystem

Sprachkompetenz

Sprachdiskurs

Die beiden Doppelbegriffsbildungen: Sprache als etwas S o z i a l - I n d i v i d u a l e s und Sprache als etwas V i r t u a l - R e a l e s erlauben uns nun, den Begriff *Sprache* für unsere Zwecke ausreichend zu differenzieren.
Sprache als s o z i a l - v i r t u a l e s Phänomen, das allen Mitgliedern einer Sprachgemeinschaft quasi als Auswahlreservoir zur Verfügung steht, bezeichnen wir als S p r a c h s y s t e m*.
Sprache als i n d i v i d u a l - r e a l e s Phänomen, als Sprachbesitz eines jeden individuellen Sprachteilhabers, von dem er bei Bedarf Gebrauch machen kann, bezeichnen wir als S p r a c h k o m p e t e n z des Individuums.
Sprache unter dem Aspekt des Individual-Realen bezieht sich auf den S p r a c h d i s k u r s*, also auf die von einem Sprachteilhaber auf der Basis seiner sprachlichen Kompetenz realisierten sprachlichen Äußerungen, d. h. den Text.

Aus der Doppelbegriffsbildung lässt sich noch ein weiterer Gesichtspunkt ableiten, nämlich die Betrachtung der Sprache unter dem Aspekt des S o z i a l - R e a l e n. Wir haben als Kuriosum zu konstatieren, dass dieses Phänomen durchaus existiert, die Linguistik dafür aber keine allgemein akzeptierte Bezeichnung hat. Unter dem Sozial-Realen haben wir die M e n g e a l l e r T e x t e einer Sprachgemeinschaft zu verstehen, eine Quantität, die natürlich nur annähernd bestimmbar ist. Gleichwohl ist die Menge aller Texte einer Sprache von entscheidender Wichtigkeit für bestimmte Bereiche der Sprachwissenschaft, z. B. für die Abfassung von Grammatiken oder auch Wörterbüchern. Denn Aussagen über die Gebräuchlichkeit bestimmter Wörter oder grammatischer Formen können und dürfen nicht einfach festgesetzt werden, sondern bedürfen der Legitimation durch die Sprachwirklichkeit. Dies aber bedeutet, dass alle Aussagen über Sprache eine größtmögliche Annäherung an die Menge des Sozial-Realen, der Texte einer Sprache, in einer bestimmten Sprachepoche voraussetzen. Vor diesem Hintergrund wäre der Begriff der S p r a c h n o r m zu diskutieren.

2.1.3 Sprachsystem und sprachliche Subsysteme

Wir haben bisher den Begriff *Sprache* differenziert in Sprachsystem, Sprachkompetenz und Sprachdiskurs. Das ist aber immer noch viel zu grob. Denn mit dieser Differenzierung können wir noch immer nicht erklären, wieso sich ein Kraftfahrzeugmechaniker sprachlich anders verhält als ein Linguist.

Beispiel

> Sowohl für den Kraftfahrzeugschlosser als auch für den Linguisten ist der Satz *Durst wird durch Bier erst schön* in der Bierwerbung verständlich. Natürlich muss er es sein, denn die Werbung wendet Unsummen auf, um solche Sätze in das Bewusstsein der Sprecher zu bringen. Für den Kraftfahrzeugschlosser wie für den Linguisten ist der Satz verständlich, weil Wörter wie *Durst* und *Bier* und *werden* als Einheiten der deutschen *langue* eine ganz bestimmte, beiden zugängliche Bedeutung haben.
> Spricht der Kraftfahrzeugschlosser aber nun von einem *17-er Maulschlüssel* oder einem *12-er gekröpften Ringschlüssel* und der Linguist vom *Satzrahmen* oder von der *Auslautverhärtung*, dann verstehen sie einander nicht, und sie werden auch von einer großen Anzahl der Sprecher des Deutschen überhaupt nicht verstanden.

Müssen wir nun daraus ableiten, dass sprachliche Zeichen wie *17-er Maulschlüssel* und *12-er gekröpfter Ringschlüssel*, *Satzrahmen* und *Auslautverhärtung* nicht zur *langue* des Deutschen gehören? Sie sind doch hinsichtlich ihrer Wortbestandteile ganz eindeutig als deutsche Wörter auszumachen. Gehören sie vielleicht der *langue* des Deutschen nicht an, weil sie keine deutschen Wörter sind, weil sie Fremdwörter sind, die den meisten Deutschen fremde Wörter sind? Wenn diese Wörter nicht zur deutschen *langue* gehören, weil sie Fremdwörter und fremde Wörter sind, wie verhält es sich dann mit Fremdwörtern, die als solche eindeutig zu bestimmen sind, deren Bedeutung jeder Deutsche kennt, wie *Testament*, *Evangelium* oder *Kiosk*? Alle diese Wörter bzw. Zeichen der deutschen Sprache stellen virtuelle Elemente dar, Auswahlmöglichkeiten, Abwahlangebote für Angehörige der deutschen Sprachgemeinschaft. Das zeigt ja ganz eindeutig die Tatsache, dass sie von einigen Sprechern tatsächlich auch verwendet werden, und zwar in erfolgreicher kommunikativer Intention. Damit ist bewiesen, dass alle diese Wörter zum deutschen Sprachsystem gehören.

Der Zugang zu diesen Abwahlmöglichkeiten ist zunächst einmal fachgebunden. Der Linguist, der Kraftfahrzeugmechaniker, der Koch, der Pädagoge usw. haben jeweils einen Zugang zu je eigenen fachbezogenen Sprachsystemen, die zwar zum Gesamtsystem der deutschen Sprache gehören, die aber eigene Subsysteme darstellen, die mit dem System, das allen Sprechern zugänglich ist, d. h. der deutschen Gemeinsprache oder Standardsprache, nur teilweise übereinstimmen.
Diese Subsysteme, die aus der Notwendigkeit fachlicher Differenzierung entstanden sind, nennt man Fachsprachen.

Fachsprache

Aufgabe 6

Nennen Sie einige Beispiele für Fachsprachen.

Nun gibt es aber in ausgreifender Quantität Subsysteme, die nicht aus der Intention zur fachlichen Differenzierung entstanden sind, sondern mit dem Ziel der sozialen Isolation bzw. Identifikation ihrer Sprecher. Hierzu zählen z. B. die Sprache der Fixer, die Sprache der Schüler, die Sprache der Gauner oder die Sprache der Jäger, die man als Gruppensprachen oder Sondersprachen bezeichnet. Es handelt sich dabei um Sprachformen, die ihre Existenz nicht fachlicher Differenzierung, sondern sozialer Differenzierung verdanken. Solche Subsysteme sind jedoch nicht ausschließlich lexikalisch bedingt.

Sondersprache

Beispiel

> Ein gebürtiger Nordhesse wird häufig die hochdeutschen Wörter *Buch* und *Schuh* als *Buoch* und *Schuoch* artikulieren.

Dialekt

Hieraus geht hervor, dass es auch a r e a l bedingte, d. h. nur auf ein bestimmtes Verbreitungsgebiet bezogene Subsysteme gibt. Diese bezeichnet man als D i a l e k t e. Des Weiteren gibt es auch Subsysteme, die s t i l i s t i s c h bedingt sind.
Stellen Sie sich in der Umgangssprache den Satz vor:

> *Eine sachorientierte und fundierte Abtaxierung der Realisierungschancen vor Spieleröffnung ist unerlässlich.*
> als Umschreibung für die Regel beim Skatspielen:
> *Man soll nicht mauern, aber auch nicht überreizen.*

Dieser Satz wäre in der Umgangssprache lächerlich, weil das falsche Stilregister gewählt wurde. Je nach Sozialstatus, je nach Rollenbeziehung, je nach Situation haben Sprecher ihren ganz unterschiedlichen Zugang zu unterschiedlichen Subsystemen.

Fazit: Das Sprachsystem einer Sprache, d. h. auch das Sprachsystem des Deutschen, ist kein homogenes System. Es ist ein hochkomplexes Phänomen aus ganz unterschiedlich bedingten und sich ganz unterschiedlich manifestierenden Subsystemen: auf der Lautebene, auf der lexikalischen Ebene, auch auf der syntaktischen Ebene. Eine strukturalistische Beschreibung des Deutschen muss demnach die systemhaften, d. h. die strukturalen Beziehungen dieser Subsysteme aufweisen.

2.2 Das verbale Zeichen

In unseren bisherigen Überlegungen haben wir den Begriff *Sprache* differenziert. Jetzt wollen wir abblenden – um in der Sprache der Fotografen zu reden – und uns das Phänomen *Sprache* genauer anschauen, das Gegenstand der linguistischen Beschreibung ist.

Der Weg für unsere Fragestellung ist hierbei vorgezeichnet. Wenn wir Sprache als ein S y s t e m v o n Z e i c h e n u n d V e r k n ü p f u n g s r e g e l n d e r Z e i c h e n gekennzeichnet haben, dann haben wir an diesem Punkt unserer Überlegungen zu fragen, was wir uns denn unter einem Zeichen und was wir uns unter Verknüpfungsregeln vorzustellen haben. Bevor wir zu den Verknüpfungsregeln im weiteren Verlauf dieser Studieneinheit kommen, gelten unsere Überlegungen zunächst dem v e r b a l e n Z e i c h e n. Zur Erleichterung der Beschreibung wollen wir unsere Fragestellung erweitern und formulieren: Wie funktioniert das eigentlich, wenn wir miteinander durch Sprache in Verbindung treten, wenn wir miteinander kommunizieren? Wovon hängt es ab, dass Kommunikation zustande kommt, obwohl doch so eine Vielzahl von Störfaktoren die Kommunikation behindert?

Beispiel

> Wie kommt mittels eines physischen Impulses, mittels Schallwellen oder optischer Reize eine Vorstellung, ein Begriff im Bewusstsein des Hörers zustande? Wieso ist eigentlich in einem Brief, der doch nichts anderes darstellt als ein Stück Papier mit graphischen Linien oder Schnörkeln, für einen Menschen oder eine Gruppe von Menschen eine Nachricht verpackt und für andere nicht?
> Auf meinem Schreibtisch liegt ein Brief aus China, der mich zwar erreicht hat, weil die Adresse meinen Namen so wiedergibt, wie ich ihn lesen kann. All das aber, was in dem Brief steht – einschließlich der Grußformel – ist mir unverständlich, weil der Brief in Chinesisch geschrieben ist.

Wir machen es uns viel zu einfach, wenn wir sagen: Wir verstehen den Brief nicht, weil er in Chinesisch geschrieben ist. Deshalb sehen wir uns zuerst ein e i n f a c h e s Kommunikationsmodell an, bevor wir uns mit dem verbalen Zeichen beschäftigen.

2.2.1 Ein einfaches Kommunikationsmodell

Wir haben gesehen, dass das Sprachsystem nicht naturgegeben von Anfang an da ist, sondern als Resultat zahlloser Sprachverwendungsakte aufgefasst werden muss. Erinnern Sie sich bitte an die Wechselwirkung von *langue* auf *parole*, aber auch von *parole* auf *langue*. Wir haben gesehen, dass sprachliche Kommunikation oder – um mit dem berühmten Bild von Ferdinand de Saussure zu operieren – dass ein Teilhaben am Spiel nur möglich ist unter der Bedingung, dass das Inventar und die Verknüpfungsregeln des Sprachsystems oder des Spieles für den jeweils gegebenen Zustand regelkonform und normgedeckt vom Sprachteilhaber oder Spielteilhaber angewendet werden. Eine Analyse dieses hochkomplexen Phänomens in allen seinen strukturellen Zügen ist grundsätzlich schwierig bzw. unmöglich. Dies ist der eigentliche Grund für die Existenz unterschiedlicher oder auch konkurrierender Sprachtheorien. Uns liegt bis zum heutigen Tag von nicht einer einzigen natürlichen Einzelsprache eine Sprachtheorie vor, d. h. eine komplette Beschreibung, die den Anspruch erheben kann, alle strukturellen Merkmale dieser natürlichen Einzelsprache abzubilden. Weil das so ist, kann es auch hier nicht unser Bestreben sein, die Faktoren, die den Kommunikationsvorgang bedingen, möglichst vollständig zu beschreiben. Wir wollen bescheiden sein und ein e i n f a c h e s Kommunikationsmodell konstituieren.

An dieser Stelle unserer Darstellung soll nun zunächst ein Exkurs eingeschoben werden.

Exkurs zum Modellbegriff

Exkurs

Das Wort *Modell* ist im spezifischen und nichtspezifischen Sinn in aller Munde. Um einen anwendbaren Modellbegriff zu erhalten, eröffnen wir unsere Fragestellung wieder durch ein Beispiel.

Beispiel

> Denken Sie an eine Straßenkarte; eine Straßenkarte und nicht eine Landkarte. Worauf bezieht sie sich? Sie bezieht sich nicht auf die Beschaffenheit des Bodens. Sie bezieht sich auch nicht auf die Bebauung der Gegend, die sie abbildet, und nicht auf den Anteil von Wald, Feld, Baumbestand. Sie gibt lediglich das Netz der öffentlichen Straßen wieder, wobei die Komponenten, die nicht abgebildet sind, ja keineswegs – absolut gesehen – unwichtig sind. Unter anderen Fragestellungen können sie durchaus primäre Geltung beanspruchen.

Original und Modell

Es handelt sich also bei der Straßenkarte um einen Ausschnitt aus einem Phänomen, aus einem Original, das im Modell abgebildet wird. Hier nun ist schon ein Grund sichtbar, der zur Modellierung führt. Modelle werden in aller Regel für Phänomene entworfen, die der direkten Beobachtung zwar zugänglich, aber so komplex und so kompliziert sind, dass die strukturellen Eigenschaften dieses Originals mit einem Griff nicht erfasst werden können. Wir haben also auf der einen Seite das Original (O) und auf der anderen Seite das Modell (M), das sich in irgendeiner Form – wir haben bis jetzt noch nicht erläutert in welcher – auf das Original bezieht.

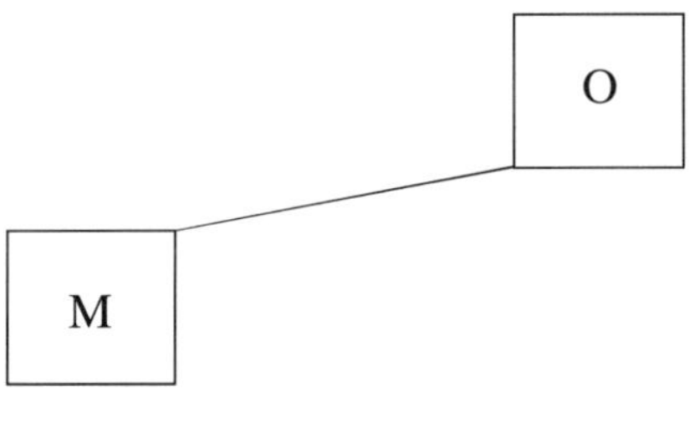

Modellkonstrukteur

Es kommt ein weiterer Faktor hinzu. Modelle existieren ja nicht an sich. Modelle setzen immer einen Menschen voraus, der das Modell konstruiert.

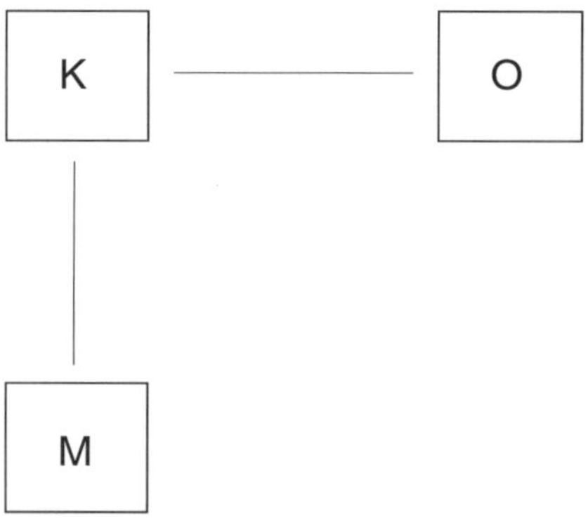

Modellierungsprozess

Der Modellkonstrukteur (K), so wollen wir ihn nennen, beobachtet das Original. Er entnimmt dem Original Informationen und speichert diese Informationen in das Modell ein. Es ist also ein Vorgang, der sich nach beiden Seiten richtet.

Um beim Beispiel der Straßenkarte zu bleiben: Es wird das Netz der Straßen beobachtet, und diese Beobachtungen fließen in das Modell ein. Dem Modell wird entnommen, dass noch nicht genügend Relationen abgebildet sind. Daraufhin beobachtet der Modellkonstrukteur das Original und entnimmt ihm wieder Informationen und baut sie in das Modell ein. Dieser Prozess der Beobachtung des Originals durch den Modellkonstrukteur ist von der Frage geleitet, was noch zur Komplettierung des Modells fehlt. Die Konstruktion des Modells ist also ein Prozess. Der Prozess der Modellierung ist dann abgeschlossen, wenn das Modell die funktionale Bestimmung erfüllt, die ihm der Modellkonstrukteur zumisst. Die Modellkonstruktion der Straßenkarte ist dann beendet, wenn ein durchschnittlicher Autofahrer mit der Straßenkarte operieren kann. Das heißt, Modelle sind immer für den Benutzer k o n s t r u i e r t und g e d a c h t, und zielen auf diesen ab.

Wissenschaftliche Modelle, z. B. Modelle von so komplexen Phänomenen wie einer menschlichen Gesellschaft oder Grammatikmodelle, sind nichts anderes als Darstellungen von Teilbereichen eines Originals, die in die Gesamtbeschreibung – d. h. die Gesamttheorie des Objektbereiches – plausibel integrierbar sein müssen und die das Zusammenspiel der Faktoren – d. h. die Struktur des Teilbereichs – nachvollziehbar beschreiben.

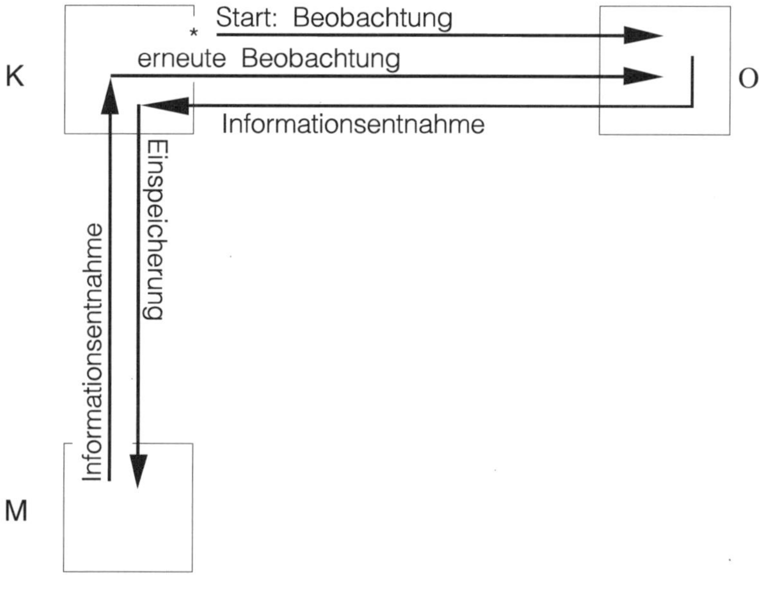

Kommen wir zurück zu unserem Beispiel von der Straßenkarte: Die Straßenkarte hat nicht die gleichen Dimensionen, sie hat nur die gleichen Proportionen wie das Original. Das heißt, im Modell müssen die gleichen strukturellen Relationen, die gleichen Proportionen herrschen wie im Original. Modell und Modelloriginal müssen sich in einem analogen Verhältnis befinden.

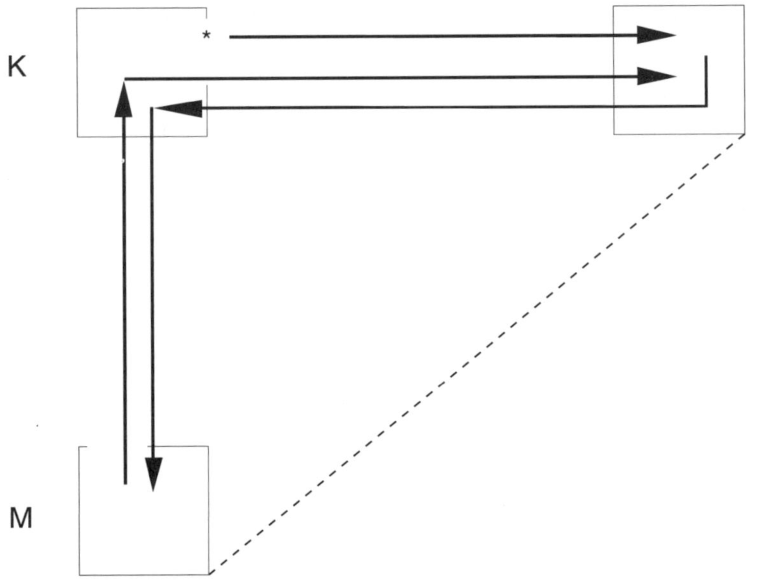

An diesem Punkt der Argumentation erhebt sich nun die Frage, wieso es verschiedene Modelle, verschiedene Theorien e i n e s Phänomens gibt, wenn doch zwischen Modell und Modelloriginal die Beziehung der Analogie vorliegen muss. Das liegt an der unterschiedlich akzentuierten Beobachtung des Originals durch den Konstrukteur gemäß seiner Intention. Der Modellbauer will im Fall der Straßenkarte eben das Straßennetz abbilden, er will eine Straßenkarte und keine physikalische Karte machen, die für den Geologen viel wichtiger wäre.

Es kann bei der Beobachtung des Originals durch den Modellkonstrukteur zu Fehlschlüssen kommen. Dann entsteht ein falsches Modell. Modelle und Theorien müssen sich deshalb grundsätzlich zwei Prüfungsverfahren stellen, dem der V e r i f i z i e r u n g* und dem der F a l s i f i z i e r u n g*. Bei der Verifizierung muss der Nachweis der Wahrhaftigkeit, der tatsächlichen Gültigkeit der Analogie geführt werden, während durch Falsifizierung der Gegenbeweis dazu angetreten wird, d. h. die Analogie als fehlerhaft widerlegt wird.

Verifizierung
Falsifizierung

(Zu den Ausführungen des Exkurses vgl. *Funkkolleg Sprache* 1971, Bd. 2, 30ff. und Bd. 1, 18ff.)

Wenn vom Kommunikationsvorgang nur ein e i n f a c h e s Modell entworfen werden soll, dann hängt das damit zusammen, dass auch der Kommunikationsvorgang ebenso wie das Phänomen der Sprache zu komplex ist, um ihn in all seinen strukturellen Bezügen abzubilden. Für unsere Überlegungen reicht zudem ein einfaches Kommunikationsmodell aus, weil es uns lediglich zum Einstieg und besseren Verständnis des eigentlichen Themas dient: der Erörterung des verbalen Zeichens.

einfaches Kommunikationsmodell

> Denken wir uns folgende Situation, die zu einem elementaren Kommunikationsvorgang führt: Ein Mann in einem Boot und ein Taucher im Wasser; Boot und Taucher sind durch ein Seil verbunden.

Beispiel

Wir haben folgende Faktoren: Sender (S) ist der Taucher. Empfänger (E) ist der Mann im Boot. Beide verbindet das Seil, denn wenn Kommunikation stattfinden soll, müssen Sender und Empfänger auf einer materiellen Basis miteinander verbunden sein. Die materielle Basis zwischen Sender und Empfänger nennen wir *Kanal*.

Sender/Empfänger

Kanal

Dieses allgemeinste elementare Kommunikationsmodell gilt nicht nur für die verbale Kommunikation der Menschen, sondern auch für

- die Kommunikation unter Tieren:
  z. B. Bienentanz (die tanzende Biene = S), (die anderen Bienen = E),
- die Kommunikation zwischen Apparaten und Mensch:
  z. B. Ampel (S) – Mensch (E),
- die Kommunikation zwischen Apparaten:
  z. B. Diskette (S) – Computer (E).

Es werden jeweils Informationen zwischen S und E ausgetauscht. Kommunikation nennt man den Informationsaustausch zwischen Einheiten, die in der Lage sind, Informationen abzugeben und/oder aufzunehmen.

Als Kanal ist jedes materielle Phänomen geeignet, wenn S ihn gemäß der Botschaft modulieren kann.

Beispiel

In unserem Fall ist der Kanal das Seil. Stellen Sie sich vor, der Taucher (S) und der Mann im Boot (E) sind durch eine fest montierte Eisenstange verbunden. Dann ist die Modulation des Kanals durch Ziehen nicht möglich. Wir können hier aber schon sehr schön sehen, dass Sender und Empfänger die Möglichkeit haben, in diesem Fall den Kanal zu wechseln. Der Taucher kann sich in diesem Fall dadurch bemerkbar machen, dass er mit einem schweren Gegenstand gegen die fest montierte Eisenstange klopft.

Als Kanal eignet sich jedes materielle Phänomen, z. B. Schallwellen, Lichtwellen, elektrischer Strom, Radiowellen usw.
Der Empfänger (E) muss die Modulation des Kanals registrieren können.

Signal

Im Kanal werden Signale (SIG) übermittelt, die Informationen tragen.

Störungen

Wenn der Kanal gestört wird, kann das zu schwerwiegenden Behinderungen der Kommunikation führen.

Beispiel

Denken wir an eine Situation, die wir alle kennen, die wir auch alle wahrscheinlich schon erlebt haben und die bei den meisten von Ihnen hoffentlich nicht auf Sanktionen gestoßen ist: *Das Überfahren einer Ampel bei Rot.*
Welche Gründe können dafür vorliegen? 1. Ein Lastwagen hat vor der Ampel gestanden, so dass Sie diese nicht sehen konnten. 2. Es hat kein Lastwagen vor der Ampel gestanden, Sie haben aber geträumt, waren unaufmerksam.

Grundsätzlich können wir drei Gründe für Störungen generalisieren:

1. Der Sender kann den Kanal nicht effektiv modulieren. Das ist bei der sprachlichen Kommunikation sehr häufig. Es liegen Sprechstörungen vor, z. B. wenn der Sender stottert. Viele Witze basieren auf diesem Schema.
2. Der Empfänger ist in der Aufnahme des Signals behindert. Das trifft sowohl dann zu, wenn, wie in unserem Beispiel, ein Lastwagen vor der Ampel steht und den Empfänger in der Aufnahme des Signals behindert, als auch, wenn der Verkehrsteilnehmer mental blockiert ist.
3. Der Kanal ist überlastet, d. h., der Kanal ist mit Signalen so ausgelastet bzw. in seinem materiellen Zustand derartig festgelegt, dass sowohl die Modulation als auch der Empfang nicht mehr deutlich genug sind.

Stellen Sie sich eine sehr stark befahrene Straße in der Hauptverkehrszeit vor. Auf der anderen Straßenseite sehen Sie eine Bekannte und wollen mit ihr kommunizieren. Das geht nicht. Sie können sich die Kehle aus dem Leib schreien, sie hört Sie einfach nicht. Was werden Sie dann tun? Sie wechseln den Kanal. Sie rufen nicht, Sie winken. Beispiel

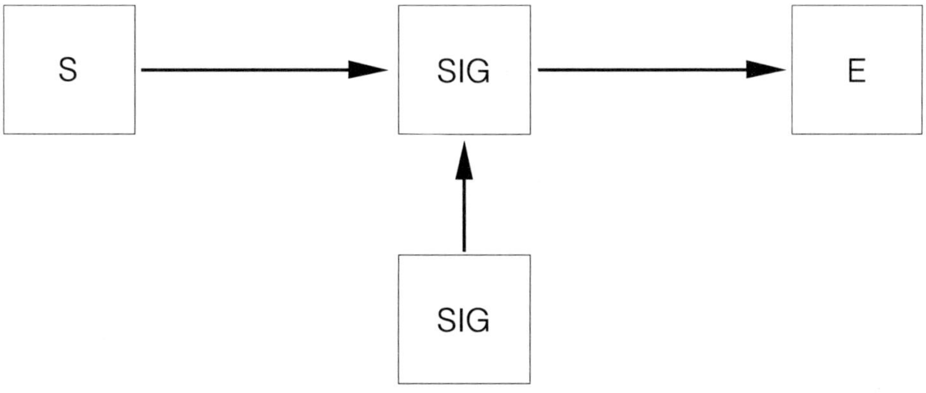

Wir haben bisher die drei Faktoren S e n d e r, S i g n a l und E m p f ä n g e r kennen gelernt. Ist dieses Kommunikationsmodell damit ausreichend, um Kommunikation zu erklären? Um diese Frage beantworten zu können, sehen wir uns ein Beispiel an:

Ach, leihen Sie mir für einen Kraleb doch einmal Ihren Distraktor, bitte!

Sie „verstehen" diesen Satz nicht, obwohl Sie ihn zweifelsfrei gehört/gelesen haben, weil Sie mit *Kraleb* und *Distraktor* keinerlei Vorstellungen verbinden.

Das Beispiel zeigt uns, dass das bisher entwickelte Modell zur Erklärung von Kommunikation noch nicht ausreicht. Damit Kommunikation stattfinden kann, müssen Sender und Empfänger auf noch einer anderen als der materiellen Ebene miteinander verbunden sein, denn auf der materiellen Ebene erfolgt lediglich der Transport von Signalen.

Der Transport von Signalen oder der Austausch von Signalen ist nicht gleichzusetzen mit dem Austausch von Informationen. Sender und Empfänger sind ganz offensichtlich auf zwei Ebenen miteinander verbunden. Auf der materiellen Ebene im Kanal und auf einer immateriellen Ebene konventionell und sozial. Denn wenn Sie nicht verstanden haben, was *Kraleb* und *Distraktor* bedeuten, dann liegt das einfach daran, dass dies keine konventionalisierten sprachlichen Formen des Deutschen sind, die in Ihrem Kopf eine Vorstellung entstehen lassen. Also sind Sender und Empfänger auf einer weiteren Ebene miteinander verbunden, und zwar auf der Ebene eines gemeinsamen konventionell festgelegten Vorrats von Zeichen und Verknüpfungsregeln, den wir C o d e* nennen. Code

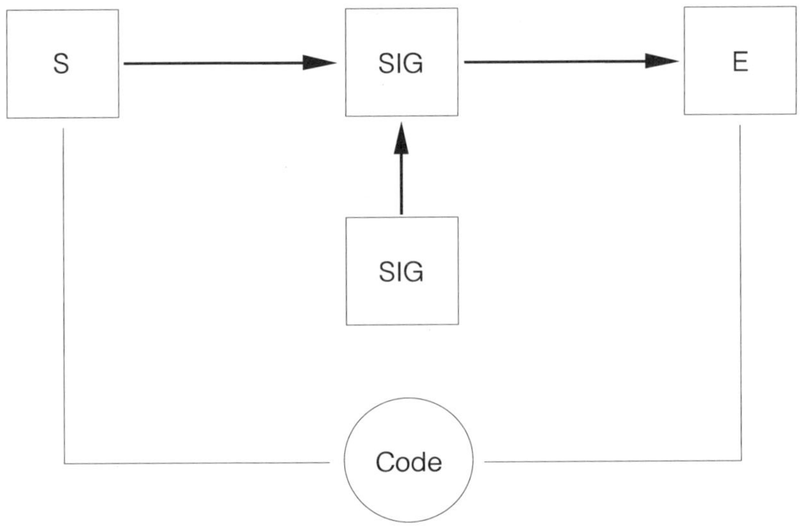

Im speziellen Fall der sprachlichen Kommunikation haben wir uns unter dem C o d e die *langue*, das Sprachsystem, vorzustellen. Es ist eines ganz deutlich geworden, und das gilt es festzuhalten: Materiell wird nur das Signal übermittelt. Dieses Signal wird erst dann Träger von Informationen, wenn ihm vom Empfänger ein Inhalt, eine Bedeutung, beigeordnet wird. Das, was bei der Kommunikation transportiert wird, ist also ganz offensichtlich ein doppelseitiges Element, das aus einer m a t e r i a l i s i e r b a r e n Seite, dem S i g n a l, und einer i m m a t e r i e l l e n, p s y c h i s c h e n Seite besteht. Ausgehend von dieser Erkenntnis wird eine Beschreibung der Zeichenproblematik sehr viel leichter fallen.

Wir haben festgestellt, dass bei der sprachlichen Kommunikation der Code das S p r a c h s y s t e m selbst ist. Auch hier gilt es, eine Differenzierung einzuführen: Im Fall von zwei Kommunikanten (Sprecher – Hörer) handelt es sich beim Code um die Schnittmenge der K o m p e t e n z e n beider Kommunikanten.

Damit spezifizieren wir das allgemeine Kommunikationsmodell zu einem Modell der sprachlichen Kommunikation:

- S kennzeichnet jetzt den Sprecher.
- E wird zum H für Hörer, wobei Sprecher gleichzeitig Hörer und Hörer gleichzeitig Sprecher sein kann, so dass der Kommunikationsvorgang als reversibel, d. h. umkehrbar, aufgefasst werden kann.
- SIG ist als Signal entweder eine Lautkette oder eine Folge von schriftlichen Symbolen.
- Der Kanal sind Schallwellen bzw. Lichtwellen.
- Die Codes der Sprecher bezeichnen wir mit C1 und C2 und gehen davon aus, dass die Schnittmenge möglichst groß ist.

Schnittmenge

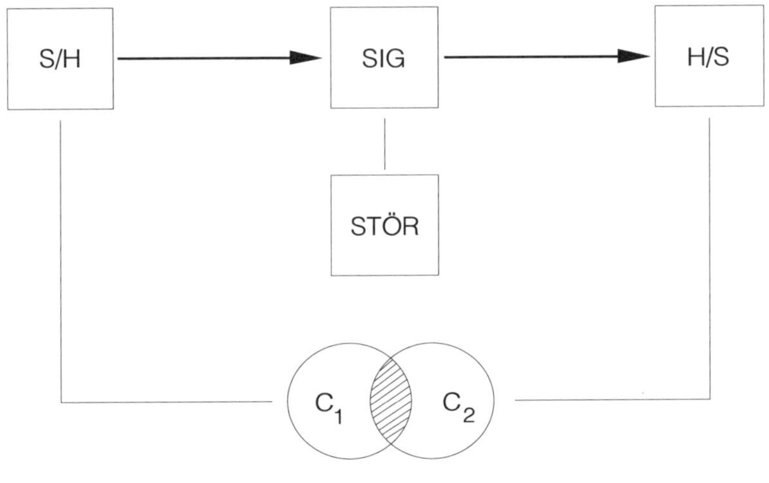

Mit diesem einfachen Kommunikationsmodell ist es möglich, verbale Kommunikation zu erklären und zu beschreiben, dies allerdings unter einer notwendigen weiteren Differenzierung.

Beispiel

> Zum Weihnachtsfest beschenkt sich ein junges Ehepaar, das ein kleines Kind hat, am Heiligen Abend gegenseitig. Die Ehefrau bekommt von ihrem Mann einen hellen Berberteppich; die Ehefrau schenkt ihrem Mann einen Füllfederhalter. Als beide glücklich den Weihnachtsbaum anschauen, greift sich der kleine Junge den Füllfederhalter und entleert seinen Inhalt auf den Berberteppich. Darauf ruft die Mutter aus: *Das ist ja eine schöne Bescherung!*

Diese Äußerung passt scheinbar durchaus in die geschilderte Situation, denn zu Weihnachten gibt es am Heiligen Abend ja tatsächlich eine *Bescherung*. Aber Mimik, Gestik und Tonfall der Äußerung wollen so gar nicht zu weihnachtlicher Freude passen. Die Mutter meint mit ihrer Äußerung offensichtlich etwas ganz anderes, als man generell unter *Bescherung* versteht.

Perzeption

Kommen wir zur Erklärung dieses Sachverhalts auf unser bisher erarbeitetes Kommunikationsmodell zurück: Wir haben gesehen, dass vom Sprecher ein Signal über den Kanal zum Hörer transportiert wird, welches im Moment der Perzeption*, also der sinnlichen Wahrnehmung, die von beiden diesem Signal zugeordnete und im Code konventionalisierte Bedeutung aufruft. Dabei können nun sowohl Sprecher als auch Hörer über die im Code konventionell festgelegten Bedeutungen hinausgehende weitere Bedeutungen assoziieren. Hierbei ist es nicht von linguistischem Interesse, wenn es sich um Assoziationen handelt, die nur ein Individuum mit einer Bedeutung verbindet, wie dies z. B. dann gegeben ist, wenn jemand beim Hören oder Lesen eines Wortes an ein ganz bestimmtes Tier oder eine ganz bestimmte Pflanze denkt. Vielmehr muss es sich um Assoziationen handeln, die vielen bzw. allen Sprachteilhabern unter ganz bestimmten situativen Bedingungen zugänglich sind, wie z. B. die Äußerungen:

> *Das ist ein Schrank* für: *Das ist ein außerordentlich muskulös gebauter Mann.*
> Oder:
> *Das ist eine schöne Bescherung* für: *Das ist ein unerwarteter und unerfreulicher Sachverhalt.*

Denotat

Wenn einem Signal unter allen denkbaren Umständen eine generelle Bedeutung zugeordnet werden kann, wird diese Bedeutung das Denotat* genannt.

Konnotat

Assoziationen, die eine große Zahl von Sprachteilhabern der Bedeutung eines Signals in ganz bestimmten Situationen zuordnet, werden als Konnotat* des betreffenden Zeichens bezeichnet.

Stellt sich das Denotat als begrifflicher Inhalt des sprachlichen Zeichens auch bei kontextfreier Verwendung unter allen denkbaren Situationen bei der Perzeption eines Signals bei vielen oder allen Sprachteilhabern ein, so stellt sich das Konnotat, das auch als emotive, Emotionen enthaltende Bedeutung des Zeichens aufgefasst werden kann, bei einer Vielzahl oder allen Sprachteilhabern nur im Kontext und unter ganz bestimmten Bedingungen ein. Es ist interessant, verschiedene Textsorten daraufhin zu untersuchen, ob die Information in ihnen hauptsächlich auf der denotativen oder der konnotativen Ebene vermittelt wird. Besonders aufschlussreich in diesem Zusammenhang sind z. B. Texte der Produktwerbung.

Unser Kommunikationsmodell muss also komplettiert werden: Zur Ebene der denotativen Codes ist nun auch die Ebene der konnotativen Codes hinzuzufügen.

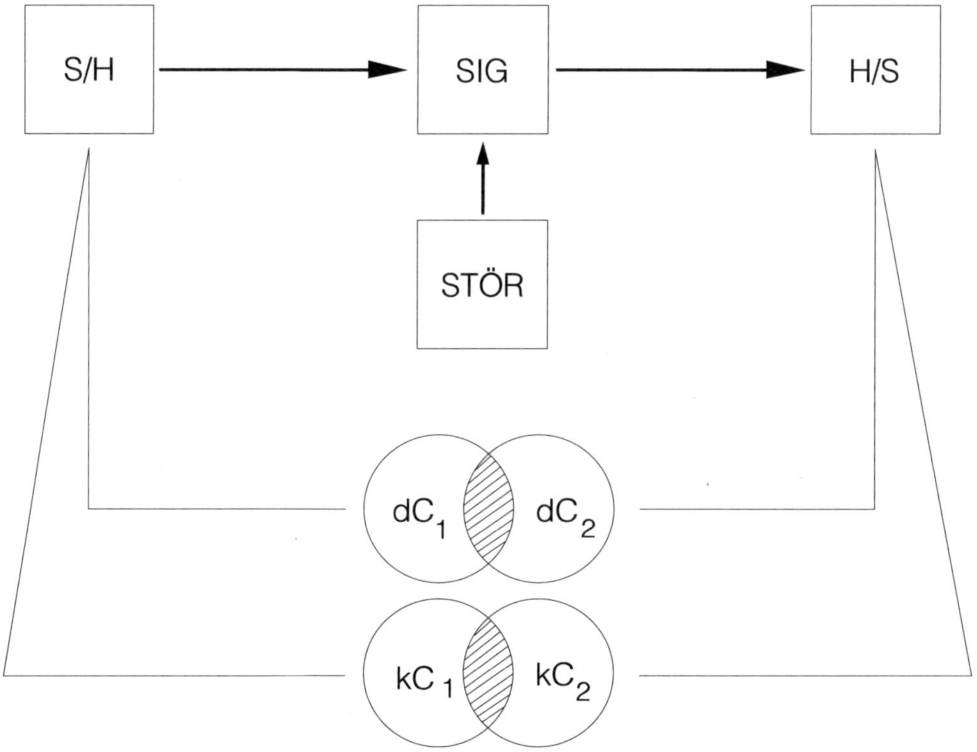

Hierbei sind der denotative und der konnotative Code nicht voneinander unabhängig. Die aus dem denotativen Code erschlossene Information wird vielmehr entsprechend der situativen Bedingung vom konnotativen Code überlagert. Die Kommunikanten sind also durch zwei Codes miteinander verbunden, die einander überlagern.

Wir haben gesehen, dass der Sprecher gemäß den Rollen-, Status-, Sozial- und Kommunikationsbedingungen bei der Kommunikation aus ganz bestimmten Subsystemen sprachliche Abwahlen trifft.

Beispiel

> *Beim Morgenkaffee* werde ich *zu meiner Frau* in *häuslicher Umgebung* ganz anders sprechen als in dieser Studieneinheit an dieser Stelle zu Ihnen.
> Sie sehen schon, welche Einschränkungen durch die kursiv geschriebenen Sachverhalte kenntlich gemacht worden sind.

situativer Kontext

Dies bedeutet, dass jeder Kommunikationsakt in einen ganz bestimmten situativen Kontext eingebettet ist. Auch dieser situative Kontext muss in unserem Kommunikationsmodell zumindest andeutungsweise erfasst werden.

Der situative Kontext kann in einem engeren und einem weiteren Sinne aufgefasst werden. In einem engeren Sinne handelt es sich um einen situativen Kontext, wenn die konkrete Situation, z. B. der Morgenkaffee im oben stehenden Beispiel, angesprochen ist. Um einen situativen Kontext im weiterern Sinne handelt es sich, wenn die Status- bzw. Rollenbeziehungen gemeint sind, in denen die Kommunikanten stehen.

Beispiel

> So macht der weitere situative Kontext, in dem diese Studieneinheit zu sehen ist, bestimmte sprachliche Formen meinerseits als Autor Ihnen als Lesern gegenüber unmöglich, so z. B. Ihre Beschimpfung. Der situative Kontext bedingt, welche Abwahlen aus den Codes erfolgen.

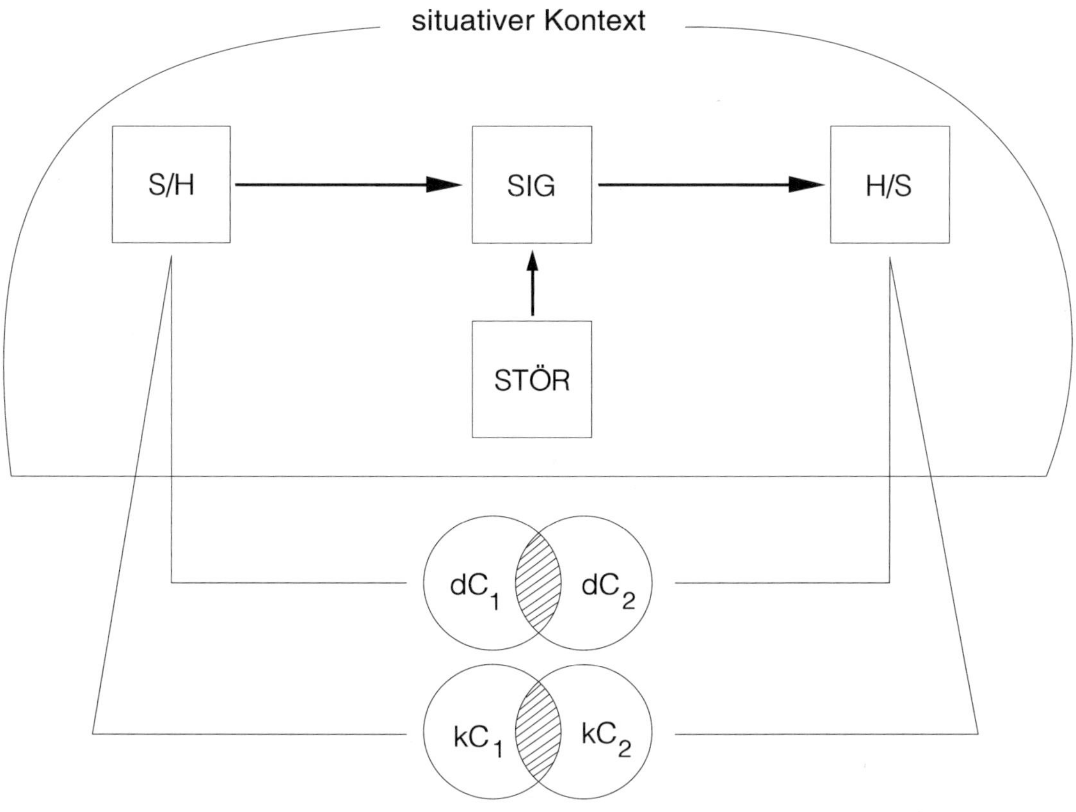

2.2.2 Kriterien des verbalen Zeichens

Bei der Beschreibung eines einfachen Kommunikationsmodells haben wir besonderen Wert auf die Aussage gelegt, dass das, was bei der Kommunikation als informationstragendes Element zwischen dem Sprecher und dem Hörer transportiert wird, ein doppelseitiges Phänomen ist, das aus einer materialisierbaren Seite, dem Signal, und einer immateriellen, inhaltlichen Seite, der Bedeutung, besteht. Wir haben gesehen, dass Sprecher und Hörer nicht nur über den Kanal, sondern auch über den Code miteinander verbunden sind. Das heißt, im Kommunikationsakt wird vom Hörer einem ganz bestimmten Signal, das im Kanal transportiert wird, eine Bedeutung zugeordnet.

Wie soll man sich das konkret vorstellen? Wäre es denkbar, dass eine b e w u s s t e Zuordnung eines Inhaltes zu diesem Signal erfolgt? Bei näherer Überlegung erkennen wir, dass das unmöglich ist. Dafür gibt es drei Gründe:

1. In der mündlichen Kommunikation wird sehr schnell gesprochen. Der Angesprochene versteht fast simultan, d. h. im gleichhohen Tempo, die Äußerungen des Sprechers. Dies schon schließt die Annahme aus, dass zwischen der Perzeption, dem rein akustischen Erfassen einerseits, und dem Verstehen des Erfassten andererseits ein Akt der i n t e n t i o n a l e n Zuordnung eingeschoben sein könnte.
2. Wenn erst im Moment der Perzeption eine Zuordnung von Inhalt zum Signal erfolgen würde, wäre der Code in diesem Falle nicht anders denkbar als eine Masse, ein Reservoir von Begriffen, Vorstellungen und Denkinhalten, die aber nicht strukturiert ist. Intentionale Zuordnungen, Zuordnungen überhaupt zu Einheiten, in unserem Fall den Signalen, aus einer unstrukturierten, d. h. gestaltlosen, amorphen Masse aber sind unmöglich.
3. Ein Signal ist in der mündlichen Kommunikation bei wiederholtem Vorkommen keineswegs identisch, d. h. invariant. Es ist sehr leicht nachzuweisen, dass ein und derselbe Sprecher nicht imstande ist, ein Signal absolut identisch mehrmals zu artikulieren. Denken Sie darüber hinaus an Dialektsprecher, Sprachfehler, Beeinträchtigung der Sprachorgane und der Artikulation durch Husten, Schnupfen,

Heiserkeit oder auch an Sprecher mit nachlässiger Artikulation; und dennoch werden diese objektiv varianten Signale in aller Regel sofort identifiziert und verstanden.

Aus diesen Überlegungen wird eines ganz deutlich: Sprecher wie Hörer haben das Signal u n d die Bedeutung als Ganzes gespeichert. Im Kommunikationsakt wird nur die materialisierbare, d. h. also die lautliche oder die optische Seite in einem physischen Medium materialisiert und ruft diese Einheit als Ganzes auf. Diese doppelseitige Einheit aus einer materialisierbaren und einer inhaltlichen Seite nennen wir das

sprachliches Zeichen

s p r a c h l i c h e Z e i c h e n.

Ferdinand de Saussure

Die Darstellung des sprachlichen Zeichens soll im Folgenden der Zeichenkonzeption von Ferdinand de Saussure folgen. Hierzu ist zweierlei zu bemerken:

1. Es gibt andere Zeichenkonzeptionen, z. B. von Karl Bühler oder Ch. S. Peirce, die sehr viel umfänglicher und sehr viel komplizierter sind. Aus didaktischen Gründen und aus Gründen der Proportionalität – es handelt sich hier schließlich um eine Einführung in die Linguistik und nicht um eine Einführung in die Semantik – haben wir de Saussures Zeichenkonzeption für die Darstellung des sprachlichen Zeichens gewählt.
2. Gegen de Saussures Zeichenkonzeption sind Bedenken bzw. Einwände erhoben worden. Diese sollen, soweit es sich im Rahmen dieser Einführung anbietet, aufgegriffen werden, obwohl eine Einführung selbstverständlich nicht in eine ausführliche Zeichenkritik eintreten kann. Immerhin muss betont werden, dass de Saussures Zeichenkonzeption bei allen erhobenen Einwänden nicht falsifiziert worden ist.

Das sprachliche Zeichen ist also eine doppelseitige Einheit.

Betrachten wir nun einmal die Seite näher, die im Kommunikationsakt materialisiert wird und beim Hörer das Zeichen als Ganzes aufruft. Wenn wir an das gerade Gesagte denken, dass wir nämlich ein Signal ganz eindeutig als die Realisierung der lautlichen Seite e i n e s ganz bestimmten Zeichens erkennen, obwohl sehr starke Varianten möglich sind durch Dialekt, durch Beeinträchtigung der Sprechwerkzeuge und Sprachorgane usw., dann bietet sich als Erklärung für diesen Sachverhalt nur eine Erkenntnis an: Auch von der lautlichen Seite des sprachlichen Zeichens haben wir eine idealtypische Vorstellung gespeichert, so merkwürdig das zunächst erscheinen mag. Ferdinand de

Lautbild

Saussure spricht vom i m a g e a c o u s t i q u e, d. h. vom l a u t l i c h e n B i l d, von der Vorstellung des Lautbildes. Diese Vorstellung von der lautlichen Seite zusammen mit der inhaltlichen Seite macht das sprachliche Zeichen als Ganzes aus. Erst jetzt wird Ihnen vielleicht deutlich, warum bisher immer etwas umständlich von der m a t e r i a l i s i e r b a r e n S e i t e des sprachlichen Zeichens gesprochen wurde. Das sprachliche Zeichen als Ganzes besteht aus zwei Seiten. Die lautliche Seite kann ich realisieren, wenn ich kommunizieren will. Sie hat dann im Rahmen der *parole* eine ganz bestimmte, eine e i n m a l i g e Ausprägung in der Form eines Signals im jeweiligen Kommunikationsakt, denn nicht einmal e i n identischer Sprecher kann zweimal, auch nicht direkt hintereinander, das physikalisch nachweisbar identische Signal produzieren, geschweige denn zwei oder viele Sprecher. Die lautliche Seite ist aufzufassen als eine gespeicherte Norm, innerhalb derer Varianten produziert werden können und toleriert werden.

psychische Natur des sprachlichen Zeichens

Aus diesen Beobachtungen können wir nur einen Schluss ziehen: Das sprachliche Zeichen insgesamt, sowohl im Hinblick auf seine lautliche wie auf seine inhaltliche Seite, ist p s y c h i s c h e r N a t u r.

Bilateralität

Nach diesem Kriterium des sprachlichen Zeichens ist ein zweites Kriterium unmittelbar einsichtig. Das sprachliche Zeichen ist eine doppelseitige Einheit, ist b i l a t e r a l. Die eine Seite ist, je nachdem um welche Repräsentation von Sprache es sich handelt, die gesprochene Lautkette oder eine Folge von Graphen, von Buchstaben. Die andere Seite ist ein ganz bestimmter Inhalt, eine ganz bestimme Bedeutung. De Saussure nennt die lautliche Seite signifiant, den Signifikanten*. Sie finden manchmal in der Literatur dafür auch die deutsche Übersetzung Ausdrucksseite.

Signifikant

Die andere Seite des sprachlichen Zeichens nennt de Saussure signifié, das Signifikat*, in der deutschen Übersetzung häufig als Inhaltsseite bezeichnet. Während de Saussure im Hinblick auf das *signifiant* vom *image acoustique* spricht, spricht er im Hinblick auf das *signifié* von *concept*. Beides zusammen erst – und das ist außerordentlich wichtig – macht das sprachliche Zeichen aus.

Signifikat

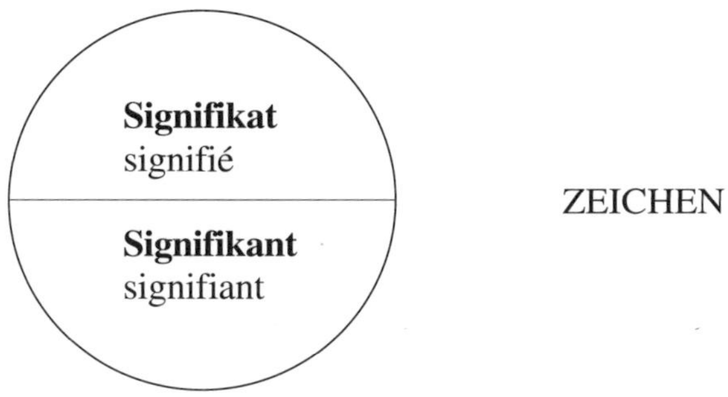

Das Konzept, die Vorstellung, eines hochstämmigen Gewächses im Deutschen ist verbunden mit dem Signifikanten /baum/, engl. /tree/, frz. /arbre/ (Es ist eine Konvention, die Elemente, aus denen sich die Signifikanten zusammensetzen, in / / zu setzen). Erst beides, die Vorstellung und das lautliche Bild, machen zusammen das Zeichen aus.

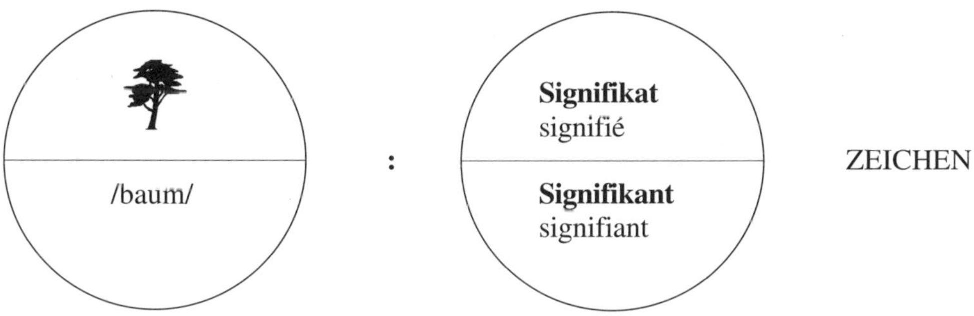

Wenn das sprachliche Zeichen aus zwei Seiten besteht, die miteinander verknüpft sind, dann stellt sich die Frage, welcher Art die Verknüpfung der beiden Seiten des sprachlichen Zeichens ist.

Dies ist eine der ältesten Fragen der Menschen, seit sich ihr Interesse auf die Sprache gerichtet hat. Sie wurde bereits im 5. vorchristlichen Jahrhundert bei den griechischen Naturphilosophen thematisiert. Schon Heraklit und Protagoras beschäftigten sich mit der Sprache, allerdings nicht aus einem genuin linguistischen Interesse, sondern vielmehr ausgehend von der Logik, der Erkenntnistheorie und der Rhetorik.

Die Frage, die sie sich stellten, lautete: Wie kommen denn die Dinge eigentlich zu ihren Namen? Haben die Dinge ihren Namen von Natur aus? Falls ja, dann müsste ja die allererste Namensgebung von einem höheren Prinzip, von einer Gottheit, von einem allumfassenden Wissen geschaffen worden sein. Wenn es eine derartige naturgegebene Beziehung zwischen den Dingen und ihren Bezeichnungen, ihren Namen, Onoma, wie es im Griechischen heißt, gibt, dann müsste ja bei korrekter Deutung der Namen ein direkter Zugang zum Wissen über die Dinge gegeben sein. Dann müsste es für den Menschen möglich sein, über eine Deutung der Namen die ihn umgebende Welt und die Relationen der Dinge, die die Welt ausmachen, zu deuten und zu verstehen.

Etymologie

Hier ist nun eine Aussage von Heraklit sehr wichtig, der sagt: „Jedes Ding hat seinen richtigen Namen. Es kommt nur darauf an, ihn zu verstehen". Das griechische Wort für richtig ist *etymos*. Die E t y m o l o g i e* ist eigentlich die Kunde oder die Lehre von der richtigen historischen Deutung der Namen. Die Etymologie, die als wissenschaftliche Disziplin seit Beginn des 19. Jahrhunderts anzusetzen ist, versucht das Ausdeuten der Beziehung zwischen Signifikant und Signifikat und ist in der Tat der älteste in Europa greifbare Ansatz einer Beschäftigung mit der Sprache.

Dieser Ansatz ist nur erklärbar unter dem Aspekt, dass die Menschen glaubten, es bestünde eine naturgegebene Beziehung zwischen Dingen und Namen. Wir können aus sehr vielen Kulturbereichen Zeugnisse beibringen, die in eine mythische Weltsicht zurückreichen. Hier sei als Beleg dafür aus dem Schöpfungsbericht der Bibel, 1. Buch Moses, 2. Kapitel, Verse 19 – 21 zitiert:

> „Und Gott der Herr sprach: Es ist nicht gut, daß der Mensch allein sei, ich will ihm eine Gehilfin machen, die um ihn sei. Denn als Gott der Herr gemacht hatte von der Erde allerlei Tiere auf dem Felde und allerlei Vögel unter dem Himmel, brachte er sie zu dem Menschen, daß er [der Mensch] sähe, wie er sie nennete. Denn wie der Mensch allerlei lebendige Tiere nennen würde, so sollten sie heißen.
> Und der Mensch gab einem jeglichen Vieh und Vogel unter dem Himmel und Tier auf dem Felde s e i n e n Namen."

Jedes Ding hat also s e i n e n Namen; nach Ausweis des Schöpfungsberichtes benennt der Mensch die Dinge im Auftrag Gottes. Die Vorstellung, dass jedes Ding seinen Namen hat und dass über eine richtige Deutung der Namen ein Wissen von den geheimnisvollen Zusammenhängen der Welt erworben werden könnte, ist in der gesamten Antike präsent und fokussiert sich in einer Institution, die für die Antike ungeheure Bedeutung hat: dem Orakel. Das Orakel, z. B. die Pythia von Delphi, so glaubte man, verfüge über dieses geheime Wissen der Deutung der Namen und könne damit eine Aussage machen über die Dinge und deren eigentlichen, wesensmäßigen Zusammenhang.

Aufgabe 7

Gibt es in Ihrer Religion/Kultur ähnliche Annahmen?

Wir finden diesen quasi naturwüchsigen Standpunkt, dass die Dinge ihren Namen von Natur aus haben, nicht nur in ferner Vorzeit.

Walter Porzig berichtet eine sehr nette Anekdote: Ein Bauer möchte in einen landwirtschaftlichen Vortrag gehen, gerät aber in ein Observatorium. Beim Hinausgehen sagt er zu einem Mitbesucher des Vortrages:

> „ ...daß sie die Bahnen der Sterne berechnen, kann ich noch verstehen, wie aber – um Himmels willen – haben sie nur deren Namen herausgebracht?"
>
> Porzig (1971), 18

Im 5. Jahrhundert vor Christus ist die Beschäftigung mit der Sprache an diesem Punkt angelangt, dass die Benennung auf die Sache verweist und der Zusammenhang zwischen Ding und Name naturgegeben ist. Diesen Standpunkt bezeichnet man als den p h y s e i - Standpunkt.

physei-Standpunkt

Hiergegen erhob sich schon bald durch ein anderes philosophisches Lager – die Sophisten – Widerspruch. Denn bei vernunftgemäßer Betrachtung mussten sich doch viele Zweifel darüber einstellen, dass die Relation Ding und Name naturgegeben und sinnvoll sei. Sehen wir uns zu dieser Problematik folgende Beispiele aus dem Deutschen an:

Beispiel

Das Wort *viersilbig* bezeichnet eine Vierheit, ist aber dreisilbig.
Wir sprechen im Deutschen von *dem Sperling* und haben keine weibliche Form,

obwohl doch beide Tiere existieren müssen, damit die Gattung Bestand hat. *Dunkel* und *finster* sind zwei absolut unterschiedliche Namen, bezeichnen aber die gleiche Sache.

Als die Griechen im Rahmen der so genannten „griechischen Kolonisation" andere Sprachen, andere Populationen kennen lernen, setzt sich das Wissen durch, dass durchaus auch andere Sprachen bestehen. Bezeichnend dabei ist, wie die Angehörigen anderer Sprachen von den Griechen benannt werden, nämlich als *Barbaren*, was nichts mit lateinisch *barbarus*, d. h. *bärtig*, zu tun hat. Es ist ein lautmalendes Wort und heißt ganz einfach *Blabla*. Die Barbaren sind also diejenigen, die *Blabla* reden, d. h. diejenigen, die keine Sprache haben, sondern sinnlose Laute ausstoßen. Der ganz typische *physei*-Standpunkt hat nämlich folgende Konsequenz: Wenn jedes Ding seinen Namen von Natur aus hat, dann kann es ja für alle Dinge eben nur eine Bezeichnung geben, und diejenigen, die eine andere Sprache sprechen, sprechen keine Sprache, sie lallen, sie reden unverständliches Zeug.

Aber die Beobachtung der Wirklichkeit führt immer wieder den Sachverhalt vor Augen, dass die Fremden, die Barbaren, durchaus sinnvoll miteinander kommunizieren und deshalb über eine Sprache verfügen. Diese Beobachtung und ihre theoretische Begründung münden schließlich in die Formulierung des Gegenstandpunktes: Es gibt zwischen dem Ding und seinem Namen keine naturgegebene Verbindung, die Verbindung ist willkürlich, ist gesetzt, die Verbindung ist t h e s e i.

thesei-Standpunkt

Der *physei-thesei*-Streit führt schließlich zur Begründung und Entwicklung der abendländischen Grammatik, die uns bis zum heutigen Tage begleitet. Im Hinblick auf die Frage der Beziehung zwischen Ding und Name ist der *physei-thesei*-Streit eindeutig entschieden. Wir wissen heute, dass die Beziehung zwischen Ding und Name nicht *physei* ist, sonst könnten wir nicht erklären, dass wir in verschiedenen Sprachen die Signifikanten /baum/, /tree/, /arbre/, /abor/ haben. Die Beziehung zwischen Signifikat und Signifikant ist gesetzt aufgrund von Konvention, von geschichtlichem Zufall, sie ist, um uns an de Saussure anzuschließen, a r b i t r ä r oder willkürlich, nicht kausal.

Arbitrarität des Zeichens

Dafür, dass ein bestimmtes hochstämmiges Gewächs im Deutschen mit dem Signifikanten /baum/, im Englischen mit dem Signifikanten /tree/, im Französischen mit dem Signifikanten /arbre/, im Lateinischen mit dem Signifikanten /arbor/ versehen ist, gibt es keine naturgemäße Begründung. Eine kausale Schlussfolgerung ist dagegen in folgenden Situationen möglich:

Beispiel

> Wenn es einen Unfall gegeben hat, und die Polizei kommt und findet auf der Straße schwarze Spuren von Gummiabrieb, dann kann sie aus diesen Spuren von Gummiabrieb sofort auf einen physikalischen Vorgang schließen, nämlich auf den Vorgang des Bremsens.
> Wenn ich bei einem Spaziergang eine Rauchwolke sehe, dann kann ich aus dieser Rauchwolke sofort auf die Ursache schließen, nämlich auf ein Feuer.

Anzeichen

Wir müssen also unterscheiden zwischen Z e i c h e n und A n z e i c h e n. Bei einem Anzeichen besteht ein Kausalnexus, d. h. ein natürlicher Zusammenhang zwischen Zeichenform und Inhalt (*Abrieb – Bremsen*, *Rauch – Feuer*), beim Zeichen ist diese Kausalbeziehung zwischen Signifikant und Signifikat nicht gegeben.

Das sprachliche Zeichen ist also arbiträr oder u n m o t i v i e r t. Als Einwand gegen die Arbitrarität der Relation Signifikant – Signifikat könnte nun auf die Existenz von Wörtern verwiesen werden wie z. B. *klirren* oder *klappern* zur Bezeichnung des Geräusches, das beim Aneinanderstoßen von Glas oder Porzellan entsteht, oder *rascheln* für das Aneinanderreiben von Papier oder welken bzw. trockenen Blättern oder von Stoffen. Oder auch auf *kikeriki* als Bezeichnung der Lautäußerung des Hahnes im Deutschen oder *hatschi* für das Niesen eines Menschen.

Onomatopoetika

Derartige Wörter werden als lautmalende Wörter oder Onomatopoetika* bezeichnet. Bei diesen für den Deutschsprechenden tatsächlich lautmalenden Wörtern *kikeriki, hatschi, rascheln, klirren* ist tatsächlich eine lautliche, eine phonetische Motivation gegeben, d. h., der Deutsche vermeint in der Lautgestalt des Zeichens das bezeichnete Geräusch selbst zu hören.

Aufgabe 8

Haben Sie in Ihrer Sprache für diese Laute die gleichen Wörter? Wenn nicht, haben Sie dafür eine Erklärung?

Wenn nun die Existenz der Onomatopoetika als Beweis gegen die Arbitrarität der Relation von Signifikant und Signifikat tragfähig sein soll, dann müsste nachgewiesen werden können, dass die Onomatopoetika in allen Sprachen der Welt gleich sind. Dem ist aber nicht so. Die Lautäußerung des Hahnes im Deutschen *kikeriki* fasst der Franzose als *cockerico* und der Engländer als *cock-a-doodle-doo* auf. Die Entsprechung für das deutsche *Hatschi* ist im Englischen *a-tish-oo*. Dem deutschen Wort *rascheln* entspricht ein französisches *crepiter* oder *froufrouter*.

Es kann aber davon ausgegangen werden, dass das Krähen der Hähne in den Geltungsbereichen der unterschiedlichen Sprachen objektiv genauso identisch ist wie das Geräusch des Niesens oder des Aneinanderreibens von Papier, Blättern oder Stoffen. Und dennoch werden diese Laute und Lautäußerungen von Sprache zu Sprache ganz unterschiedlich erfasst, und zwar immer in Abhängigkeit von dem für die jeweilige Sprache charakteristischen Lautsystem. Damit ist erwiesen, dass die Onomatopoetika als Argument gegen die Arbitrarität der Relation zwischen Signifikant und Signifikat des sprachlichen Zeichens nicht ins Feld geführt werden dürfen.

Kommen wir zurück zu der Aussage, dass das sprachliche Zeichen arbiträr bzw. unmotiviert ist. Diese Aussage wird häufig verkürzt verstanden oder missverstanden. Deshalb sind zu dem Kriterium der Arbitrarität folgende Erläuterungen notwendig:

ahistorischer Aspekt

1. Diese Aussage ist von Ferdinand de Saussure unter rein sprachtheoretischem und ahistorischem Aspekt getroffen worden. Unter historischem Aspekt, d. h. im Hinblick auf den Sprachteilhaber, kann natürlich nicht von Arbitrarität die Rede sein. Sprache ist für den Sprachteilhaber, für den Sprecher, zu einem ganz bestimmten historischen Zustand immer Konvention, ist immer Norm, der der Sprecher folgen muss, wenn er kommunizieren will. So sagt de Saussure ganz klar hinsichtlich des französischen Wortes *arbitraire*:

> „Es soll nicht die Vorstellung erwecken, als ob die Bezeichnung von der freien Wahl der sprechenden Person abhinge. [...], es soll besagen, daß es unmotiviert ist, d. h. beliebig im Verhältnis zum Bezeichneten, mit dem es in Wirklichkeit keinerlei natürliche Zusammengehörigkeit hat."
>
> de Saussure (1931), 80

Und de Saussure sagt weiter:

> „Die Masse der Sprachgenossen wird in der Wahl der Bezeichnung nicht zu Rate gezogen, und die von der Sprache gewählte Bezeichnung könnte nicht durch eine andere ersetzt werden. Dieser Sachverhalt scheint einen Widerspruch zu enthalten und es ist daher, als ob zu der Sprache gesagt würde: ‚Wähle!', sogleich aber beigefügt: ‚Dies Zeichen soll es sein und kein anderes'."
>
> de Saussure (1931), 83

Einzelzeichen

2. Das Kriterium der Arbitrarität bzw. der Unmotiviertheit bezieht sich immer nur auf Einzelzeichen. Wenn wir die Einzelzeichen *drei* oder *zehn* oder *Bücher* und *Schrank* betrachten, dann sind *drei* und *zehn* und *Bücher* und *Schrank* als Einzelzeichen natürlich arbiträr. Es gibt keinen plausiblen Zusammenhang zwischen dem Signifi-

kanten und dem Signifikat. In Zusammensetzungen wie *dreizehn* oder *Bücherschrank* motivieren natürlich die Einzelzeichen einander gegenseitig und damit das Wort als Ganzes, das aus ihnen zusammengesetzt ist. Da aber Zeichen in aller Regel keine einmaligen Einzelzeichen sind, sondern immer zusammen mit anderen Zeichen in ganz bestimmten Konstellationen vorkommen, wie wir später noch sehen werden, kann hier nicht von Arbitrarität bzw. Unmotiviertheit gesprochen werden.

Wenn von Arbitrarität die Rede ist, könnte dies auch so aufgefasst werden, dass die einmal durch geschichtlichen Zufall konventionell gewordene Verbindung zwischen einem Signifikanten und einem Signifikat ein für alle Mal gegeben, dass sie stabil und statisch und außerdem eindeutig sei. Beides ist nicht der Fall.

Die Beziehung zwischen Signifikant und Signifikat ist nicht stabil bzw. statisch. Erinnern Sie sich an das Beispiel der Wörter mittelhochdeutsch *cranc* = *schlank*, neuhochdeutsch *krank* = *hinfällig*, mittelhochdeutsch *einfaltec* = *aufrichtig*, neuhochdeutsch *einfältig* = *mental beschränkt*. Wir haben gesehen, dass sich die Bedeutung von sprachlichen Zeichen im Verlauf der Zeit ändern kann. Wir können das jetzt präziser formulieren und sagen: In der Relation von Signifikant und Signifikat des sprachlichen Zeichens können sich Verschiebungen ergeben, können Veränderungen eintreten. Damit ist erwiesen, dass das sprachliche Zeichen nicht statisch, nicht stabil, sondern vielmehr p r o d u k t i v und v e r ä n d e r l i c h ist. produktiv

Die Verbindung zwischen Signifikant und Signifikat ist auch nicht eindeutig. Eine Schwäche der Zeichenkonzeption Ferdinand de Saussures besteht gerade darin, dass diese Zeichenkonzeption suggeriert, ein Signifikant rufe bei allen Sprachteilhabern das absolut identische Signifikat auf, dass alle Sprachteilhaber mit einem Signifikanten die absolut gleiche Vorstellung verbinden würden. Das ist unzutreffend, wie wir gesehen haben, weil ein Denotat häufig bzw. immer nicht nur von Konnotationen, sondern über die Konnotation hinaus von ganz subjektiven Vorstellungen überlagert ist. De Saussures Zeichenkonzeption ist eigentlich in dieser Form, wie er sie vorgelegt hat, nur für eine Sprachvarietät zutreffend, in der ein Signifikat im Idealfall mit einem einzigen Signifikanten belegt wird, wobei die Relation Signifikant – Signifikat im Idealfall auch noch durch Normung festgelegt ist. Das trifft auf F a c h s p r a c h e n zu. Fachsprache setzt tatsächlich eine denotativ eindeutige Beziehung von Signifikant und Signifikat voraus. Das ist in der Gemeinsprache, mit der wir uns über uns und über unsere Umwelt verständigen, sicherlich nicht der Fall. Fachsprache

Jedes Zeichen, auch ein sprachliches Zeichen, ist ein Gebilde, ein Element, das über sich selbst hinausweist auf etwas, was es nicht selber ist. Das Signifikat des sprachlichen Zeichens ist nicht etwa eine Sache oder ein Ding, vielmehr verweist der Sprecher mittels des Signifikanten auf ein Signifikat und dieses Signifikat verweist auf etwas entweder Anderssprachliches, wenn ich über Sprache rede, oder das Signifikat verweist auf etwas Außersprachliches. In der deutschen Übersetzung von de Saussure heißt es:

> „Das sprachliche Zeichen vereinigt in sich nicht einen Namen und eine Sache, sondern eine Vorstellung und ein Lautbild."
>
> de Saussure (1931), 77

Das, worauf Zeichen einer ganz bestimmten Sprache verweisen, das, worauf sie sich beziehen, ist nun aber nicht in allen Sprachen gleich.
Wir können an dieser Stelle unserer Überlegungen jetzt präzisieren, was damit gemeint war, als in der Einleitung davon gesprochen wurde, dass zwar der semiotische Prozess als Prozess des sprachlichen Verfügens über Dinge, Sachverhalte, Vorstellungen immer der gleiche ist, dass aber das W i e und das W a s von Kultur zu Kultur unterschiedlich und damit auch von Sprache zu Sprache unterschiedlich ist. Es ist eben gerade nicht so, dass eine ganz bestimmte Ordnung in den Dingen, in der Welt vorgegeben ist und die Sprache diese in der Welt vorgegebene Ordnung einfach nur feststellt, dergestalt, dass ein Gegenstand wie *Baum* das Signifikat der sprachlichen Zeichen unterschiedlicher

Sprachen wäre, die sich nur dadurch unterschieden, dass eben diese Vorstellung mit anderen Signifikanten belegt wäre, es sich aber immer um das gleiche Signifikat handeln würde.

Eine derartig naive Vorstellung geht davon aus, dass die Welt sich in ganz bestimmte, fest gegebene Kategorien ganz unabhängig von den Menschen ordnet. Dies mag für einige Bereiche, vielleicht die Fauna und Flora, gelten, aber dies ist sicherlich nicht generalisierbar, denn sonst wären ja Sprachen Nomenklaturen, die sich nur dadurch unterschieden, dass die gleichen Sachverhalte durch unterschiedliche Namen belegt werden. Wenn das so wäre, dann wäre das Übersetzen von einer Sprache in die andere nichts anderes als das Ersetzen eines Signifikanten durch einen anderen. Jeder, der schon einmal übersetzt hat, weiß, dass das ganz und gar nicht so ist.

Beispiele

Das deutsche Wort *gemütlich* lässt sich in dieser Form direkt weder durch ein entsprechendes Zeichen z. B. im Englischen noch durch ein entsprechendes Zeichen im Französischen übersetzen.

Wir haben zur Bezeichnung fließender Gewässer im Deutschen u. a. die sprachlichen Zeichen *Strom* und *Fluss*. Dabei ist das unterscheidende Kriterium zwischen *Strom* und *Fluss* die räumliche Dimension, die Breite und die Größe. Ein *Strom* ist ein breiteres, ein größeres fließendes Gewässer als ein *Fluss*. Die entsprechenden französischen Wörter für Strom und Fluss sind *fleuve* und *rivière*. Sie beziehen sich aber überhaupt nicht primär auf Größenverhältnisse. Entscheidend dafür, ob es sich um *fleuve* oder *rivière* handelt, ist die Tatsache, ob das fließende Gewässer ins Meer mündet (das ist *fleuve*) oder sich in ein anderes fließendes Gewässer ergießt (in dem Fall ist es dann *rivière*).

Das französische Wort *le bois* kann sein 1. *ein mit Bäumen bestandener Ort, ein Wald*, 2. *Holz ganz allgemein*, 3. *Bauholz* und *Brennholz*. Im Gegensatz dazu bedeutet im Dänischen *trae* 1. *Holz allgemein*, entspricht also der Bedeutung von 2. im Französischen, und 2. *Bauholz* wie französisch unter 3. Darüber hinaus kann *trae* auch sein *der Baum*. Das gibt es im Französischen nicht, französisch heißt der Baum *arbre*. Dänisch *trae* kann nicht bedeuten, was im Französischen die Bedeutung von 1. ist, *der Wald*. Dieser heißt auf Dänisch *Scov* und ist nicht *Brennholz*, das im Dänischen mit *braende* bezeichnet wird.
(vgl. Martinet 1963, 19)

Aufgabe 9

Vergleichen Sie die Beispiele „Strom/Fluss" und „Holz/Baum" mit den entsprechenden Wörtern in Ihrer Sprache. Sind deren Kategorien mit denen des Deutschen, Französischen oder Dänischen deckungsgleich oder gibt es Unterschiede?

Sprache und Weltsicht

Was können wir diesen Beispielen entnehmen? Wir haben es hier mit einer der interessantesten Beobachtungen der Sprachwissenschaft überhaupt zu tun. Es ist nicht so, dass mittels Sprache eine in der Welt vorgegebene Ordnung festgestellt wird. Vielmehr tragen wir mit Sprache eine Ordnung in die Welt hinein. Das heißt, der Mensch setzt vermittels seiner ganz bestimmten Sprache, seiner Muttersprache, diese Ordnung in der Welt erst fest. Der Mensch macht sich mittels Sprache die Welt verfügbar, trägt damit aber seinen Aspekt von Weltdeutung an die Dinge heran.

Denken Sie an ein Ihnen schon bekanntes Beispiel. Es gibt im ontologischen Sinn kein „Unkraut". Es gibt nur verschiedene Pflanzen. In der deutschen Sprache wird mit diesem Zeichen eine ganz bestimmte Sichtweise und eine ganz bestimmte Kategorisierung an die Welt herangetragen. In jeder Sprache kommt eine ganz spezielle Einteilung, Verfügbarmachung der Wirklichkeit zum Ausdruck. Sehen wir uns dazu ein Beispiel an, das die meisten von Ihnen kennen:

Zur Bezeichnung des Aggregatzustandes von gefrorenem Wasser haben wir im Deutschen ein einziges Wort, *Eis*. Es gibt Eskimosprachen, die für diesen Aggregatzustand bis zu 12 sprachliche Zeichen haben. Woran liegt das? Der Grund dafür ist, dass der Aggregatzustand des gefrorenen Wassers von Kulturkreis zu Kulturkreis ganz unterschiedliche Bedeutung hat. Baut der Eskimo seinen Iglu aus einem Eis, das nicht einen bestimmten Aggregatzustand hat, kann das für ihn lebensbedrohend oder tödlich sein.

Beispiel

Kennen Sie Beispiele, bei denen ein deutsches Wort mehreren Wörtern in Ihrer Sprache (Divergenz) entspricht, oder kennen Sie umgekehrt ein Wort in Ihrer Sprache, das mit verschiedenen deutschen Wörtern zu übersetzen wäre (Konvergenz)?

Aufgabe 10

Der Mensch benennt mit Hilfe der Sprache nur das, was für die Sprachgemeinschaft zur Erfassung ihrer Umwelt relevant ist. Dies aber bedeutet, dass in einer Sprache eine ganz bestimmte Stellung, eine ganz bestimmte Einstellung zur Welt, zur Umwelt, zum Ausdruck gelangt. Diese Einstellung zur Umwelt, die in einer Sprache niedergelegt ist, prägt ihrerseits nun das Bewusstsein oder, wie die Psychologen sagen, die Kognition der Sprecher dieser Sprache. Die Tatsache, dass es in unserer Sprache das sprachliche Zeichen *Unkraut* gibt, prägt auch unser Bewusstsein und prägt unsere Einstellung unserer Umwelt gegenüber. Das bedeutet, dass in Bezug auf die Verfügbarmachung der Umwelt von Arbitrarität des sprachlichen Zeichens nicht die Rede sein kann. Auch unter diesem Aspekt ist das sprachliche Zeichen natürlich motiviert. Wir können jetzt getrost von Arbitrarität des sprachlichen Zeichens im de Saussureschen Sinne reden, weil wir jetzt wissen, welche Einschränkungen und Modifikationen wir dabei zu bedenken haben.

Lassen Sie uns noch einmal die Kriterien des sprachlichen Zeichens auflisten:
Das sprachliche Zeichen ist psychischer Natur. Das sprachliche Zeichen ist bilateral. Es ist unmotiviert und es ist motiviert. Das ergibt sich aus den Modifikationen, die wir besprochen haben. Schließlich ist es produktiv, d. h. veränderlich.

2.2.3 Zur Linearität des verbalen Zeichens

Zeichen generell, also auch die nichtsprachlichen Zeichen, kommen in aller Regel nicht als Einzelexemplare, Unikate, vor, sondern in Zeichensystemen, zusammen mit anderen Zeichen. Der Umfang, das heißt der quantitative Status dieser Zeichensysteme, kann hierbei ganz unterschiedlich sein:

So ist z. B. das System der Lichtzeichen an den Verkehrsampeln sehr klein. Es bedeuten die einzelnen Signale:

Beispiele

grün	–	Freie Fahrt.
gelb	–	Halt kommt.
rot	–	Halt!
rot/gelb	–	Achtung! Fertig machen zum Start!
gelb blinkend	–	Achtung!

Das heißt, dieses System besteht aus fünf Zeichen. Hierbei ist interessant, dass ein durchaus denkbares Zeichen, nämlich
grün/gelb – Halt kommt.
in Deutschland keine Anwendung findet, wohl aber in Frankreich.

Das System des Morsecodes besteht aus einer Kombination von kurzen und langen Stromimpulsen, wobei die Sendedauer von Pause oder kurzem Impuls zur

Länge im Verhältnis von 1 : 3 steht. Als Beispiel kann der international vereinbarte Notruf SOS gelten: - - - — — — - - - .
Der Morsecode besteht aus 44 Informationszeichen (Buchstaben, Notruf und Zahlen) und 19 Interpunktions- bzw. Kommentarzeichen. Insgesamt handelt es sich hierbei um ein Zeichensystem von 63 Zeichen.

Die Nomenklatur der Chemie, d. h. das Zeichensystem der chemischen Fachsprache, umfasst dagegen rund 6 Millionen Zeichen und stellt damit die umfangreichste Kunstsprache der Welt dar.

Bei den meisten Zeichensystemen nun stehen die Zeichen untereinander in – meist räumlichen und/oder zeitlichen – Beziehungen.

Beispiele

Verkehrsampelzeichen
Räumliche Beziehung: Rot und Grün stehen an den Extrempunkten der Ampel.
Zeitliche Beziehung: Rot und Grün z. B. leuchten nie zugleich.

Morsecode
Räumliche Beziehung: Bei der schriftlichen Fixierung auf dem Signalstreifen sind die Zeichen hintereinander angeordnet.
Zeitliche Beziehung: Beim akustischen Empfang der Morsenachricht werden die Zeichen nacheinander empfangen.

gesprochene Sprache

Beim sprachlichen Zeichen wird im Kommunikationsvorgang nur der Signifikant materialisiert, er ruft aber auf bzw. repräsentiert das Zeichen als Ganzes. Der Signifikant kann nur in zwei Medien materialisiert werden: im akustischen Medium bei der gesprochenen Sprache und im optischen Medium bei der geschriebenen Sprache. Da die geschriebene Sprache eine sekundäre Erscheinungsform von Sprache ist, sollen im Folgenden zunächst der primärsprachlichen Repräsentationsform, nämlich der gesprochenen, unsere Überlegungen gelten.

Linearität

Ferdinand de Saussure sagt, dass Signifikanten der gesprochenen Sprache an den Ablauf der Zeit gebunden sind und nur n a c h e i n a n d e r, l i n e a r realisiert werden können.

Das Bezeichnende (Signifikant) als etwas Hörbares verläuft ausschließlich in der Zeit und hat Eigenschaften, die von der Zeit bestimmt sind:
a) Es stellt eine Ausdehnung dar und
b) diese Ausdehnung ist messbar in einer einzigen Dimension, es ist eine Linie.

Im Gegensatz zu visuellen Zeichensystemen, z. B. dem internationalen Flaggencode der Marine, bei dem Kombinationen von mehreren Zeichen simultan in verschiedenen Dimensionen – nämlich r ä u m l i c h und z e i t l i c h – auftreten, können niemals zwei oder auch mehrere sprachliche Zeichen g l e i c h z e i t i g gesprochen oder gehört werden.

Diese Tatsache bezeichnet Ferdinand de Saussure als das Prinzip der L i n e a r i t ä t d e s Z e i c h e n s, welches betont, dass eine sprachliche Äußerung der Linie der Zeit unterworfen ist. Hinsichtlich der geschriebenen Sprache entspricht dem zeitlichen Nacheinander der gesprochenen Sprache eine räumliche Abfolge. Das zeitliche bzw. räumliche Nacheinander, d. h. die lineare Abfolge der sprachlichen Zeichen, vergleicht de Saussure sehr prägnant mit einer Kette, bei der ja auch die einzelnen Glieder einander folgen.

Für unsere weiteren Überlegungen ist es von ganz besonderer Wichtigkeit, dass wir aus diesem Bild der Kette die Vorstellung ableiten, dass bei einer Kette jedes Kettenglied als Nachbarn ein anderes Kettenglied hat bzw. von anderen Kettengliedern eingerahmt wird.

2.3 Syntagmatische und paradigmatische Relationen

So wie ein Kettenglied mit seinen Nachbarn zusammen vorkommt, so erscheint also auch ein sprachliches Zeichen zusammen mit anderen Zeichen in der linearen Abfolge der Redekette. Die Abfolge der Zeichen ist hierbei aber nicht beliebig. Erinnern wir uns an schon bekannte Beispiele:

Beispiel

1. * *Morgen ging ich ins Kino.*
   Das sprachliche Zeichen *morgen*, das auf Zukünftiges verweist, verträgt sich in der linearen Anordnung dieser Äußerung nicht mit der Verbform *ging*, die die Vergangenheit eines Vorganges indiziert.

2. * *Gestern gingen ich ins Kino.*
   Auch diese Äußerung ist nicht akzeptabel, obwohl die Zeitbezüge nun stimmen, weil das sprachliche Zeichen *ich* als Personalpronomen der 1. Person, das Singularität anzeigt, nicht in einer Äußerung der vorliegenden Form mit einer grammatischen Form des Verbs, die Pluralität indiziert, kombiniert werden darf.

Wir sehen also, dass das Miteinandervorkommen der sprachlichen Zeichen ganz bestimmten Regeln unterliegt, und zwar Regeln, die einer Vielzahl von Bezugssystemen entsprechen müssen. Diese Regeln des Miteinandervorkommens sind von Sprache zu Sprache unterschiedlich, sie stellen einen Teil der ganz bestimmten Struktur einer Sprache dar.

Wir wollen das mit einem Märchenmotiv (*Schneewittchen*) an einem Beispiel aus der Syntax, dem Bereich des Satzbaues, verdeutlichen:

Beispiel

Die Mutter hasst die schöne Tochter.

Dieser Satz besteht aus sechs Zeichen. Die theoretisch mögliche Zahl des Miteinandervorkommens dieser sechs Wörter wäre nach dem mathematischen Gesetz der Fakultät Sechs: 1 x 2 x 3 x 4 x 5 x 6 = 720!
Im Deutschen, d. h. sprachlich, sind dagegen nur zwei Formen des gegebenen Beispielsatzes möglich, d. h. akzeptabel, nämlich:
1. der Aussagesatz: *Die Mutter hasst die schöne Tochter.*
2. der Fragesatz: *Hasst die Mutter die schöne Tochter?*

Schon die so genannte „Spitzenstellung" des Akkusativobjekts:
3. * *Die schöne Tochter hasst die Mutter.*
   ist nicht mehr erlaubt, weil nicht zweifelsfrei deutlich gemacht werden kann, was Subjekt und was Objekt des Satzes ist, d. h., wer wen hasst.
   Ganz auszuschließen sind alle anderen mathematisch gegebenen Möglichkeiten wie
4. * *Die hasst Mutter die Tochter schöne.*
5. * *Die Mutter die schöne hasst Tochter.*
   usw.

Von 720 mathematisch denkbaren Möglichkeiten für das Miteinandervorkommen der Zeichen dieses Satzes lässt die Struktur der deutschen Sprache also ganze zwei Möglichkeiten zu!

Vergleichen wir diesen verblüffenden Befund nun mit einem Beispiel aus einer anderen Sprache, und zwar mit der Übersetzung dieses Satzes in das Lateinische:

Beispiel

Lat. *Mater filiam pulchram odit.*

Dieser Satz besteht aus vier Zeichen; die mathematisch denkbare Möglichkeit des Miteinandervorkommens dieser Zeichen besteht in der Fakultät Vier = 24.
Auch wenn Sie, liebe Leser, die lateinische Sprache nicht kennen, können sie sehr

leicht erkennen, dass die Endungen der Zeichen sehr starke Unterschiede einerseits und Übereinstimmungen andererseits aufweisen. Das Lateinische ist ganz typisch für eine Sprache, die die Beziehung der sprachlichen Zeichen in ihrem Miteinandervorkommen im Rahmen einer Äußerung durch bestimmte Wortbeugungselemente, Flexionselemente, eindeutig macht:
Heißt es im Deutschen: die Mutt*er* und die Tocht*er*, wobei mit der gleichen Endung einmal Nominativ und einmal Akkusativ angezeigt werden, so heißt es im Lateinischen: Mat*er* als Bezeichnung für den Nominativ und fili*am* für den Akkusativ, wodurch die grammatischen Fälle eindeutig differenzierbar sind.

Damit die Eindeutigkeit der Aussage gesichert wird, schließt deshalb die Struktur der deutschen Sprache hinsichtlich des syntaktischen Miteinandervorkommens von 720 mathematisch denkbaren Möglichkeiten 718 aus. Hieran wird deutlich, dass das Deutsche ganz feste/restriktive Satzstellungsregeln hat. So steht z. B. im deutschen Aussagesatz das Verb immer an zweiter Stelle in der Satzgliedfolge und im Befehls- und im Fragesatz immer an erster Stelle. Im Gegensatz dazu gibt es für das Lateinische hinsichtlich unseres Beispielsatzes keinerlei Satzstellungsregeln; die mathematisch denkbare Anzahl von 24 Möglichkeiten der Erscheinungsform dieses Satzes ist hier auch sprachlich realisierbar.

Anhand unseres Beispiels wird also deutlich, dass das Miteinandervorkommen der Zeichen in linearer Abfolge strukturell geregelt ist. Unter einem anderen Aspekt könnte formuliert werden: Das einzelne Zeichen in einer Äußerung kann nur ganz bestimmte Nachbarn haben.

* *Morgen ging ich ins Kino.*
Das sprachliche Zeichen *morgen* darf nicht neben *ging* stehen.

Distribution

Das sprachliche Zeichen darf also nur in einer ganz bestimmten Umgebung stehen. Der amerikanische Strukturalismus kennzeichnet diese Tatsache, dass ein Zeichen nur eine ganz bestimmte Umgebung haben kann, mit der Bezeichnung D i s t r i b u t i o n* (von lateinisch *distribuere* = verteilen). Die Distribution eines Zeichens ist die Menge der Umgebungen, in denen es in einer bestimmten Sprache vorkommen kann.

syntagmatische Relation

Die Struktur, die das für jede Sprache typische Miteinandervorkommen der Zeichen ausmacht oder regelt, wird als die s y n t a g m a t i s c h e R e l a t i o n* oder Beziehung der Zeichen bezeichnet. Diese syntagmatische Relation betrifft die Beziehung der Zeichen untereinander in einer gegebenen Äußerung auf a l l e n sprachlichen Ebenen. Wir haben dies an Beispielen aus dem Bereich der Syntax demonstriert, diese Aussage gilt aber ebenso für den Bereich der Wortbildung.

Beispiel

Im Deutschen gibt es die Nachsilben (Suffixe): *-bar* und *-lich.*
Mit dem Suffix *-bar* sind Kombinationen erlaubt wie: *machbar, essbar, trinkbar,* nicht aber: * *machlich, esslich, trinklich.*
Mit dem Suffix *-lich* sind Kombinationen möglich wie: *hässlich, innerlich, freundlich,* nicht aber: * *hässbar, innerbar, freundbar.*

Die syntagmatische Relation gilt aber nicht nur für Zeichen als bedeutungstragende Einheiten, sondern sie hat ebenso Gültigkeit für die Einheiten, aus denen die Signifikanten der Zeichen aufgebaut sind, und die selber keine Bedeutung tragen.

Beispiel

Die Elemente /w/ und /i/ im Signifikanten des sprachlichen Zeichens *wie* oder /w/ und /a/ im sprachlichen Zeichen *war* können im Deutschen im Wortanfang vorkommen, sie entsprechen der syntagmatischen Norm. Das trifft auch auf die Elemente /w/ und /r/ in *Wrack* zu. Niemals aber können im Deutschen die Elemente /w/ und /l/ im Wortanfang vorkommen, wohl aber im Russischen, wo sie sehr häufig sind, z. B. in Wörtern wie *Wladimir* oder *Wladiwostok.*

Aufgabe 11

> *Nennen Sie einige Kombinationen von Elementen, die in Ihrer Sprache nicht vorkommen. Vergleichen Sie diese mit dem Deutschen.*

Es handelt sich bei der syntagmatischen Relation also um eine grundsätzliche sprachliche Struktur, die über die Zeichenebene hinaus das Miteinandervorkommen sprachlicher Elemente generell regelt. Die syntagmatische Relation ist beobachtbar an der sprachlichen Realisierung im Rahmen der *parole*, d. h. am Sprachdiskurs oder Text. De Saussure formuliert das, wenn er sagt, die syntagmatische Relation bestehe „in praesentia", d. h. in der vorliegenden, der gegebenen Äußerung.

Nun kann aber in einer Äußerung jedes Zeichen auch aufgefasst werden als Vertreter oder als Exemplar der Klasse von Zeichen, die in der gleichen Umgebung stehen können, die die gleiche Distribution haben.

Beispiel

In dem Satz: *Der Student schreibt eine Klausur* können die Zeichen *der* durch *ein*, *Student* durch *Seminarteilnehmer*, *schreibt* durch *verfertigt* usw. ausgetauscht werden.

Es lassen sich so für jedes Zeichen einer Äußerung quasi Listen bilden, in die alle die Zeichen bzw. sprachlichen Elemente gehören und eingetragen werden können, die an die Stelle eines Zeichens in einer Äußerung bzw. in einem Text treten können, die die gleiche Distribution haben.

Beispiel

usw.		usw.		
.		.		
.		.		
.		.		
Dieser		*formuliert*		*Abschlussthesis.*
Ein		*verfertigt*		*Arbeit.*
Der	*Student*	*schreibt*	*eine*	*Klausur.*
	Seminar-teilnehmer		*seine*	
			die	
	Studierende			
.		.		
.		.		
.		.		
usw.		usw.		

Paradigma

Derartige Listen bezeichnet man als P a r a d i g m e n (Einzahl: Paradigma = griech. *Beispiel, Muster*). Als Paradigma oder p a r a d i g m a t i s c h e K l a s s e ist die Menge der Zeichen bzw. sprachlichen Elemente aufzufassen, die in einer Äußerung, einem Text, an die gleiche Stelle treten können, die die gleiche Distribution haben.
Jedes sprachliche Zeichen in einem Text ist also nicht nur im Rahmen der syntagmatischen Relation zu sehen, die als Anreihungs- oder *und*-Beziehung besteht, sondern gleichzeitig auch in seiner Beziehung zu dem Paradigma, als dessen Vertreter bzw. Exemplar es aufgefasst werden muss.

paradigmatische Relation

Diese Beziehung wird bezeichnet als die p a r a d i g m a t i s c h e R e l a t i o n*, die auch gekennzeichnet werden kann als eine *oder*-B e z i e h u n g. Das Verhältnis von syntagmatischer und paradigmatischer Relation soll in folgendem Schaubild verdeutlicht werden:

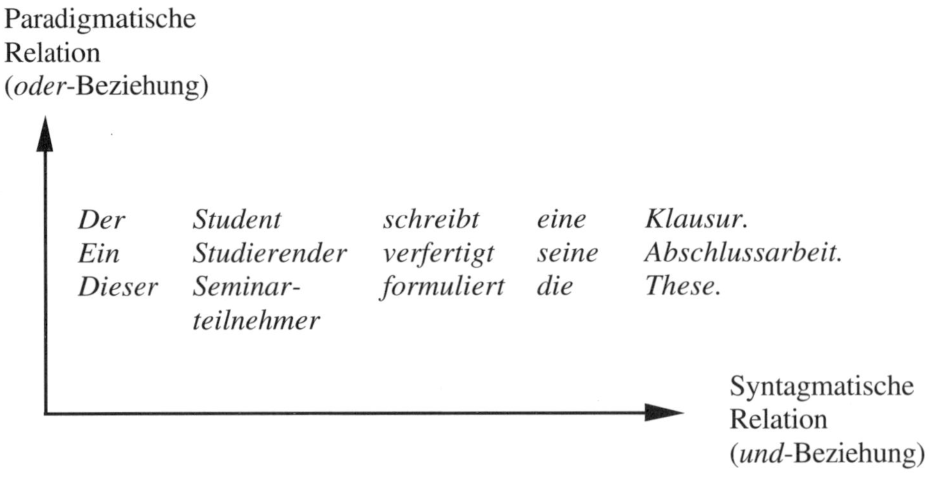

Die paradigmatische Relation ist nicht beobachtbar im Bereich der *parole*, im Sprachdiskurs oder Text. Es handelt sich bei ihr vielmehr um eine Beziehung „in absentia", wie es Ferdinand de Saussure formulierte, die im Bewusstsein des Sprechers oder Hörers besteht und demnach die Sprachkompetenz eines Individuums bzw. die *langue*, das Sprachsystem, betrifft. Dass es sich hierbei nicht etwa um eine linguistische Fiktion handelt, wird sofort einsichtig, wenn bedacht wird, dass paradigmatische Strukturen als Auswahlmöglichkeiten für den Sprecher bereitstehen, aus denen entsprechend den kommunikativen Intentionen Abwahlen getroffen werden.

Fassen wir zusammen: Jedes sprachliche Zeichen muss also eingebunden gesehen werden in die zweifache Beziehungsstruktur, die durch die syntagmatische und paradigmatische Relation gegeben ist. Bezogen auf eine konkrete Äußerung, einen Text, bedeutet dies, dass jedes sprachliche Zeichen in ihm gesehen werden muss an einer ganz bestimmten, und zwar sprachstrukturell bestimmten Stelle, die gegeben ist durch seine normgerechte Einbettung in den Kontext, d. h. seine Umgebung, einerseits und seine Zugehörigkeit zu einer Distributionsklasse andererseits.
Um diese Aussage in einem Bild zu verdeutlichen: Das sprachliche Zeichen befindet sich im Nullpunkt eines Koordinatensystems, das gegeben ist durch seine gleichzeitige strukturelle Einbindung in die syntagmatische und paradigmatische Relation.

Die syntagmatische und die paradigmatische Relation wurden so detailliert dargestellt, weil es sich hierbei um sprachliche Grundstrukturen handelt, die für alle Ebenen des Sprachsystems Gültigkeit haben. Der Nachweis eben dieser Strukturen wird das linguistische Darstellungsprinzip für den zentralen Teil der vorliegenden Einführung sein. In diesem sollen die wichtigsten auf das verbale Zeichen und auf Zeichenkonstellationen und -kombinationen ausgerichteten linguistischen Disziplinen hinsichtlich ihres Objektbereiches und ihrer Frage- bzw. Problemstellungen beschrieben werden. Es handelt sich also – um wiederum ein Bild zu wählen – bei der ausführlichen Darstellung der syntagmatischen und paradigmatischen Relation in methodischer bzw. didaktischer Hinsicht darum, Ihnen, liebe Leser, eine Optik zu vermitteln, eine Brille anzumessen, durch die Sie von nun an jeweils neue sprachliche Objektbereiche betrachten werden und die Ihnen – hoffentlich – in zunehmendem Maße hilft, bei aller Verschiedenheit des jeweils Betrachteten, strukturelle Zusammenhänge zu erkennen.

2.4 Die zweifache Gliederung der Sprache

Zum Abschluss dieses Kapitels muss auf eine Differenzierung unseres Objektbereichs eingegangen werden, die von dem französischen Linguisten André Martinet (1963) vorgelegt wurde. Diese Differenzierung wird uns eine wesentliche Verfeinerung der bisher gewonnenen Terminologie ermöglichen.

André Martinet

Martinet spricht von der zweifachen Gliederung der Sprache (*double articulation*) und erläutert diesen Begriff an einem Beispiel:

Beispiel

> Wenn ich Kopfweh habe, so kann ich dies anzeigen:
>
> 1. durch einen impulsiven Schrei.
>   Dies interessiert uns in dem hier gegebenen Zusammenhang nicht, weil es in den Bereich der Physiologie gehört.
> 2. durch einen bewusst ausgestoßenen Schrei.
>   Dieser Schrei bzw. diese Lauthervorbringung ist unzerlegbar und entspricht dem unzerlegten Ganzen des Schmerzes.

Theoretisch wäre ein Kommunikationssystem auf der Basis von bewusst ausgestoßenen Schreien möglich. Aber: Wenn für jede Erfahrungstatsache jeweils nur eine Lauthervorbringung, ein Schrei, der gemäß der ganz individuellen Empfindung – ein Kopfschmerz entspricht ja schließlich nicht dem anderen – auch noch ganz unterschiedlich moduliert wäre, dann würden Millionen derartiger Lauthervorbringungen bzw. Schreie zur Kommunikation nötig sein und sowohl das menschliche Gedächtnis als auch das menschliche Gehör rettungslos überfordern.

Dagegen lässt sich die sprachliche Mitteilung *Ich – habe – Kopf – weh* in eine Folge von Einheiten zerlegen, die wir Zeichen nennen, die ihrerseits aus einem Signifikanten und einem Signifikat bestehen.

Keines dieser Zeichen entspricht dem Spezifischen des Schmerzes so wie der Schrei. Jedes Zeichen kann in ganz anderen Zusammenhängen auftreten und damit auf ganz andere Sachverhalte verweisen, so z. B.:

> *Er ist ein kluger Kopf.* Oder:
> *Er schreit Ach und Weh.*

Der Unterschied der sprachlichen Mitteilung zum Schreien wird sofort einsichtig: Erst eine ganz bestimmte Kombination der sprachlichen Zeichen leistet den Verweis auf einen ganz bestimmten Sachverhalt.

Einige tausend dieser Zeichen, die vielfältig kombinierbar sind, erlauben uns mehr mitzuteilen als eine ungeheure Zahl von Schreien. Martinet hebt hervor, dass jede Sprache aus Einheiten bzw. Zeichen besteht, „in der die Erfahrung geordnet ist, die alle Mitglieder einer bestimmten Sprachgemeinschaft miteinander haben" (Martinet 1963, 22). Wir haben diesen Sachverhalt im vorausgegangenen Kapitel ausführlich dargestellt, als darauf verwiesen wurde, dass Sprachen keine Nomenklaturen sind, sondern dass vielmehr ein unterschiedlicher sprachlicher Zugriff auf die Umwelt der jeweiligen Sprachgemeinschaft erfolgt.

Beispiel

> Es soll in diesem Zusammenhang nochmals darauf verwiesen werden, dass zur Bezeichnung des Aggregatzustandes von gefrorenem Wasser, für das das Deutsche ein sprachliches Zeichen, nämlich *Eis*, bereithält, die Sprache der Eskimos eine Vielzahl von Bezeichnungen anbietet.

Die Tatsache, dass eine sprachliche Äußerung in Einheiten zerlegt werden kann, die einen Signifikanten und ein Signifikat haben, die also sprachliche Zeichen sind, bezeichnet Martinet als die erste Gliederung der Sprache.

erste Gliederung der Sprache

Subjektive Momente können vom Individuum durch Hinzufügung weiterer Zeichen jederzeit ausgedrückt werden, so z. B. durch die Adjektive *starkes* oder *unerträgliches* Kopfweh.

Die Einheiten der ersten Gliederung lassen sich n i c h t in kleinere Einheiten zerlegen, die ebenfalls eine Lautform und eine Bedeutung haben:
/k/ + /opf/ haben nicht jeweils eine partielle Bedeutung, die zusammen die Bedeutungssumme = *Kopf* ergäbe.

Monem

Die kleinsten b e d e u t u n g s t r a g e n d e n Einheiten der ersten Gliederung nennt Martinet M o n e m e*.

In dem Beispielsatz *Ich / habe / Kopf / weh* kommen scheinbar vier Moneme vor. Dies aber ist nicht zutreffend. Es handelt sich vielmehr um fünf Moneme, nämlich: *Ich / hab/ e/ Kopf / weh /.*
Das Wort *habe* ist hier in zwei Moneme zerlegt worden. Das erscheint zunächst nicht einsichtig: Dass das Monem *hab-* eindeutig die Bedeutung *Besitz* anzeigt, ist klar. Welche Bedeutung trägt dann aber die Endung *-e*? Dies wird sehr schnell deutlich, wenn wir diese Endung durch eine andere, z. B. *-en* vertauschen, was der Distribution von *ich* widerspricht. Im akzeptablen Satz muss sich z. B. die Personenangabe des Subjekts mit der Indizierung der entsprechenden Person in der Form des Verbs decken (Kongruenz).

Beispiel

> *Ich* verweist auf die 1. Person im Singular. Infolgedessen reicht es nicht, dass das Verb lediglich Singularität indiziert, sonst wäre nämlich auch möglich: * *Ich hast Kopfweh* oder: * *Ich hat Kopfweh.*
>
> Es ist vielmehr unumgänglich im Sinne des Einhaltens der syntagmatischen Norm, dass auch beim Verb spezifiziert die 1. Person Singular angezeigt wird.
> Das *-e* trägt also die Bedeutung:
> – 1. Person Singular,
> – Präsens,
> – Wirklichkeitsform (Indikativ),
> – Aktiv.

Wir haben also mit zwei Arten von Monemen zu rechnen, und zwar mit Monemen wie *Kopf* und *weh*, die selbstständig auftreten können, und mit Monemen, die nur in Bindung an andere Moneme vorkommen können.

Lexem
Morphem

Freie, selbstständig auftretende Moneme, wie sie im Lexikon vorkommen, bezeichnet Martinet als L e x e m e*. Moneme, die nur in Verbindung mit freien Monemen möglich sind, nennt Martinet M o r p h e m e*. Sie erfüllen also vor allem grammatische Funktionen (z. B. Frau – Frau-*en*; sag-*en*; sag-*te*).

Wir werden uns im Folgenden dieser Terminologie anschließen. In der englischsprachigen Linguistik finden Sie eine abweichende Terminologie: Die Einheiten der ersten Gliederung werden hier als Morpheme bezeichnet, wobei dann zwischen f r e i e n *(free)* und g e b u n d e n e n *(bound)* Morphemen differenziert wird.

Moneme sind also nicht weiter in kleinere bedeutungstragende Einheiten segmentierbar. Die Signifikanten sind dagegen sehr wohl weiter zerlegbar:

> *Weh, See, Tee* sind zerlegbar in die Folge von Einheiten
> /v/+/e:/; /s/+/e:/; /t/+/e:/.

Das Beispiel zeigt uns, dass die Signifikanten der Moneme sich in eine Folge von Einheiten aufgliedern lassen, die sicherstellen, dass die sprachlichen Zeichen *Weh, See* und *Tee* zu differenzieren sind.

Die Tatsache, dass die Signifikanten der Moneme sich weiter aufgliedern lassen, nennt Martinet d i e z w e i t e G l i e d e r u n g der Sprache. Diese zweite Gliederung stellt eine ungeheure Ersparnis dar. Käme nämlich jedem Monem, d. h. jeder Einheit der ersten Gliederung, nur ein ganz bestimmter Signifikant zu, hätten wir mit einer so großen Zahl notwendiger Lauthervorbringungen zu rechnen, dass Gedächtnis und Gehör genauso überfordert wären wie bei einer Kommunikation mittels bewusster Schreie. So aber setzen sich die Signifikanten aus den Elementen der zweiten Gliederung zusammen, die vielfältig kombinierbar sind. Bei der gesprochenen deutschen Sprache kommen mindestens (abhängig von der Entscheidung von Spezialfragen) 34 derartige Elemente in Betracht, mit denen sich die Signifikanten sämtlicher deutscher sprachlicher Zeichen bilden lassen.

zweite Gliederung der Sprache

Diese Elemente, die zwar keine Bedeutung tragen, wohl aber die Funktion haben, sprachliche Zeichen und damit Bedeutungen zu d i f f e r e n z i e r e n, werden als P h o n e m e* bezeichnet. Dazu finden Sie mehr auf S. 64f.

Phonem

Hinweis

3 Objektsprache und Metasprache

Bei der Darstellung des sprachlichen Zeichens wurde betont, dass dies ein Phänomen ist, welches einen Sonderstatus hat. Ein Zeichen ist nicht eine Erscheinung an sich, die wir sehen oder wahrnehmen wie
– einen beliebigen Gegenstand, z. B. einen Tisch oder Stuhl oder
– einen Vorgang, z. B. das Beschleunigen eines Kraftfahrzeugs.

Das sprachliche Zeichen ist ein Phänomen, das über sich selbst hinausweist, das auf etwas verweist.

Schon im Mittelalter wurde als Kriterium für das sprachliche Zeichen in lateinischer Sprache betont: *aliquid stat pro aliquod*, d. h., *etwas steht für etwas anderes*, repräsentiert, bezeichnet etwas anderes. Das, worauf Zeichen verweisen, können nun Gegenstände, Eigenschaften, Relationen, Vorgänge, Prozesse oder Handlungen in der uns umgebenden Welt sein, die also real existieren; es kann sich hierbei aber auch um Erdachtes, Vorgestelltes oder Nicht-Existentes handeln. Beziehen sich die Zeichen auf derartige außersprachliche Phänomene, quasi *Objekte*, dann gehören sie der Objektsprache an.

Objektsprache

> Der Satz *Der Baum ist grün* bezieht sich auf einen ganz bestimmten außersprachlichen, objektiv-real gegebenen Sachverhalt.

Nun können sich Zeichen aber auch auf eben diese Objektsprache beziehen.

> Die Aussage *Im Satz „der Baum ist grün" ist „Baum" das Subjekt*
> bezieht sich nicht auf objektiv-real Gegebenes, sondern vielmehr auf die Objektsprache.

Metasprache

Beziehen sich die Zeichen auf die Objektsprache, so gehören sie der Metasprache an.

Die Linguistik nimmt unter allen Wissenschaften insofern eine einzigartige und schwierige Position ein, als ihr Untersuchungsobjekt bzw. Untersuchungsgegenstand substanziell identisch ist mit dem Untersuchungsmedium. Um diese Aussage zu verdeutlichen: Ein Chemiker oder Biologe untersucht den Gegenstandsbereich seines wissenschaftlichen Interesses, er formuliert seine Ergebnisse aber in einem ganz anderen Medium, nämlich in Sprache. In der Linguistik dagegen ist das Untersuchungsobjekt die Sprache, die Untersuchungsergebnisse werden ebenfalls in Sprache formuliert. Deshalb muss in der Linguistik peinlich darauf geachtet werden, den objekt- bzw. metasprachlichen Status einer Aussage klarzulegen, weil es sonst zu schwer wiegenden Missverständnissen bzw. Fehlaussagen kommen kann, wie die folgenden Beispiele zeigen:

Beispiele

1. Der Satz *Baum besteht aus vier Buchstaben* ist eindeutig metasprachlich und wird dann, wenn er objektsprachlich aufgefasst wird, unsinnig, weil ein Baum eben nicht aus Buchstaben besteht.

2. Wenn Sie in einer Grammatik lesen: „Aus allen diesen Beispielsätzen wird zugleich deutlich, wie sich auch das Verhalten des Subjekts gegenüber dem anderen Wesen oder Ding mit der grammatischen Form der Ergänzung ändert." (DUDEN Grammatik 1959, 891, S. 443), dann kann der Satz beim besten Willen nicht mehr metasprachlich verstanden werden: Ein *Subjekt* kann sich einem *Wesen* oder *Ding*, d. h. eindeutig mit objektsprachlichen Zeichen bezeichneten Sachverhalten gegenüber nicht *verhalten*. Es gibt so wenig Subjekte wie Objekte, Prädikate oder Signifikanten und Signifikate.

Es ist nicht denkbar, dass Sie einem Subjekt auf der Straße begegnen und ihm die Hand schütteln. Das Einzige, was es unter diesem Aspekt wirklich g i b t, ist der Sprachdiskurs, und zwar die unüberschaubare Menge und Vielfalt von Texten.

Abschließend sei darauf hingewiesen, dass Metasprache nicht nur im wissenschaftlichen Zusammenhang relevant ist, sondern vielmehr auch in objektsprachlicher Kommunikation eine große Rolle spielt, wie aus folgenden Beispielen hervorgeht:

Beispiele

1. Äußerung: „Wann werden Sie diesen Sachverhalt verstandesmäßig endlich begreifen? Ich meine das im ganz wörtlichen Sinne!"

2. Antwort: „Soll ich das als Vorwurf oder als Frage auffassen?"

Die in den Beispielen gekennzeichneten Passagen sind eindeutig metasprachliche Formulierungen, die eine kommunikationssteuernde bzw. kommunikationskommentierende Funktion haben.

4 Die drei semiotischen Dimensionen des Zeichens als Kriterien zur Strukturierung der Linguistik

4.1 Die drei semiotischen Dimensionen des Zeichens

Wir haben gesehen, dass Zeichen in aller Regel nicht als Unikate vorkommen, sondern als Angehörige von Zeichensystemen unterschiedlichen Umfanges bzw. unterschiedlicher Komplexität, und wir wissen, dass es eine Vielzahl von Zeichensystemen gibt, die zusammen mit dem jeweiligen System der gegebenen natürlichen Einzelsprache eine Kultur ausmachen.

Innerhalb eines Zeichensystems muss das zu ihm gehörende Zeichen nun in drei Dimensionen eingebunden gesehen werden:

1. Das Zeichen hat eine wahrnehmbare Form. Das heißt, es muss in einem bestimmten Medium materialisierbar sein. Dies kann sein
   - *akustisch*: z. B. bei der gesprochenen Sprache oder den akustischen Ampelsignalen für Blinde,
   - *optisch*: z. B. bei der geschriebenen Sprache bzw. dem Flaggencode der Marine,
   - *taktil**: z. B. bei der Blindenschrift,
   - *gestisch*: z. B. bei der Kommunikation von Taubstummen,
   - *olfaktorisch**: im Tierreich zur Signalisierung z. B. von Paarungs- oder Angriffsbereitschaft.

   In komplexeren Systemen stehen die Zeichen in räumlichen und/oder zeitlichen Beziehungen, wie dies im L i n e a r i t ä t s p r i n z i p z. B. der Sprache erscheint. Diese Beziehung der Zeichenformen zueinander wird in der Semiotik die s y n t a k t i s c h e D i m e n s i o n der Zeichen genannt.

   syntaktische Dimension

2. Aus der Definition des Zeichens haben wir gelernt, dass ein Zeichen nur dann gegeben ist, wenn einer Zeichenform eine Bedeutung zugeordnet ist, im Falle des verbalen Zeichens, wenn zu einem Signifikanten das entsprechende Signifikat gehört. Diese Beziehung zwischen Zeichenform und ihrer Bedeutung wird die s e m a n t i s c h e D i m e n s i o n des Zeichens genannt.

   semantische Dimension

3. Zu jedem semiotischen Prozess gehören – wie wir im Kapitel 2.2.1 gesehen haben – mindestens ein Zeichensender und ein Zeichenempfänger.

   Rückverweis

   Hierbei kann es sich handeln um
   - Tiere, wie wir am Beispiel des Schwänzeltanzes der Honigbienen gesehen haben,
   - Apparate und Menschen, z. B. Ampel – Verkehrsteilnehmer,
   - Apparate und Apparate, z. B. Computer – Computer usw.

   Im Fall der natürlichen Sprache sind Sender und Empfänger Menschen, d. h. Sprecher und Hörer. Die Beziehungen zwischen Zeichensendern bzw. Zeichenempfängern und den Zeichen werden als die p r a g m a t i s c h e D i m e n s i o n des Zeichens bezeichnet. Diese pragmatischen Beziehungen haben wir in Kapitel 2.1.1 z. B. angedeutet, als wir vom situativen Kontext des Kommunikationsaktes sprachen.

   pragmatische Dimension

   Rückverweis

Zeichen, und damit auch die verbalen Zeichen, sind also immer zu sehen in ihren syntaktischen, semantischen und pragmatischen Beziehungen.

Diese drei Dimensionen des Zeichens können uns nun als Strukturierungsmerkmale oder Ordnungskriterien für die Gliederung der Linguistik in ihre Unterdisziplinen und die Darstellung der wichtigsten Fragestellungen der zeichenlinguistischen Disziplinen dienen.

4.2 Zur Strukturierung der Linguistik als Wissenschaft

4.2.1 Zeichenkonstitution: Phonetik – Phonematik /Graphematik

Zeichen bedürfen einer materiell wahrnehmbaren Form. Verbale Zeichen können demnach untersucht werden unter dem Aspekt ihrer Konstitution, das heißt des Aufbaus ihres Signifikanten.

Dies ist nun unter zwei sehr scharf zu differenzierenden Fragestellungen möglich:

1. Es ist eine Untersuchung des konkreten, physikalisch messbaren Schallphänomens in einem ganz bestimmten, einmaligen Sprechakt möglich sowie die Frage nach dem Ort und der Art der Bildung der einzelnen Laute und ihrer physiologischen Rezeption durch den Hörer. Die Disziplin, die die Zeichenkonstitution unter diesem materiellen Aspekt, das heißt unter dem Aspekt der Substanz, untersucht und so eindeutig auf *parole* bezogen ist, hat als Naturwissenschaft nur Berührungspunkte mit der Linguistik. Die Disziplin, die die Produktion, Übermittlung und Rezeption der Laute als physikalische Erscheinungen analysiert, ist die Phonetik*. Phonetik

2. Die Linguistik dagegen will u.a. das Funktionieren von Sprache beschreiben, denken Sie z. B. an das sprachliche Zeichen, das psychischer, nicht materieller Natur ist. Sie untersucht verbale Zeichen und Zeichenkonstellationen nicht unter dem Aspekt der Substanz, sondern der Form, der Stuktur und ist eindeutig auf *langue* bezogen. Die Konstitution verbaler Zeichen wird hierbei untersucht unter dem Aspekt des Aufbaus des Signifikanten aus kleinsten bedeutungsdifferenzierenden (bedeutungsunterscheidenden) Elementen. Bei der gesprochenen Repräsentation von Sprache handelt es sich hierbei um akustische bedeutungsdifferenzierende Elemente, die als Phoneme bezeichnet werden, bei der geschriebenen Repräsentation dagegen um optische Elemente, die die Linguistik Grapheme* nennt. Deren Merkmale bzw. Merkmalbündel (z. B. Stimmhaftigkeit oder Stimmlosigkeit usw.) sowie die Struktur von Phonem-Inventaren und Graphem-Inventaren natürlicher Einzelsprachen werden dargestellt. Die entsprechenden wissenschaftlichen Disziplinen sind die Phonematik* bzw. Graphematik*. Phonematik/ Graphematik

4.2.2 Zeicheninterpretation: Semantik

Verbale Zeichen können untersucht werden unter dem Aspekt ihrer Bedeutung, das heißt unter dem Aspekt der Relation von Signifikant und Signifikat. Dabei geht es wesentlich um die Erkenntnis von Bedeutungsstrukturen einer Sprache auf der Ebene des Wortes, des Satzes und auch des Textes. Von Wichtigkeit ist dabei die Frage nach den syntagmatischen und paradigmatischen Bedeutungsrelationen, dem Verhältnis von lexikalischer und aktueller Bedeutung sowie dem Zusammenhang von denotativer und konnotativer Bedeutung sprachlicher Zeichen. Die entsprechende wissenschaftliche Disziplin ist die Semantik, die sich differenzieren lässt in Wort-, Satz- und Textsemantik. Semantik

4.2.3 Zeichenkombination

Verbale Zeichen können untersucht werden unter dem Aspekt ihrer Kombination. Dabei gehen wir aus von den kleinsten, nicht weiter teilbaren bedeutungstragenden Einheiten, den Monemen. Moneme können entweder frei, das heißt isoliert auftreten und werden dann als Lexeme bezeichnet, oder sie sind gebunden und erscheinen nur mit einem Monem bzw. anderen Monemen zusammen und werden dann als Morpheme bezeichnet. Die Kombination verbaler Zeichen (Moneme) vollzieht sich auf verschiedenen Ebenen und führt zu unterschiedlichen Zeichenqualitäten:

1. Lexeme und Morpheme werden kombiniert zur Konstitution von neuen Wörtern. Dabei unterscheiden wir zwischen Komposition: Lexem + Lexem, z. B. *Haus-Tür*, und Derivation: Lexem + Morphem, z. B. *häus-lich*. Die entsprechende wissenschaftliche Disziplin ist die Wortbildungslehre oder Formatik*.

Formatik

2. Lexeme und Morpheme werden kombiniert zur Indikation grammatischer Kategorien wie Numerus, Genus, Kasus, Tempus, Modus, Aspekt.
Die wissenschaftliche Disziplin, die sich mit diesem kombinatorischen Aspekt beschäftigt, ist die Morphematik* (auch: Morphologie oder Flexionslehre).

Morphematik

3. Lexeme und Morpheme werden kombiniert zur Konstitution von Syntagmen und Sätzen. Die entsprechende wissenschaftliche Disziplin nennen wir Syntaktik*. (Unter Syntax* verstehen wir dagegen das einer Sprache immanente System von Kombinationsregeln).

Syntaktik

Hierzu sei angemerkt, dass die Untersuchung der Kombination von Phrasen, Syntagmen und Sätzen zur Konstitution von Texten ein über den Bereich der herkömmlichen Syntaktik hinausgehendes Forschungsgebiet darstellt, das als Textlinguistik* bezeichnet wird.

Textlinguistik

4.2.4 Zeichenapplikation

Verbale Zeichen können unter dem Aspekt ihrer Benutzung und Verwendung durch die Sprachteilhaber untersucht werden. Sprache wird dabei in ihren Beziehungen als Instrument interindividueller gesellschaftlicher Kommunikation gesehen.
Die linguistischen Disziplinen, die sich mit dem Aspekt der Zeichenapplikation befassen, sind vor allem die Psycholinguistik, die Soziolinguistik und die Pragmalinguistik. Ihre besondere Aufgabenstellung soll hier noch einmal wiederholend erwähnt werden:

Psycholinguistik

Psycholinguistik

Die Psycholinguistik untersucht die psycho-physischen Bedingungen von Sprache und Sprachgebrauch. Probleme des primären (Muttersprache) und sekundären (Fremdsprache) Spracherwerbs (Sprach-Lerntheorien) werden ebenso behandelt wie die des Sprachverlusts (Aphasie). Darüber hinaus werden Aussagen gemacht über die Problematik des Verhältnisses von Sprache und Denken.

Soziolinguistik

Soziolinguistik

Die Soziolinguistik untersucht die Bedingungen verbaler Kommunikation in und zwischen „sozialen Gruppen" und die damit verbundenen sozialen Implikationen. Es geht um die Problematik areal-, schichten-, gruppen-, rollen-, institutions- und generationsbedingten und -spezifischen Sprachverhaltens, um die Problematik sprachlicher Sozialisation, womit das Problem sprachlicher Normen und Normgebung verbunden ist. Im weitesten Sinne handelt es sich hier um Untersuchungen zum Verhältnis von Sprache, Individuum und Gesellschaft.

Pragmalinguistik

Pragmalinguistik

Die Pragmalinguistik untersucht die Bedingungen der Verwendung und Wirkung sprachlicher Zeichen. Dabei geht es um Probleme der Sprecher-Intention und Hörer-Reaktion, um Sprecher- und Hörer-Strategien, um Information und/oder Persuasion (Überredung) in Sprache, um Manipulation mit Sprache, um Herrschaft durch Sprache, um den Zusammenhang von Aktion und Kommunikation.
Ausgehend von der Einsicht, dass Sprache nicht als Naturphänomen, nicht um ihrer selbst willen existent ist, sondern in Relationen zu den Sprechern gesehen werden muss, ist in der Einleitung darauf verwiesen worden, dass zur Linguistik der Bereich der Zeichenapplikation unabdingbar gehört. Sowohl aus Gründen der Praktikabilität als auch der gesteckten Zielsetzung dieser Studieneinheit beschränken wir uns in diesem Zusammenhang auf die Aspekte der Zeichenkonstitution, der Zeicheninterpretation und Zeichenkombination, d. h. also auf eine Darstellung der Fragestellungen und Methoden der so genannten „Zeichenlinguistik".

5 Die zeichenlinguistischen Disziplinen

5.1 Zeichenkonstitution

5.1.1 Phonetik

Sprachliche Zeichen können unter dem Aspekt ihrer Konstitution untersucht werden. Hierbei ist es von außerordentlicher Wichtigkeit, dass wir uns daran erinnern, dass das verbale Zeichen psychischer Natur ist. Ferdinand de Saussure sagt dies sehr klar:

> „Das sprachliche Zeichen vereinigt in sich nicht einen Namen und eine Sache, sondern eine Vorstellung und ein Lautbild. Dieses letztere ist nicht der tatsächliche Laut, der lediglich etwas Physikalisches ist, sondern der psychische Eindruck dieses Lautes ..."
>
> de Saussure (1931), 77

So wie das sprachliche Zeichen als Ganzes also ein psychisches Phänomen und eine Einheit der *langue*, des Sprachsystems, ist, ist auch der Signifikant dieses Gebildes psychischer Natur. Das meint de Saussure, wenn er vom *Lautbild* (französisch: *image acoustique*) spricht. Der Signifikant des sprachlichen Zeichens kann im Rahmen der *parole*, im Sprachdiskurs, akustisch bzw. optisch materialisiert werden und ruft das Zeichen beim Hörer oder Leser dann als Ganzes auf. Bei der Materialisierung des Signifikanten werden mit der konkreten Hervorbringung der Elemente der zweiten Gliederung der Sprache physikalisch wahrnehmbare, messbare Einheiten produziert, die wir Laute nennen wollen. Von Lauthervorbringung zu Lauthervorbringung sowohl bei einem identischen Sprachteilhaber als auch bei verschiedenen Sprachteilhabern sind diese Laute einer unendlichen Vielzahl von Nuancierungen bzw. Variationen unterworfen. Diese Laute sind unter zwei getrennt zu haltenden Aspekten der wissenschaftlichen Untersuchung zugänglich. Untersucht werden können sie nämlich: Laut

1. hinsichtlich ihrer konkreten Erscheinungsform im gegebenen Sprachverwendungsakt und ihrer Produktions- und Rezeptionsformen. Eine derartige Untersuchung ist damit eindeutig *parole*-bezogen. Die entsprechende wissenschaftliche Disziplin ist die Phonetik. Phonetik
2. Die Laute können untersucht werden hinsichtlich ihrer Reduzierbarkeit auf eine endliche Anzahl von Einheiten mit dem Ziel der Beschreibung ihrer Struktur, d. h. ihrer Funktion für das Sprachsystem. Eine derartige Untersuchung ist eindeutig *langue*-bezogen. Die entsprechende wissenschaftliche Disziplin ist die Phonematik. Phonematik

Untersucht also die Phonetik die Substanz der Sprachlaute sowie deren Produktion und Rezeption, so untersucht die Phonematik die Form, d. h. die strukturelle Funktion der Elemente, aus denen die Signifikanten der sprachlichen Zeichen bestehen. Für die Phonetik sind damit drei Untersuchungsbereiche gegeben, die drei Manifestationsbereichen der Sprachlaute entsprechen. Das folgende Schaubild soll uns das verdeutlichen:

Die Manifestationsbereiche der Sprachlaute Schaubild 1

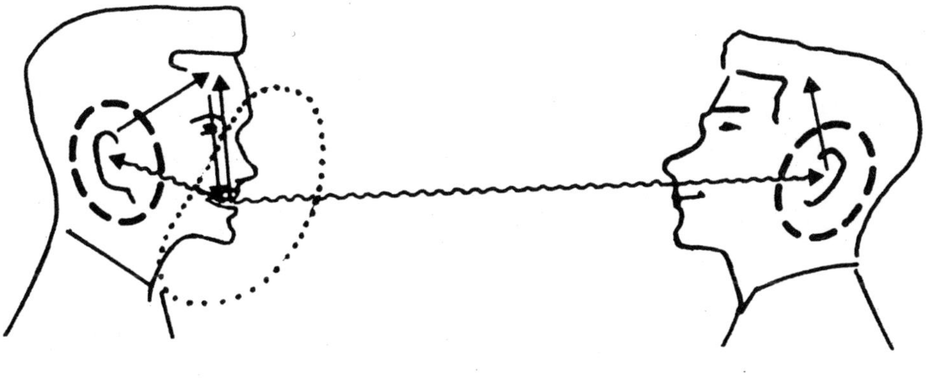

„Die Abbildung zeigt einen Sprecher und einen Hörer. Vier verschiedene Strichtypen kennzeichnen vier verschiedene Manifestationsbereiche. Die gepunktete Linie umschließt den Bereich der Sprechwerkzeuge, der Artikulationsorgane, der von der artikulatorischen Phonetik behandelt wird. Die geschlängelte Linie deutet den Bereich an, in dem die Sprachlaute akustische Signale, Luftschwingungen, darstellen und der von der akustischen Phonetik behandelt wird. Die gestrichelte Linie umschließt das Gehör, dessen Wirkungsweise beim Sprachehören von der auditiven Phonetik behandelt wird."

Bünting (1971), 54

• Akustische Phonetik

Die akustische Phonetik beschreibt die Sprachlaute nach ihren physikalischen Eigenschaften, z. B. Dauer, Frequenz und Intensität. Sie braucht dazu umfangreiche und komplizierte Messgeräte und wird deshalb auch instrumentelle Phonetik genannt.

• Artikulatorische Phonetik

stimmhafte, stimmlose Laute

Bei der Lautproduktion erzeugt die Muskulatur in der Lunge einen Luftstrom, der durch den Kehlkopf bzw. Hindernisse in der Mundhöhle in Schwingungen versetzt wird. Besonders wichtig ist hierbei der Kehlkopf, dessen Stimmlippen entweder beim Durchgang der Luft schwingen und dann stimmhafte Laute erzeugen, wie z. B. Vokale [a, e, i, o, u] oder auch stimmhafte Konsonanten, z. B. [b, m, n]. Schwingen die Stimmlippen nicht, werden stimmlose Laute produziert, so z. B. [p, s, t].
(Es ist eine linguistische Konvention, dass zur Bezeichnung der Laute einer konkreten Äußerung, d. h. also in phonetischer Transkription, die entsprechenden Elemente in [ ] gesetzt werden, im Gegensatz zur phonematischen Transkription, auf die wir im folgenden Kapitel eingehen werden, bei der die Elemente in / / gesetzt werden.)

Vokale

Konsonanten

Die Luftschwingungen werden dann in der Mund- bzw. Nasenhöhle und weiteren Resonanzräumen unterschiedlich moduliert, so dass Laute unterschiedlicher Qualität entstehen. Trifft der Luftstrom auf kein Hindernis, so entstehen Vokale, wird dagegen der Luftstrom durch eine Verengung oder gar einen Verschluss beeinflusst, so werden Konsonanten artikuliert.

Die Unterschiede zwischen den Lauten lassen sich beschreiben als Differenzen des Artikulationsortes und der Artikulationsart.

Artikulationsort

Mit Artikulationsort bezeichnet man die Stelle, an der ein Laut im Rachen oder in der Mundhöhle produziert wird.

Artikulationsart

Mit Artikulationsart bezeichnet man die Art und Weise, wie ein Laut produziert wird.
Der artikulatorischen Phonetik geht es darum, die Laute einer bestimmten Sprache nach Artikulationsort und Artikulationsart zu bestimmen.

Artikulationsorte

Zur Illustration der Artikulationsorte soll die folgende Längsschnittzeichnung dienen. Die Artikulationsorte sind hier zusätzlich mit ihren lateinischen Bezeichnungen in Klammern gekennzeichnet, dadurch wird die international gebräuchliche Terminologie für die Artikulationsorte unmittelbar einsichtig.

Menschliche Sprechorgane (Längsschnitt)

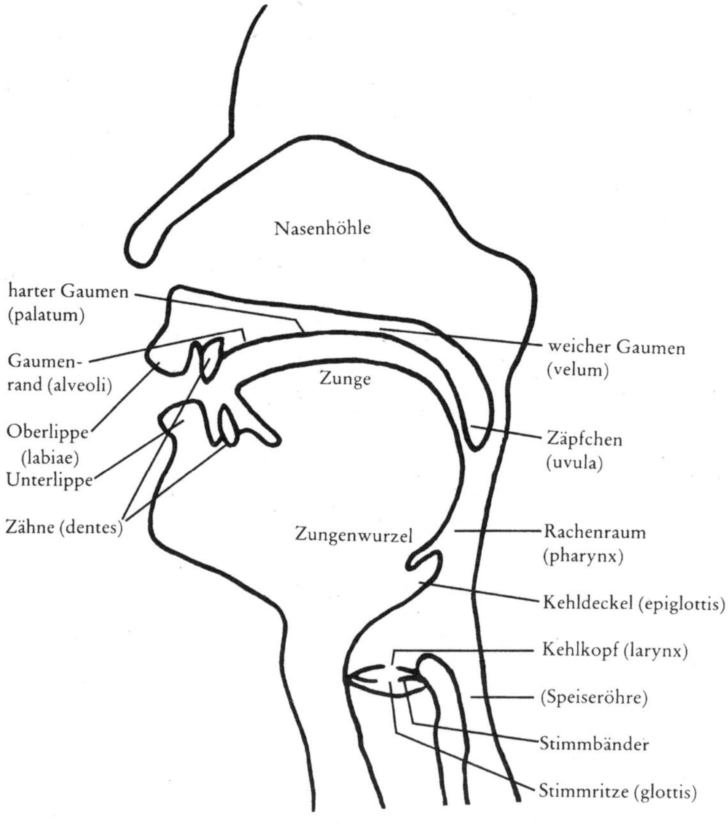

Pelz (1982), 70

Für die deutsche Sprache sind vor allem folgende Artikulationsorte relevant:

- b i l a b i a l
  Lautbildung von Ober- und Unterlippe: z. B. [b]
- l a b i o d e n t a l
  Lautbildung von Unterlippe und oberen Schneidezähnen: z. B. [f]
- d e n t a l
  Lautbildung von Zungenspitze und oberen Schneidezähnen: z. B. [t]
- a l v e o l a r
  Lautbildung von Zunge und Gaumenrand (an der Grenze zu den oberen Schneidezähnen): z. B. [s]
- p a l a t a l
  Lautbildung von Zunge und Palatum (harter Gaumen): z. B. [ç] in *ich*
- v e l a r
  Lautbildung von Zunge und Velum (weicher Gaumen): z. B. [k]
  Palatale und Velare werden als G u t t u r a l e zusammengefasst.
- u v u l a r
  Lautbildung von Zunge und Uvula (Zäpfchen): z. B. [ʀ], das so genannte Zäpfchen-*r*
- p h a r y n g a l bzw. g l o t t a l
  Lautbildung im Rachenraum (Pharynx) bzw. Kehlkopf (Glottis): z. B. [h]

Aufgabe 12

Nennen Sie weitere Laute, die an den beschriebenen Artikulationsorten gebildet werden.

Artikulationsarten

Für die Produktion der deutschen Laute sind folgende Artikulationsarten relevant:

- ➤ V o k a l e: Der Schall wird von den Stimmlippen des Kehlkopfes erzeugt, die schwingen und damit einen Klang produzieren. Die unterschiedlichen Vokale entstehen je nach der Gestaltung des Resonanzraumes in der Mundhöhle.
- ➤ K o n s o n a n t e n: Die Schallquelle bei den Konsonanten ist eine Verengung bzw. der Verschluss des Luftstromes in der Mundhöhle oder im Rachen. Bei den s t i m m h a f t e n Konsonanten schwingen hierbei die Stimmlippen im Kehlkopf mit, bei den s t i m m l o s e n ist dies nicht der Fall.

Die Konsonanten können hinsichtlich ihrer A r t i k u l a t i o n s a r t in folgende Gruppen unterteilt werden:

- ➤ N a s a l e: Das Gaumensegel schließt die Nasenhöhle nicht vollkommen ab, es kommt dadurch zum Entweichen von Luft in diese und ihrer Nutzung als Resonanzraum: z. B. [m, n].
- ➤ L a t e r a l e: Die Mundhöhle wird durch die Zunge nur in der Mitte verschlossen, an beiden Seiten entweicht der Luftstrom: [l].
- ➤ V i b r a n t e n bzw. I n t e r m i t t i e r e n d e: Die Mundhöhle wird durch Zunge oder Zäpfchen in schneller Frequenz verschlossen und wieder geöffnet: [r] (Zungen-*r*); [ʀ] (Zäpfchen-*r*).
  Laterale und Vibranten/Intermittierende werden auch als L i q u i d e zusammengefasst.
- ➤ S p i r a n t e n bzw. F r i k a t i v e: In der Mund- oder Rachenhöhle erfolgt eine so starke Verengung, dass aufgrund der Reibung der Luftpartikel an dieser Stelle bzw. durch eine Erhöhung der Strömungsgeschwindigkeit das charakteristische Geräusch entsteht, ein Reibelaut: z. B. [f, s, v].
- ➤ P l o s i v e: Die Mund- oder Rachenhöhle wird an einer Stelle kurzfristig verschlossen und bei gleichzeitiger Druckerhöhung des Luftstromes an der Verengungsstelle wieder gesprengt, deshalb heißen die Plosive auch Sprenglaute: z. B. [p, t, g].
- ➤ A f f r i k a t e n: Eine Affrikata ist eine enge Kombination eines Plosiven mit einem Spiranten an dem gleichen Artikulationsort: z. B. [pf] in *Pfahl* oder [ts] in *Zeit*.

Artikulationsort und Artikulationsart stellen damit ein Koordinatensystem dar, in das die Laute eingeordnet und in Form einer Matrix dargestellt werden können. Die phonetische Transkription wird im Folgenden in den Zeichen des Internationalen Phonetischen Alphabets API (von franz. *Association Phonétique Internationale*) gegeben.

Schaubild 3

Konsonanten

Artikulationsort

Artikulationsart		bilabial	labiodental	dental	alveolar	palatal	velar	uvular	glottal
Plosive	sth.	b		d			g		
	stl.	p		t			k		
Spiranten	sth.		v		z	j			
	stl.		f	ʃ	s	ç	x	ʁ	h
Nasale		m		n			ŋ		
Laterale				l					
Intermittierende				r				ʀ	

Erläuterungen:

sth. = stimmhaft, stl. = stimmlos

Erklärung derjenigen hier verwendeten Zeichen der API-Umschrift, die von den gängigen lateinischen Schriftzeichen abweichen:

[v] = phonetisches Zeichen für den stimmhaften labiodentalen Frikativlaut, der im Deutschen meist *w* geschrieben wird, z. B. in *W*asser.
[ʃ] = phonetisches Zeichen für den *sch* geschriebenen Frikativlaut.
[ç] = phonetisches Zeichen für den palatalen Frikativlaut in i*ch*, Fur*ch*t.
[x] = phonetisches Zeichen für den velaren Frikativlaut in a*ch*, su*ch*en.
[ŋ] = phonetisches Zeichen für den velaren Nasal in si*ng*en, ba*ng*.
[R] = phonetisches Zeichen für das gerollte Zäpfchen-*r*.
[ʁ] = phonetisches Zeichen für das frikative Zäpfchen-*r* (dem *ch* in a*ch*t, Wu*ch*t sehr ähnlich. Bei manchen deutschen Sprechern hören sich *wacht* und *wart* ja fast gleich an.).
[r] = phonetisches Zeichen für das Zungenspitzen-*r*.
[z] = phonetisches Zeichen für das stimmhafte *s* in *S*onne, lei*s*e.
[g] = phonetisches Zeichen für zwei verschiedene Laute:
1. palatales *g* = *g*-Laut in *g*elb, *G*ift, *G*üte, *g*roß;
2. velares *g* = *g*-Laut in *G*arten, Fa*g*ott, *g*ut.
[k] = phonetisches Zeichen für zwei verschiedene Laute (entsprechend denen bei *g*):
1. palatales *k* = *k*-Laut in *K*eller, *K*ind, ge*k*ünstelt, *k*lein;
2. velares *k* = *k*-Laut in *K*alb, *K*uh, *K*ohl.

Pelz (1982), 72

Aufgabe 13

Versuchen Sie, die Phoneme Ihrer Muttersprache in die Matrix auf S. 60 einzutragen.
Wo gibt es Überschneidungen? Reichen die vorhandenen Kategorien aus?

Vergleicht man nun verschiedene Sprachen hinsichtlich ihres Lautinventars, so kann man feststellen, dass durchaus nicht die gleichen Laute in unterschiedlichen Sprachen vorkommen bzw. durchaus nicht alle denkbaren Möglichkeiten von Lauten vorhanden sind.

1. Die englischen d e n t a l e n S p i r a n t e n sth. [ð] engl. *that* und stl. [θ] engl. *three* fehlen im Deutschen.
2. Die deutschen p a l a t a l e n und v e l a r e n Spiranten stl. [ç] dt. *nicht* und stl. [x] dt. *acht* fehlen im Englischen.
3. Der deutsche g l o t t a l e S p i r a n t wortanlautend stl. [h] in *Haut* fehlt im Französischen.

Von Sprache zu Sprache haben wir es also mit einem ganz unterschiedlichen Lautsystem zu tun, was zu erheblichen Konsequenzen didaktischer und methodischer Art für die Vermittlung bzw. den Erwerb einer zweiten Sprache/Fremdsprache führt: Aus der Konsonantenmatrix können Sie, ebenso wie aus den aufgeführten Beispielen unter 1., ersehen, dass die deutsche Sprache die im Englischen vorkommenden dentalen Spiranten sth. [ð] (*that*) und stl. [θ] (*three*) nicht aufweist.

Im Verlauf des Spracherwerbs der englischen Sprache führt diese Tatsache dazu, dass der deutsche Englischlerner für eine bestimmte Zeit anstelle des korrekten englischen [ð] die deutschen Laute [d] oder [z] produziert, und zwar deshalb, weil sie dem englischen Laut hinsichtlich der Artikulationsart, nämlich stimmhaft, a b e r plosiv bzw. stimmhaft u n d spirans relativ nahe stehen. Das Gleiche gilt für den deutschen Laut [t] bzw. [s] für den englischen Laut [θ].

Eine Übersicht über die deutschen Vokale gibt das folgende Schaubild:

Schaubild 4

Vokale

c) Artikulatorische Beschreibung der im Deutschen unterscheidbaren Vokale:

Zungenstellung

	vorn		neutral	hinten
Zungen-höhe	ungerundet	gerundet		gerundet
hoch	i:	y:		u:
	I	Y		ʊ
	e:	ø:		o:
	e	œ	ə	ɔ
tief	ɛ ɛ:		ɑ: a	
variabel		ae	ɔø ao	

Erläuterungen:

[:] = phonetisches Zeichen für Länge
[i] = phonetisches Zeichen für geschlossenes *i* in W*ie*se, B*i*bel
[ɪ] = phonetisches Zeichen für offenes *i* in S*i*tte, mächt*i*g
[y] = phonetisches Zeichen für geschlossenes *ü* in *ü*ber, Anal*y*se
[ʏ] = phonetisches Zeichen für offenes *ü* in L*ü*cke, S*y*mbol
[u] = phonetisches Zeichen für geschlossenes *u* in t*u*n, R*u*he
[ʊ] = phonetisches Zeichen für offenes *u* in M*u*tter, l*u*stig
[e] = phonetisches Zeichen für geschlossenes *e* in *Eh*re, w*e*r
[ɛ] = phonetisches Zeichen für offenes *e* in R*e*ttich, h*e*ll (kurz) und in *Äh*re, z*ä*h (lang)
[ə] = phonetisches Zeichen für schwachtoniges *e* in Ros*e*, sag*e*n
[ɑ] = phonetisches Zeichen für dunkles *a* in S*aa*l, eins*a*m
[a] = phonetisches Zeichen für helles *a* in B*a*ll, w*a*ckeln
[o] = phonetisches Zeichen für geschlossenes *o* in M*oh*n, *O*fen
[ɔ] = phonetisches Zeichen für offenes *o* in *o*ffen, M*o*tte
[ae] = phonetisches Zeichen für Diphthong *ei, ai* in S*ei*fe, M*ai*
[ɔø] = phonetisches Zeichen für Diphthong *eu, äu* in F*eu*er, bl*äu*lich
[ao] = phonetisches Zeichen für *au* in s*au*er, B*au*m

Die Beispiele zeigen, dass im Deutschen die beiden Merkmale *geschlossen* und *lang* im Allgemeinen zusammen auftreten, z. B. [o:] in *Ofen*, [i:] in *biete*, ebenso die Merkmale *offen* und *kurz*, z. B. [ɔ] in *offen*, [ɪ] in *bitte*. (Nur bei [e] gilt dies nicht.)

nach: Pelz (1982), 73f.

Das obige Vokalschema hat als Koordinaten:

1. Zungenstellung:
– vorn = am Palatum
– neutral = flach am Unterkiefer anliegend
– hinten = am Velum anliegend

2. *Zungenhöhe:*
Die Zunge kann in kontinuierlichem Übergang die Positionen von hoch über mittel bis tief einnehmen. Hierbei werden entweder geschlossene Vokale, z. B. [i:] in *Bibel*, [e:] in *Ehre* oder offene Vokale erzeugt, z. B. [ɪ] in *bitte* oder [ɛ] in *hell.*

Bei den Diphthongen ist sowohl die Zungenhöhe als auch die Zungenstellung variabel.

Bei den Vokalen kommt als weiteres Merkmal die Rundung der Lippen hinzu. Vordere Vokale treten gerundet und ungerundet auf, die hinteren Vokale sind ausschließlich gerundet.

Wir sehen also, dass zur Beschreibung der deutschen Vokale 4 artikulatorische Merkmale relevant sind, nämlich:

1. Zungenstellung: vorn – neutral – hinten
2. Zungenhöhe: hoch – mittel – tief
3. Lippenstellung: gerundet – ungerundet
4. Qualität: lang – kurz

Für das Deutsche fallen die Merkmale *geschlossen* und *lang* zusammen,
z. B. [iː] in *(ich) biete,*
[oː] in *(die) Robe.*

Ebenfalls zusammen fallen die Merkmale *offen* und *kurz,*
z. B. [ɪ] in *(die) Bitte,*
[ɔ] in *(die) Robbe.*

Aus dem symmetrischen System der deutschen Vokale der Haupttonsilben, das gekennzeichnet ist durch die Merkmale *geschlossen* und *Länge* bzw. *offen* und *Kürze* fällt lediglich das [eː] in z. B. *Leben, Seele, ledig* heraus, dem kein kurzer Laut gegenübersteht, während für den offenen Laut [ɛː] die Symmetrie wieder gegeben ist: [ɛː] in *Bär, ähnlich* steht [ɛ] in *echt, hell* gegenüber.

- **Auditive Phonetik**

Untersuchungsgebiet der auditiven Phonetik ist die Wahrnehmung der Sprachlaute durch den Sprachteilhaber und ihre Verarbeitung in den Hörorganen sowie ihre Weiterleitung an das Gehirn. Die Untersuchungsprozeduren im Rahmen der auditiven Phonetik erfolgen z. B. mittels Röntgengeräten. Anwendung finden Erkenntnisse der auditiven Phonetik z. B. bei der Therapie von Hörgeschädigten durch Hörprothesen. Aus diesen Andeutungen wird schon ersichtlich, dass mit der auditiven Phonetik eine Disziplin vorliegt, die in das Gebiet der Medizin hineinreicht bzw. von hier aus betrieben wird, so z. B. im Rahmen der Hals-Nasen-Ohren-Kunde bzw. der Neurophysiologie.

5.1.2 Phonematik

Anhand der phonetischen Untersuchung der Wörter

Hilfe, hell, Halt, holt, Hund

hinsichtlich der Erscheinungsqualität des produzierten [h]-Lautes würde die akustische Phonetik nachweisen, dass es sich um fünf (!) deutlich zu unterscheidende, physikalisch messbare, differente Laute handelt, und die artikulatorische Phonetik könnte belegen, dass es sich um fünf (!) voneinander abweichende Artikulationsvorgänge handelt, weil nämlich Zunge und Lippen bei der Artikulation des [h]-Lautes die jeweilige Folgeposition schon vorbereiten, auf diese ausgerichtet sind, was eine Modifikation des betrachteten Lautes bewirkt.

Aber: Trotz aller naturwissenschaftlich messbaren Unterschiede wird von uns als Hörern bei der akustischen Perzeption das allen [h]-Lauten Gemeinsame, Idealtypische, gleichsam herausgefiltert und erkannt. Äußerungen wie:

Das ist eine Rose und: *Das ist eine Hose* oder:
Seit Jahren schon liebt Peter seine extravagante Tinte und:
Seit Jahren schon liebt Peter seine extravagante Tante

haben ganz unterschiedliche Bedeutungen, beziehen sich auf ganz unterschiedliche Sachverhalte, obwohl sie sich jeweils nur durch einen e i n z i g e n Laut unterscheiden. Dieser Laut aber kann, wie wir wissen, hinsichtlich seiner Artikulation weder durch einen einzigen identischen Sprecher geschweige denn durch eine Vielzahl verschiedener Sprecher absolut gleich produziert werden, sondern unterliegt bei der jeweiligen Realisation erheblichen Variationen. Dennoch wird beim Hören das Gemeinsame aller [r]-Laute im Gegensatz zu allen [h]-Lauten bzw. das Gemeinsame aller [i]-Laute im Gegensatz zu allen [a]-Lauten erkannt. Nur dadurch ist nämlich gesichert, dass das jeweils andere Bezeichnete (*Rose* vs. *Hose*, *Tinte* vs. *Tante*) aufgerufen wird.

Norm

Phonem

Dieses Gemeinsame, Idealtypische, kann aufgefasst werden als die Grenzen einer N o r m oder der Rahmen eines Bildes; innerhalb dieser Norm sind unterschiedliche Realisationen möglich. Diese Norm, die, wie wir wissen, psychisch ist, differenziert die Bedeutung. Sie markiert die jeweiligen Grenzen einer Bandbreite von Realisationsmöglichkeiten. Wir nennen sie P h o n e m und setzen sie zur Kennzeichnung in Schrägstriche im Gegensatz zu den jeweiligen Phonen, den Lauten, d. h. den Realisationen eines Phonems, die durch eckige Klammern markiert sind. Phoneme sind, wie Sie sich erinnern, die Einheiten der zweiten Gliederung der Sprache, aus denen sich die Signifikanten der sprachlichen Zeichen zusammensetzen, und die kleinsten bedeutungsdifferenzierenden Einheiten der Sprache.

Phoneme werden durch Segmentierung der Signifikanten der sprachlichen Zeichen ermittelt. Das geschieht mit dem Ziel der Identifizierung der bedeutungsdifferenzierenden Einheiten. Hier kommt nun die syntagmatische bzw. paradigmatische Relation der Segmente ins Spiel.

Minimalpaar

In den oben stehenden Beispielen unterscheiden sich zwei Äußerungen lediglich dadurch, dass in der jeweiligen syntagmatischen Anordnung der Segmente zwei von ihnen, ein Paar, in einer ganz bestimmten paradigmatischen Relation stehen, nämlich n i c h t gegeneinander austauschbar sind. Sie stehen damit im Verhältnis der Opposition. Derartige Äußerungen, die sich lediglich durch die geringstmögliche Opposition von zwei Segmenten unterscheiden, heißen ein M i n i m a l p a a r*.

In dem Minimalpaar

H
  ose
R

distinktive Opposition

stehen die Segmente H und R in einer bedeutungsunterscheidenden und damit d i s t i n k t i v e n O p p o s i t i o n.

Phon

Derartige Segmente einer Äußerung, die in distinktiver Opposition stehen, nennen wir P h o n e. Die Phone von gleicher distinktiver Funktion können nun klassifiziert werden:

Tinte	–	*Tante*
Himmel	–	*Hammel*
nicken	–	*Nacken*

Aufgabe 14

Finden Sie zu den Phonemen des Deutschen weitere Minimalpaare.

Obwohl in dem Beispiel phonetisch unterschiedliche [i]- und [a]-Laute vorliegen, haben sie die gleiche d i s t i n k t i v e F u n k t i o n.
Damit sind wir jetzt in der Lage, die bisherige Definition des Phonems zu erweitern: Die Klasse von Phonen, die die gleiche distinktive Funktion haben, nennen wir ein P h o - n e m. Im gegebenen Beispiel handelt es sich also um die Phoneme /i/ und /a/.

Im Gegensatz zur Phonetik, die die Kriterien der Laute möglichst genau beschreiben will, fragt die Phonematik nach den g l e i c h b l e i b e n d e n Kriterien der Phone, die eine linguistische Funktion und Relevanz haben, und zwar die der I d e n t i t ä t und D i s t i n k t i v i t ä t und die ihre Zusammenfassung zu jeweils einer Klasse, eben einem Phonem, ermöglichen.

Das Phonem ist damit eine abstrakte Einheit der *langue*, des Sprachsystems, das im Bereich der sprachlichen Manifestation im Sprachdiskurs, in der *parole*, durch ein Phon repräsentiert wird. Hierbei wird dieses Phon niemals dem Phonem e n t s p r e - c h e n, das es repräsentiert, sondern jeweils eine Variante von ihm darstellen.
Die Beziehungen von Phonen zu den Phonemen, die sie repräsentieren, können dabei unterschiedlicher Art sein.

• Phonemvarianten – Allophone*

Wenn anhand der Bildung von mindestens einem Minimalpaar für eine Sprache nachgewiesen werden kann, dass zwei Phone in distinktiver Opposition stehen, dann handelt es sich um die Phone oder Varianten z w e i e r Phoneme.

Kombinatorische Varianten

Nun gibt es in jeder Sprache Fälle, in denen von zwei verschiedenen Phonen nachgewiesen werden kann, dass sie nicht distinktiv sind, z. B. die deutschen Phone [ç] und [x]. Der [ç]-Laut in den deutschen Wörtern

Licht [ç], *lächeln* [ç], *Nächte* [ç]

würde von einem Schweizer als [x]-Laut realisiert, ohne dass eine Bedeutungsveränderung eintreten würde:

Licht [x], *lächeln* [x], *Nächte* [x].

[ç] und [x] sind deshalb nicht distinktiv, bedeutungsunterscheidend.

Aufgabe 15

Stellen Sie anhand der Distributionsanalyse fest, in welcher Umgebung die beiden Laute [ç] und [x] auftreten.

Dach	–	*dich*
Loch	–	*Löcher*
Kuchen	–	*Küche*
Rauch	–	*Dächer*
		weich
		euch
		Lerche
		Mönch

komplementäre Distribution

Die Beispiele in Aufgabe 15 zeigen uns, dass [x] nach den hinteren Vokalen a, o, u und dem Diphthong au steht, [ç] nach den übrigen vorderen Vokalen und Diphthongen sowie nach Konsonanten.
Dies aber bedeutet, dass dort, wo [x] steht, niemals [ç] stehen kann und umgekehrt: Die beiden Laute haben eine k o m p l e m e n t ä r e D i s t r i b u t i o n.
Komplementäre Distribution von zwei Phonen aber bedeutet automatisch, dass sie nie in Opposition stehen können. Wenn zwei Phone aber nicht in Opposition stehen können, dann erfüllen sie nicht die Bedingung, die an zwei Phone als Realisierung z w e i e r unterschiedlicher Phoneme zu stellen ist, dass sie nämlich in wenigstens e i n e m Minimalpaar ihre Distinktivität nachweisen.

Schließlich ist bei [ç] und [x] p h o n e t i s c h e V e r w a n d t s c h a f t gegeben, beide Laute sind vom Artikulationsort (palatal bzw. velar) wie auch der Artikulationsart (stimmlose Spiranten) eng benachbarte Laute. Wenn aber bei zwei Phonen

1. phonetische Nachbarschaft,
2. komplementäre Distribution und
3. Unmöglichkeit des Nachweises der Distinktivität durch Minimalpaarbildung

Allophon

gegeben ist, handelt es sich bei ihnen um A l l o p h o n e, und zwar um k o m b i n a t o r i s c h e V a r i a n t e n ein und desselben Phonems. [ç] und [x] sind deshalb kombinatorische Varianten des Phonems /x/.

Fakultative (freie) Varianten

Wenn die Distribution von Allophonen nicht phonologisch festgelegt und damit vorhersagbar ist wie bei komplementären Varianten, sondern Phone vom Sprecher frei nach seinem Willen in die gleiche Umgebung eingewählt werden können, ohne dass damit eine Bedeutungsdifferenzierung erfolgt, handelt es sich um f a k u l t a t i v e A l l o p h o n e, und zwar um f r e i e V a r i a n t e n.

Beispiel

Ein Beispiel hierfür sind im Deutschen das so genannte „Zungen-*r*“ [r] und das Zäpfchen-*r* [ʀ], die freie Varianten des Phonems /r/ darstellen.

Freie Varianten sind z. B. auch dialektale Merkmale. Wenn z. B. Sprecher aus Nordhessen, und zwar aus dem Umland Kassels, anstelle der Realisationen für das Phonem /u:/ in den Wörtern *Kuchen* oder *besuchen* die freie Variante [ua] produzieren, geben sie damit ihre regionale Herkunft und Bindung an eine ganz bestimmte landschaftsbedingte Sprachform zu erkennen.

So gilt z. B. im Englischen eine leicht nasale Aussprache bestimmter Vokale als besonders „fein“ und als Hinweis auf die Ausbildung des Sprechers an besonders hoch bewerteten Universitätsorten.

• Paradigmatische und syntagmatische Phonemrelationen

In der linearen Abfolge der Phoneme in einer Phonemkette steht jedes Phonem in ganz bestimmten paradigmatischen und syntagmatischen Beziehungen.
Die paradigmatischen Beziehungen eines Phonems zu anderen Phonemen haben wir bereits als Oppositionen kennen gelernt.

Kontrast

Die syntagmatischen Beziehungen eines Phonems zu den es umgebenden Phonemen nennen wir K o n t r a s t.

Beispiel

So lässt sich in dem Wort *rot* /ro:t/ jedes der drei Phoneme durch andere ersetzen, so z. B. /r/ durch /t/, /b/ oder /l/; /o:/ durch /i:/ oder /a:/; /t/ durch /b/ oder /r/. Andererseits ist am Wortanfang, das heißt in der Distribution /...o:t/ z. B. /s/ nicht möglich, weil im Deutschen wortanlautend stimmloses /s/ nicht vorkommt, vielmehr aber /z/. Dieses wiederum kann niemals in der Distribution eines nachfolgenden Konsonanten stehen, sondern nur vor Vokal.

Und in der Umgebung /r...t/ kann kein weiteres Phonem aus der Klasse der Konsonanten stehen, wohl aber in der Umgebung /t.../, nämlich /tr/ in *Strafe*.

Wir sehen also, dass die Stellung eines Phonems immer zugleich syntagmatisch und paradigmatisch bestimmt ist. Dies soll ein Schaubild verdeutlichen:

Syntagmatische und paradigmatische Phonemrelationen

Schaubild 5

/ r /	/ oː /	/ t /	*rot*
/ t /			*tot*
/ b /			*Boot*
/ l /			*Lot*
		/ p /	*Lob*
	/ iː /		*Lieb*
		/ t /	*Lied*
	/ ae/		*Leid*
		/ p /	*Leib*

Im Folgenden wollen wir nun die paradigmatischen und syntagmatischen Phonemrelationen im Einzelnen vorstellen.

Paradigmatische Phonemrelationen

Phoneminventar

Wenn sämtliche Phone durch Minimalpaarbildung als bedeutungsdifferenzierend und damit als Phoneme der entsprechenden Sprache klassifiziert sind, stellt dies das Phoneminventar dieser Sprache dar.
Die Beschreibung dieses Inventars nun erfolgt unter dem Gesichtspunkt, welche Eigenschaften die Phoneme gemeinsam haben und worin sie sich unterscheiden.

Beispiel

So haben die Phoneme /b/ und /p/ die gemeinsamen Merkmale [bilabial] und [plosiv], sie unterscheiden sich aber dadurch, dass /b/ das Merkmal [+ sth.] hat, während /p/ das Merkmal [– sth.] trägt.
/b/ und /p/ unterscheiden sich also lediglich durch ein einziges Merkmal.

distinktives Merkmal

Man kann infolgedessen ein Phonem als eine Bündelung derartiger Merkmale auffassen. Ein Merkmal, das ein Phonem von einem anderen unterscheidet, wie das der Stimmhaftigkeit bzw. Stimmlosigkeit, nennen wir ein distinktives Merkmal*.

Ein Phonem kann also aufgefasst werden als die Summe seiner distinktiven Merkmale. Die Kennzeichnung der distinktiven Merkmale erfolgt in der Terminologie der artikulatorischen Phonetik nach Artikulationsort und Artikulationsart, wie diese im Schaubild 3 auf Seite 60 dargestellt wurde.
Für die phonematische Beschreibung im Gegensatz zur phonetischen genügt zur Kennzeichnung des Artikulationsortes eine grobere Klassifizierung, es reichen die Merkmale [labial], [alveolar], [velar] und [glottal] aus.
Als Artikulationsart kommen die Merkmale [spirans], [plosiv], [nasal], [lateral], [intermittierend] sowie [+/– sth.] infrage.

Konsonantenphoneme

Allein mit den fünf Merkmalen [labial], [alveolar], [velar], [+/– nasal] und [+/– sth.] lässt sich das deutsche Phoneminventar der Konsonanten fast vollständig darstellen. Hierzu benötigen wir aber noch eine weitere Beobachtung.
Dem Verhältnis – und zwar sowohl hinsichtlich des Artikulationsortes als auch der Artikulationsart – von

/ p /		/ t /		/ k /
zu	entspricht das von	zu	und von	zu
/ b /		/ d /		/ g /

proportionale Verhältnisse

Damit erhalten wir eine Struktur, denn diese Phoneme stehen zueinander in einem proportionalen Verhältnis:

/ p /   / t /   / k /
/ b /   / d /   / g /

Dieser Struktur der Plosive entspricht symmetrisch die der Spiranten:

/ f /		/ s /		/ x /
zu	verhält sich zu	und	wie	zu
/ v /		/ z /		/ j /

Also stehen

/ p /   und   / f /

im gleichen Verhältnis wie

/ b /   / v /
und
/ t /   / s /
wie
/ d /   / z /
und
/ k /   / x /
wie
/ g /   / j /

Für die Konsonanten erhalten wir nach Einfügung der Nasale damit bereits folgendes Inventar:

/ p /   / t /   / k /
/ b /   / d /   / g /

/ f /   / s /   / x /
/ v /   / z /   / j /

/ m /   / n /   / ŋ /

Es fehlen in diesem Inventar noch die Phoneme /l/, /r/, /h/, /ç/. (Die Affrikaten /ts/ und /pf/ werden hier biphonematisch, also als Kombination aus zwei Phonemen, gewertet). Diese Phoneme sind im bisher dargestellten Inventar isoliert, weil sie nicht in dem Proportionalitätsverhältnis dieser Phoneme stehen und demnach über kein distinktives Merkmal der im bisherigen Inventar dargestellten Phoneme verfügen.
Als distinktive Merkmale der noch fehlenden Phoneme sind zu kennzeichnen: [lateral] für /l/, [intermittierend] für /r/, [glottal] für /h/ und [Zischlaut] für /ʃ/.
Damit hat das Inventar der deutschen Konsonantenphoneme die Struktur, wie sie nachstehend abgebildet ist:

Schaubild 6

Deutsche Konsonantenphoneme

/ p /	/ t /		/ k /	
/ b /	/ d /		/ g /	
/ f /	/ s /	/ ʃ /	/ x /	/ h /
/ r /	/ l /			
/ v /	/ z /		/ j /	
/ m /	/ n /		/ ŋ /	

Die in dieser Strukturformel ausgedrückte Darstellung berücksichtigt außerdem die Proportionalitätsverhältnisse bzw. Korrelationen, die in unserem Zusammenhang nicht dargestellt werden können. Insgesamt zeigt sich, dass das System der deutschen Konsonanten relativ ausgeglichen ist und nur /ʃ/ sowie die isolierten Phoneme /h/, /r/ und /l/ herausfallen.

Nach der ausführlichen Herleitung der Strukturformel des Systems der deutschen Konsonantenphoneme soll anschließend das System der Vokalphoneme nur kurz kommentiert werden.
Wichtigstes distinktives Merkmal der deutschen Vokalphoneme ist das Merkmal [+/– Länge]. Dies führt zu der Möglichkeit, die Vokale entsprechend diesem distinktiven Merkmal in zwei getrennten Teilsystemen darzustellen:

Vokalphoneme

Deutsche Vokalphoneme

Schaubild 7

/ i /	/ ü /	/ u /	/ i: /	/ ü: /	/ u: /
/ e /	/ ö /	/ o /	/ e: /	/ ö: /	/ o: /
	/ a /		/ ä: /		/ a: /

Syntagmatische Phonemrelationen

Syntagmatische Phonemrelationen in einer bestimmten Sprache können an den Positionsbeschränkungen der Phoneme aufgezeigt werden. Dies bedeutet, dass die theoretisch mögliche Zahl von Phonemkombinationen wohl in keiner Sprache genutzt wird.

Im Deutschen kommen maximal sieben Phoneme im Signifikanten eines Monems vor: z. B. *Strumpf.* Geht man nun von 34 Phonemen des Deutschen aus, ergibt sich die theoretisch mögliche Zahl von 34^6 jeweils möglichen Kombinationen.
Die tatsächlich vorhandene Anzahl von Kombinationen für das Deutsche dürfte bei ca. 15.000 liegen. Dieser verblüffende Befund erklärt sich aus den syntagmatischen Struktureigentümlichkeiten des Deutschen, und zwar den Positionsbeschränkungen hinsichtlich der möglichen Kombinationen von Phonemen.

Positionsbeschränkungen

So sind z. B. für den Wortanlaut nur ganz bestimmte Konsonantenkombinationen erlaubt und andere ausgeschlossen. Nicht möglich sind:

- Kombinationen von /z/ und /x/,
- Kombinationen von Plosiven,
- Kombinationen von Frikativen mit /b/, /d/, /g/, /k/,
- Kombination von mehr als drei Phonemen, wobei es nur sechs Kombinationsmöglichkeiten von drei Phonemen gibt (/ʃtr/, /ʃpr/, /ʃpl/, /pfr/, /pfl/ und /tsv/),
- /n/ ist nur mit /ʃ/, /k/, /g/ kombinierbar.
  usw.

Die Erfassung aller derartiger Positionsbeschränkungen für den Anlaut im Deutschen kann tabellarisch zusammengefasst werden:

Anlautfähige Konsonantenverbindungen im Deutschen

Schaubild 8

/br/,	/pr/,	/dr/,	/tr/,	/gr/,	/kr/,	/fr/,	/ʃr/
/bl/,	/pl/,			/gl/,	/kl/,	/fl/,	/ʃl/
				/gn/,	/kn/,		/ʃn/
							/ʃm/
					/kv/,		/ʃv/
	/pf/						
			/ts/				
							/ʃp/
							/ʃt/
	/pfr/						/ʃpr/
	/pfl/						/ʃpl/
							/ʃtr/
			/tsv/				

Die deutsche Sprache (1970), 2, 806

Aufgabe 16

Finden Sie Beispiele zu den in Schaubild 8 genannten Konsonantenverbindungen.

Silbe

Die Positionsbeschränkungen können auch in der Bauform der S i l b e aufgezeigt werden. Jede deutsche Silbe besteht aus einem S i l b e n g i p f e l, der ein betonungsfähiger Vokal ist, und einem weiteren Element. Dieses weitere Element kann sein:
- Länge [se:] und/oder
- Auslautkonsonant [ve:k] oder [vɛk] oder
- nichtgipfliger Vokal, d. h. der Silbengipfel ist ein Diphthong [ae] *Ei*.

Das heißt, das Deutsche hat keine kurzvokalisch endenden Einsilber und keine Einsilber mit konsonantischem Gipfel. Für die Strukturform des deutschen Einsilbers lässt sich so z. B. die folgende schematische Darstellung finden:

Schaubild 9

Strukturform des deutschen Einsilbers

Phonemfolge		Beispiel	Phonemfolge		Beispiel
(1)	V^V	*Ei*	(8a)	KKVK	*Brett*
(2a)	VK	*All*	(8b)	KKV:K	*Brot*
(2b)	V:K	*Aal*	(8c)	KKV^VK	*Braut*
(2c)	V^VK	*Eid*	(9a)	KKKV:	*Stroh*
(3a)	KV:	*Kuh*	(9b)	$KKKV^V$	*Spreu*
(3b)	KV^V	*Tau*	(10)	KVKKK	*Furcht*
(4a)	VKK	*Ort*	(11a)	KKVKK	*blank*
(4b)	V:KK	*Art*	(11b)	KKV:KK	*Schwert*
(5a)	KKV:	*Klee*	(11c)	KKV^VKK	*Freund*
(5b)	KKV^V	*Frau*	(12a)	KKKVK	*stramm*
(6a)	KVK	*Kinn*	(12b)	KKKV:K	*Strom*
(6b)	KV:K	*Kien*	(12c)	$KKKV^VK$	*Strauch*
(6c)	KV^VK	*kein*	(13)	KKKVKK	*Strand*
(7a)	KVKK	*hart*	(14)	KKVKKK	*Brunst*
(7b)	KV:KK	*Fahrt*	(15)	KKKVKKK	*Strumpf*
(7c)	KV^VKK	*Faust*			

Dabei bedeuten: V = Vokal, V: = Langvokal, ^{V} = nichtgipfliger Vokal (in Diphthongen), K = Konsonant.

Die deutsche Sprache (1970), 2, 807

Neutralisation

Schließlich sei noch darauf hingewiesen, dass in bestimmten syntagmatischen Konstellationen die Opposition zwischen zwei Phonemen aufgehoben werden kann, genauer gesagt, das distinktive Merkmal kann n e u t r a l i s i e r t werden.

Beispiel

/d/ und /t/ unterscheiden sich durch das distinktive Merkmal [+/– sth.]. Dass /d/ und /t/ Phoneme des Deutschen sind, geht aus den Minimalpaaren: *Dorf – Torf* bzw. *baden – baten* eindeutig hervor. Tritt nun /d/ in den absoluten Auslaut eines Wortes, erscheint es immer als [t]: *die Räder* [rɛ:dɘr], aber: *das Rad* [ra:t], auch wenn die Orthographie dies verschleiert.

Auslautverhärtung

Für das Deutsche bezeichnet man diese Positionsbeschränkung als so genannte A u s l a u t v e r h ä r t u n g.

Suprasegmentale Merkmale

Neben den durch linguistische Segmentierung gewonnenen phonematisch relevanten Einheiten einer Äußerung, den Phonemen, begegnen wir Elementen, die die Phoneme überlagern bzw. mit ihnen verbunden sind. Da diese Merkmale niemals isoliert auftreten, sondern immer an die segmentalen Einheiten gekoppelt sind, werden sie

s u p r a s e g m e n t a l e Merkmale genannt, die in der Transkription von Äußerungen über der Linie notiert werden.
Diese suprasegmentalen Merkmale werden in Einführungen im Hinblick auf Fragestellungen der Phonematik häufig nicht behandelt, sie sind aber außerordentlich wichtig, da sie bedeutungsnuancierende bis hin zu bedeutungsdifferenzierender Funktion haben. Deshalb soll hier eine ganz knappe Darstellung erfolgen.

Pause – Junktur

In phonematischer Transkription wird die Pause gekennzeichnet durch das Symbol: /+/.
Bei der gesprochenen Manifestation des Signifikanten eines Zeichens kann die Pause bedeutungsdifferenzierend sein.
Die in der schriftlichen Wiedergabe durch doppelte Schreibung des Konsonanten ersichtliche Differenzierung zwischen den beiden Wörtern

– *verreisen* – *vereisen*

wird im akustischen Medium durch die Pause geleistet:

– [fəraezən] – [fər+aezən]

Die Pause kann auch realisiert werden durch das Allophon eines Phonems:

– *Kuchen* – [ku:xn]

aber:

– *Kuhchen* – [ku:çn]

Die Pause ist damit hinsichtlich ihrer morphologischen Bedeutung, d. h. innerhalb der Wortgrenzen, eindeutig gekennzeichnet.

Aber auch im syntaktischen Verband wirkt die Pause informationssteuernd:

Beispiele

Der gute Mann denkt an sich selbst /+/ zuletzt. Die Bedeutung dieses Satzes könnte so umschrieben werden, dass der gute Mann an alle anderen Mitmenschen denkt, bevor er sich selbst berücksichtigt.
Wird die Pause nun an einer anderen Stelle dieser Äußerung realisiert, z. B.:
Der gute Mann denkt an sich /+/ selbst zuletzt,
so wird im vorliegenden Fall die Bedeutung diametral verändert. Die Bedeutung der Äußerung müsste jetzt so umschrieben werden, dass der gute Mann immer an sich denkt, und zwar unter allen Umständen.

Er dachte sie wird kommen. Auch diese Äußerung erhält je nach Realisierung der Pause ganz unterschiedliche Bedeutung:
– *Er /+/ dachte sie /+/ wird kommen.* Oder:
– *Er dachte /+/ sie wird kommen.*

In der Orthographie wird die Pause bezeichnet durch Abstände, Interpunktionszeichen (Beispiel: *Er, dachte sie, wird kommen. – Er dachte, sie wird kommen.*) bzw. Groß- und Kleinschreibung (*Gymnasial-Oberstufe, gymnasiale Oberstufe*).

Akzent

Der Akzent spielt besonders im Bereich des Deutschen als Fremd- bzw. Zweitsprache eine Rolle. Das Deutsche ist gekennzeichnet durch den so genannten W u r z e l a k z e n t, d. h. den Akzent auf dem Kernlexem am Anfang des Wortes:

Wurzelakzent

Léhrer, Léhrling, léhren, beléhren, geléhrt.

Die Präfixe bleiben hierbei unbetont:

Beléhrung, geléhrt.

Hiervon gibt es allerdings Ausnahmen:

z. B. *Holúnder, lebéndig.*

Von Deutsch lernenden Ausländern wird in diesen Fällen erfahrungsgemäß zunächst der falsche Wurzelaktzent realisiert:

Hólunder, lébendig.

Der Akzent hat im Deutschen nicht nur morphologische, sondern, wie die Pause auch, syntaktische Funktion:

Éinbáum (primitives Boot) vs. *ein Báum,*
Éinflúss vs. *ein Flúss.*

Die syntaktische Funktion des Akzents lässt sich besonders schön an folgendem Beispiel demonstrieren, das den Anfang eines deutschen Schlagers darstellt:

Heute so, morgen so.

Wird der Akzent folgendermaßen realisiert:

Héute so, mórgen so,

müsste die Bedeutung dieser Äußerung folgendermaßen umschrieben werden: *jeden Tag gleich.* Wird dagegen der Akzent folgendermaßen gesetzt:

Heute só, morgen só,

müsste dieser Satz gemäß der jetzt diametral entgegengesetzten Bedeutung folgendermaßen umschrieben werden: *jeden Tag wechselnd.*

Intonation

Der Tonhöhenverlauf hat im Deutschen keine morphologische Funktion zur Unterscheidung von Monemen (Wörtern) wie z. B. im Chinesischen, wohl aber eine syntaktische Funktion, z. B. zur Charakterisierung von Aussage bzw. Frage.

Terminale

Die satzschließende Intonation, die so genannte T e r m i n a l e*, hat wiederum im Bereich des Deutschen als Fremd- bzw. Zweitsprache erhebliche Bedeutung.
Im Deutschen ist die Frage durch steigende, die Aussage durch fallende Terminale gekennzeichnet:

Er schläft? – Frage.

Er schläft. – Aussage.

Im Französischen dagegen ist gerade die Aussage durch steigende Terminale gekennzeichnet. Dies kann dazu führen, dass immer dann, wenn ein Franzose bei einer deutschen Äußerung die Intonationskurve seiner Muttersprache realisiert, die als Aussage gemeinte Äußerung als Frage aufgefasst wird.

Die Frage, ob der Tonhöhenverlauf innerhalb des Satzes phonematisch relevant und damit semantisch differenzierend ist oder rein individuell fakultativ gewählt werden kann, gilt in der Forschung als umstritten.

5.1.3 Phonetik – Phonematik vs. Graphetik – Graphematik: Zum Verhältnis von gesprochener und geschriebener Repräsentation von Sprache

Der unreflektierte bzw. naive Standpunkt, dass wir schreiben, wie wir sprechen, dass also die geschriebene Repräsentation der Sprache ihre gesprochene Manifestation abbilde, ist auch heute noch weit verbreitet. Sie kommt in dem Postulat zum Ausdruck: „Schreib, wie du sprichst!“ Das Schriftzeichensystem der Sprache, die Graphetik, wird unter einem derartigen Aspekt als Abbildung der phonetischen Verhältnisse gesehen.

Wie wir im Folgenden sehen werden, ist diese Anschauung grundfalsch und kann dann, wenn sie als didaktische Forderung im Grundschulunterricht gestellt oder umgesetzt wird, zu verhängnisvollen Konsequenzen führen.

Die Erfassung der Laute der deutschen Sprache in der phonetischen Transkription der Association Phonetique Internationale (API) stellt lediglich eine sehr grobe Klassifikation dar. Phonetische Untersuchungen belegen nämlich eindeutig, dass es im Standardneuhochdeutschen 120 bis 150 klassifizierbare Laute gibt, die in einer so genannten e n g e n T r a n s k r i p t i o n, wie z. B. der IPA (International Phonetic Association), auch erfasst werden können.

API

IPA

Die Anzahl der Phoneme des Deutschen dagegen liegt bei 38 bis 42, die mit 26 bzw. 29 Buchstaben und Buchstabenkombinationen (einschließlich der Umlaute) in der schriftlichen Manifestation bezeichnet werden.

Schon anhand dieser Zahlenverhältnisse liegt die Vermutung nahe, dass die geschriebene deutsche Sprache sich nicht etwa auf die phonetischen Verhältnisse – wenn auch mit mangelhafter Lauttreue – bezieht, sondern vielmehr die phonematische Ebene als Bezugsperspektive hat.

An einigen Beispielen soll die hiermit aufgeworfene Frage nun geprüft werden:

Beispiele

1. [ç] und [x] sind zwei verschiedene Laute. Es handelt sich um komplementäre Varianten des Phonems /x/, wie wir gesehen haben.
   Betrachten wir nun die schriftliche Wiedergabe von Wörtern wie *Licht*, *Loch*, *ach*, *Mönch*, *Lerche*, so stellen wir fest, dass die Schreibung nicht die Allophone durch unterschiedliche Schriftzeichen repräsentiert, sondern vielmehr gerade entgegen dem phonetischen Status den phonematischen Befund wiedergibt.
2. Bei der so genannten „Neutralisation" eines distinktiven Merkmals handelt es sich um die positionsbedingte Variante eines Phonems. So wird im absoluten Auslaut von /d/ und /g/ das Merkmal [+ sth.] neutralisiert und das Phonem erscheint als [t] bzw. [k] in [kɪnt] (aber [kɪndər]) bzw. [ta:k] (aber [ta:gə]), was die Grammatik als Auslautverhärtung bezeichnet. Die Schreibung berücksichtigt gegen das Gehör nicht den phonetischen Befund, o b w o h l dies im Gegensatz zu dem Beispiel unter 1. sehr wohl möglich wäre, da es ein Schriftzeichen für das Phon [t] gibt. Vielmehr gibt die schriftliche Repräsentation wiederum den p h o n e m a t i s c h e n Befund, nämlich das Phonem /d/ wieder.
3. Im Deutschen werden Doppelkonsonanten nicht gesprochen. Eine p h o n e t i s c h bezogene Schreibung dürfte also keine Dopplungen von Schriftzeichen für Konsonanten aufweisen. Buchstabendopplungen zur Bezeichnung von Konsonanten sind aber sehr häufig:
   – <mm> in *kämmen* vs. *sie kämen,*
   – <tt> in *Betten* vs. *sie bäten,*
   – <ck> (für <kk>) in *hacken* vs. *Haken* usw.
   Die Funktion dieser Schreibung ist die Bezeichnung der Kürze des Vokals. Dies erfolgt nun aber nicht am Ort des Auftretens, was bei einer auf die phonetischen Verhältnisse bezogenen Schreibung unabdingbar wäre, sondern vielmehr d a n a c h. Die einfache Konsonantenbezeichnung hat demnach die Funktion, wie aus dem Beispiel ersichtlich wird, ebenfalls nicht am Ort des Auftretens, sondern danach, die Länge des Vokals zu bezeichnen.
   Die schriftliche Manifestation ist demnach vollkommen unphonetisch und vielmehr auf die phonematischen Verhältnisse, d. h. strukturell bzw. funktional, bezogen.
4. Das Phonem /o:/ wird schriftlich bezeichnet durch <o, oo, oh>: z. B. in *Rose, Boot, ohne.*
   Das Phonem /ɔ/ wird ebenfalls durch <o> bezeichnet: *offen, Roller.*
   Es sieht also zunächst so aus, als unterscheide die Schreibung in einer Vielzahl von Fällen bei der Repräsentation der Phoneme /o:/ bzw. /ɔ/ nicht. Das stimmt aber nicht:

Das Phonem /ɔ/ wird nämlich gar nicht ausschließlich durch <o> bezeichnet, sondern durch <o> plus zwei Konsonantenzeichen: *offen, Roller, Wort.*
Das Phonem /o:/ wird dagegen bezeichnet durch
- das Fehlen gerade des zweiten Konsonantenzeichens in Abhebung gegen /o/, z. B. in *Rose, Hose*
- sowie durch die bereits erwähnten Längencharakterisierungen <oo> bzw. <o> plus Längezeichen <h>.

Auch in diesem Fall ist die Funktion der Schriftzeichen also eindeutig strukturell und damit phonematisch bezogen.

Damit ist bewiesen, dass die schriftliche Repräsentation der deutschen Sprache die phonematischen Verhältnisse als Beziehungssystem hat und nicht die phonetischen.

Phoneme aber sind als funktionale Elemente der Sprachstruktur, der *langue*, auf einer nichtsinnlichen, begrifflichen Ebene konstituiert, die Phoneme stehen, wie wir wissen, gleichsam als idealtypische Einsichten h i n t e r den Phonen, sind aber nicht mit ihnen identisch.

Merkwürdigerweise herrscht bis heute Verwirrung bzw. Uneinigkeit in der Beurteilung der Frage, wie denn die sprachstrukturelle Ebene zu denken sei, die hinter den Schriftzeichen, den Buchstabenkonfigurationen, steht.

Damit ist die Frage thematisiert, in welchem Verhältnis – korrespondierend zu dem von Phonetik und Phonematik – die g r a p h e t i s c h e Ebene zu der g r a p h e m a t i s c h e n steht. Denn es wurde in unseren Beispielen ja nachgewiesen, dass die graphetische Repräsentation der Sprache gerade nicht auf die phonetische bezogen ist.

Graphem

In der wissenschaftlichen Literatur wird das G r a p h e m häufig mit der idealtypischen Gestalt eines Buchstabens gleichgesetzt. Das ist aber falsch, weil so – wie ein Phonem, das durch ein Phon repräsentiert wird, ein Element der Sprachstruktur ist – auch ein Graphem Element dieser Sprachstruktur ist, welches nicht mit seiner Repräsentation, dem Graph, identifiziert bzw. verwechselt werden darf.

Dass es sich bei der terminologischen Differenzierung zwischen Graphem und Graph nicht um eine unnötige Komplizierung handelt, wird sofort einsichtig, wenn man den Begriff des Buchstabens, und damit das Alphabet, mit ins Spiel bringt.

Beispiele

Zwar werden die meisten Konsonantengrapheme durch einen Graphen in Form eines Buchstabens repräsentiert:
- /m/ durch <m>,
- /n/ durch <n>,
- /l/ durch <l>.

Es gibt aber eine Vielzahl von Fällen, in denen ein Graph durch unterschiedliche Figurationen aus mehreren Buchstaben besteht:

1. Das Graphem /ʃ/ wird repräsentiert durch die Graphen <sch> und im Wortanlaut durch <s> vor <t> und <p>: *Stein, Spiel.*
2. Das Graphem /k/ wird repräsentiert durch <k> und <ck>, so in *Kabel, Haken, hacken.*
3. Die Graphemsequenz /ks/ wird repräsentiert durch
   - <ks> in *Keks,*
   - <cks> in *Klecks,*
   - <chs> in *Fuchs,*
   - <gs> in *flugs,*
   - <x> in *Hexe.*

Anhand dieser Beispiele wird also deutlich, dass es nicht nur bedeutend mehr Graphen als Buchstaben gibt, sondern dass außerdem ein Graph aus mehreren und unterschiedlichen Buchstabenfigurationen bestehen kann. Und das wiederum bedeutet, dass das Graph nicht gleichgesetzt werden darf mit dem Buchstaben.

Verhältnis Graph – Buchstabe

<u>Aufgabe 17</u>

> *Wie ist in Ihrer Sprache das Verhältnis von Phonemen zu Graphemen? Ist Ihre Schrift phonemisch oder phonetisch?*

Nach diesen Überlegungen können wir uns nun systematisierend der Frage zuwenden, in welchem Verhältnis die sprachstrukturelle Ebene zu dem Laut- bzw. Schriftsystem der deutschen Sprache steht:

-emische Ebene

➤ Auf der sprachstrukturellen, der *-emischen* Ebene (in der Linguistik enden die entsprechenden Bezeichnungen auf *-em* bzw. *-emisch*: Phonem – phonemisch) fallen Phon*em* und Graph*em* zusammen. Dem Phonem /s/ entspricht also das Graphem /s/.

-etische Ebene

➤ Im Bereich des Diskurses, der *-etischen* Ebene (die entsprechenden linguistischen Bezeichnungen sind: Phon – phonetisch) wird das Phonem bzw. Graphem je nach Medium im Lautsystem oder Schriftsystem durch Phone oder Graphen repräsentiert: Im Lautsystem wird /s/ durch das Phon [s] repräsentiert: [has], [bɪst].
Das Graphem /s/ wird im Schriftsystem repräsentiert durch die Graphen:
– <s>: *bist, Last,*
– <ss>: *Küsse, Wasser,*
– <ß> : *groß, Größe.*

In einem Modell lassen sich diese Verhältnisse folgendermaßen veranschaulichen:

Schaubild

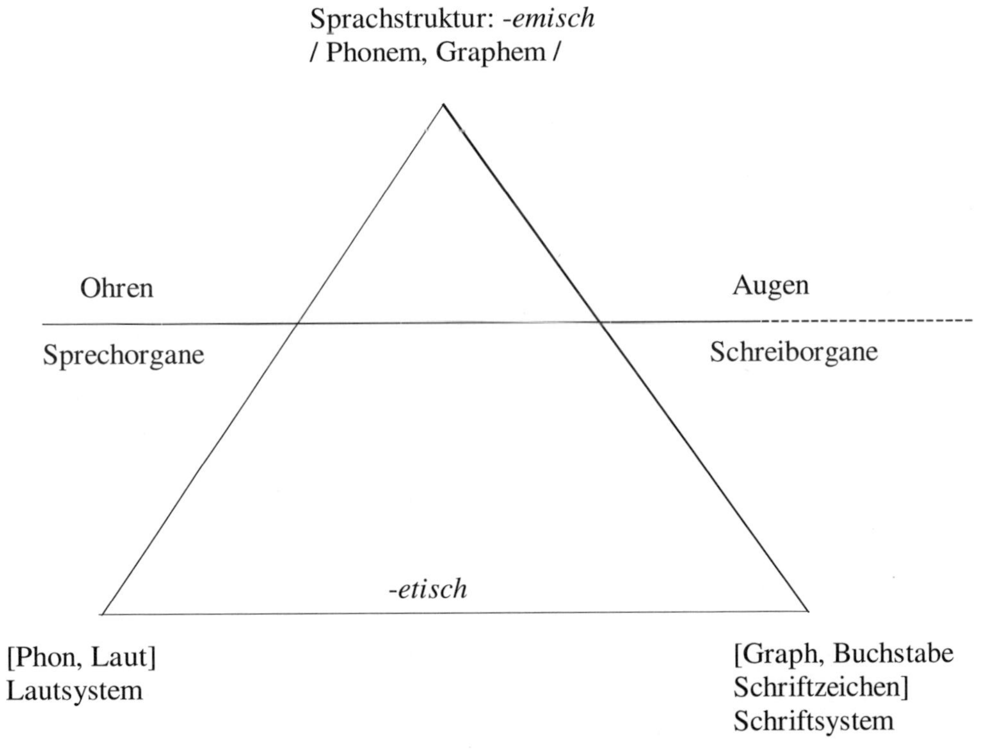

Schaubild

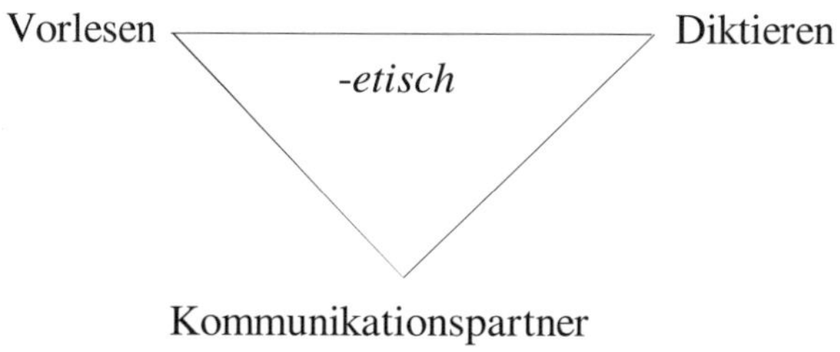

Müller/Schipper (1981), 113

In diesem Schaubild kommt zum Ausdruck, dass Einheiten der Sprachstruktur auf unterschiedlichen Wegen und in unterschiedlichen Medien realisiert werden:
- durch Schreiben im optischen Medium, das eine innervierte – d. h. über Nervenreize gesteuerte – Bewegung der Hand darstellt,
- durch Sprechen im akustischen Medium, das eine innervierte Bewegung der Artikulationsorgane darstellt.

Beiden Vorgängen gemeinsam ist, dass es sich um Vorgänge des Realisierens, hier des Formulierens, handelt. Ebenso wird
- beim Hören ein Laut oder eine Lautfolge im akustischen Medium neurophysiologisch decodiert und verstanden,
- beim Lesen ein Graph oder eine Graphensequenz im optischen Medium neurophysiologisch decodiert und verstanden.

Artikulierendes Codieren und das Decodieren beim Hören sowie schreibendes Codieren sowie das Decodieren beim Lesen verlaufen also auf getrennten Wegen, in getrennten Medien, beziehen sich aber auf die gleiche sprachstrukturelle Ebene, auf der Phonem und Graphem zusammenfallen und eine identische sprachstrukturelle Einheit bezeichnen.

5.2 Zeicheninterpretation: Semantik

5.2.1 Das Problem der *Bedeutung*

Bei der Darstellung des verbalen Zeichens ist darauf hingewiesen worden, dass es sich hierbei um eine bilaterale Einheit handelt, die aus Signifikant und Signifikat besteht. Die Verbindung zwischen Signifikant und Signifikat ist a r b i t r ä r und nicht naturgegeben, auch die Onomatopoetika sind hierfür nicht als Gegenbeleg ins Feld zu führen. Ein Signifikant ruft bei allen Sprachteilhabern eine Vorstellung hervor, die individuell nuanciert ist, und dies sowohl hinsichtlich des Denotats als auch des Konnotats. Wir haben bisher diesen Prozess so beschrieben, dass der materialisierbare Teil des Zeichens, sein Signifikant, das Zeichen als Ganzes aufruft. Detaillierter könnte dies so formuliert werden, dass der Signifikant das dazugehörige Signifikat aktiviert.

Bedeutung

Das Signifikat eines Zeichens wird häufig auch als dessen B e d e u t u n g bezeichnet, die von den Sprachteilhabern im Spracherwerbsprozess internalisiert worden ist.

Hier ist nun die Frage zu stellen:
- Was haben wir uns unter dem Begriff *Bedeutung* vorzustellen?
- Welche Funktion hat die *Bedeutung* eines Zeichens im semiotischen Prozess?

<u>Beispiel</u>

Ein Ausländer fragt einen Deutschen:

Was bedeutet eigentlich „Kuh“?

Wenn wir diese Frage linguistisch deuten, dann wird mit ihr um die Interpretation des Signifikanten gebeten, denn nichts anderes stellt ja die Erläuterung des dazugehörigen Signifikats dar.

Wir können aus dieser Beobachtung einen ersten wichtigen Schluss ziehen: Semantische Fragestellungen gehen immer vom Signifikanten aus.

Zurück zu unserem Beispiel: Wie können wir diese Frage überhaupt beantworten, was wir ja ohne Zögern tun würden, wo doch alle Kühe sich unterscheiden, anders aussehen, was schon darin deutlich wird, dass sie von ihren Besitzern mit Namen gekennzeichnet und damit differenziert werden. Immerhin könnte hier festgestellt werden, dass alle Kühe biologisch gemeinsame Merkmale tragen, die sie als Spezies kennzeichnen.

Beispiel

> Der Ausländer fragt:
> *Was bedeutet „Tisch“?*

Hier ist die Erklärung für unsere Beantwortung der Frage schon weitaus schwieriger, denn die Erscheinungsformen dieses Gegenstandes sind außerordentlich vielfältig, auch hinsichtlich des Materials, und die Funktionen sind hochvariabel: Wir kennen *Ess-*, *Rasier-*, *Konferenz-*, *Spiel-*, *Beistell-* und sogar *Klapptische*.
Vielleicht ließe sich aber doch gerade in Bezug auf die Funktion dieses Gegenstandes ein Basiskriterium benennen, das die Angabe der Bedeutung plausibel macht.

Beispiel

> Der Ausländer fragt:
> *Was bedeutet „Wahrheit“, „Schönheit“, „Güte“?*

Mit diesem Beispiel wird nun endgültig klar, um welche Problematik es uns hier geht. Denn sofort stellt sich nun eine Vielzahl von Fragen ein, von denen nur einige formuliert werden sollen:
- Haben die Phänomene, die wir als *wahr*, *schön* oder *gut* bzw. *gütig* bezeichnen, etwas gemeinsam?
- Wenn sie etwas gemeinsam haben, besteht diese Gemeinsamkeit dann in der Realität oder in unserer Vorstellung?

Wenn die Gemeinsamkeit nur in unserer Vorstellung besteht, müssen wir des Weiteren fragen:
- Sind die *Bedeutungen* dieser Bezeichnungen *Begriffe* oder *Ideen*?
- Wie kommt die Gemeinsamkeit zustande? Gibt es so etwas wie *Urideen*?
- Wie steht es mit der Verbindlichkeit dieser *Bedeutungen*? Bedeutet z. B. *Demokratie* das Gleiche für einen Sozialisten, Christdemokraten, Kommunisten, Monarchisten oder Anarchisten?

Wenn wir das Problem der Bedeutung, dessen angemessene Behandlung w e i t über das Feld der Sprachwissenschaft hinausreicht, auf seine linguistische Dimension hin betrachten, so erkennen wir sehr schnell, dass diese darin besteht, dass mit jeweils ein und demselben Signifikanten auf ganz unterschiedliche Dinge, Sachverhalte, Phänomene verwiesen wird. Im semiotischen Prozess werden also ganz verschiedene oder relativ verschiedene Phänomene bezeichnet.

semiotisches Dreieck

Dies kommt im s e m i o t i s c h e n Dreieck in der so genannten „klassischen Theorie der Bedeutung“ zum Ausdruck, die Ogden/Richards (1923) vorlegten.

Schaubild

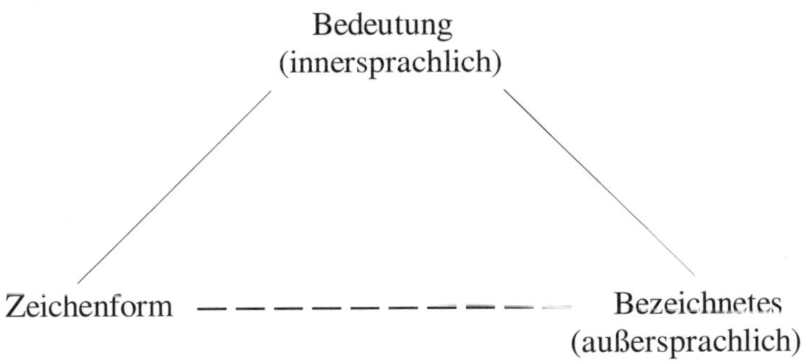

Im semiotischen Dreieck wird gezeigt, dass Zeichenform und Bedeutung zusammen das sprachliche Zeichen ausmachen. Nur durch das Zwischenschalten von einem Konstrukt, das Bedeutung genannt wird, ist es möglich, im Modell dafür eine Lösung anzubieten, dass wir mit ein und demselben Signifikanten, mit einer Zeichenform, ganz Unterschiedliches bezeichnen können.
Damit ist freilich noch nicht geklärt, was wir uns unter Bedeutung vorzustellen haben. Aber der Ort unserer Fragestellung ist nun genau lokalisierbar. Es geht um die Relation zwischen Bedeutung und Bezeichnetem.

Hierzu ist eine Anmerkung notwendig:
Bei der Darstellung des verbalen Zeichens wurde für die Terminologie de Saussures, nämlich *signifiant* und *signifié*, für die wir Signifikant und Signifikat verwenden, entgegen einer Vielzahl deutscher Einführungen in die Linguistik keine deutsche Übersetzung, und dies nicht einmal in erklärendem Zusammenhang, gegeben. Der Grund hierfür wird jetzt einsichtig: Wenn nämlich französisch *signifié* mit *Bezeichnetes* übersetzt wird, kann sich sehr leicht ein folgenschweres Missverständnis einstellen, das es unter allen Umständen zu vermeiden gilt: die Gleichsetzung bzw. Identifizierung der innersprachlichen Bedeutung mit dem außersprachlichen Bezeichneten. Ist dieses Missverständnis erst einmal erfolgt und nicht ausgeräumt worden, kann nicht nur die Bedeutungsproblematik nicht verstanden werden, vielmehr muss der Zugang zu semantischen Fragestellungen sowie zu zeichenlinguistischen Überlegungen überhaupt zwangsläufig verschlossen bleiben.
Es ist festzuhalten: Das Bezeichnete ist ein Element der außersprachlichen Wirklichkeit (englisch: *referent*), das also, worauf man sich bezieht, worauf verwiesen wird.

Bedeutung – Bezeichnetes

Damit kommen wir nun zur Darstellung des Verhältnisses Bedeutung – Bezeichnetes.

Begriff

Die Bedeutung einer Zeichenform bezieht sich ihrerseits auf einen Begriff, der als eine kognitive Einheit gekennzeichnet werden kann.
Im deutschen Begriff *Student* sind alle wesentlichen Kriterien enthalten wie:
- Schulabschluss,
- an einer Hochschule immatrikuliert,
- männlich/weiblich,
- noch nicht im Berufsleben stehend usw.

Hiervon zu differenzieren sind die unwesentlichen Kriterien wie:
- kurze/lange Haare,
- dick/dünn,
- politisch links/rechts stehend usw.

Wie im oben stehenden Beispiel ist ein Begriff sehr häufig identisch mit dem, was im Modell als Bedeutung einer Zeichenform benannt ist, das muss aber nicht zwangsläufig so sein: Ein Begriff kann durchaus auch durch zwei Bedeutungen aufgerufen werden, z. B.

Begriff	**Zeichen**
dt. Abwesenheit von Licht	*dunkel* und *finster*
engl. verbergen	*to hide* und *to conceal*
engl. groß	*big* und *large*

Die Bedeutung eines sprachlichen Zeichens bezieht sich also auf einen Begriff. Und zwar müssen die Merkmale der Bedeutung bzw. des Signifikats so beschaffen sein, dass sie den Begriff aufrufen, repräsentieren können. Die Bedeutung bezieht sich damit auf den wesensmäßigen Inhalt des Begriffs, der auch als intensionaler* Aspekt des Begriffs bezeichnet wird.

intensionaler Aspekt

Hiervon scharf zu trennen sind nun die unwesentlichen Merkmale, die die Bedeutung mit einschließen kann und die es möglich machen, ein jeweils ganz spezielles Phänomen zu bezeichnen, z. B. ein Exemplar der Spezies *Student*. Diese möglichen Merkmale werden auch als extensionaler* Aspekt des Begriffs bezeichnet.

extensionaler Aspekt

Begriffe sind – wie in anderem Zusammenhang in dieser Einführung bereits dargestellt wurde – nicht bereits vorgegeben oder in der Welt enthalten, sondern werden je nach Kultur bzw. Zivilisation zur Erfassung der Umwelt geprägt. Sprachlich kommt damit von Einzelsprache zu Einzelsprache unterschiedlich eine ganz bestimmte Sicht und Erfassung der Umwelt zum Ausdruck. Indem wir in einer ganz bestimmten Kultur und mit einer ganz bestimmten Sprache aufwachsen, übernehmen wir die in dieser Kultur und Sprache enthaltene Begriffsbildung und werden von ihr im Hinblick auf unsere Sicht und Orientierung gegenüber der Umwelt geprägt. Bei jeder bewusst inszenierten Sprachlenkung geht es darum, diese Begriffsbildung zu beeinflussen, und zwar dadurch, dass ein sprachliches Zeichen in einem ganz bestimmten Bezeichnungsprozess immer wieder verwendet wird.

Beispiel

> Wenn z. B. das Zeichen *Student* immer wieder im Zusammenhang mit Kriterien wie *staatsverdrossen, destruktiv, faul, unproduktiv, parasitär* gebraucht wird, dann kann es schließlich dazu kommen, dass unwesentliche, also extensionale Aspekte des Begriffs zu intensionalen werden und damit schließlich eine Veränderung der Bedeutung des Zeichens herbeiführen.

Wir haben dieses Phänomen – allerdings nicht als bewusst inszenierten Prozess – kennen gelernt, als im Zusammenhang mit der Wechselwirkung von *langue* und *parole* über die Bedeutungsveränderung gesprochen wurde (s. Kap. 2.1.2).

Rückverweis

5.2.2 *Bedeutung* und *Sinn*

Ein sprachliches Zeichen liegt dann vor, wenn einer Zeichenform eine Bedeutung zugeordnet ist. Kriterium für die Zeichenhaftigkeit ist also die Bedeutung, das kommt in der Definition der Elemente der ersten Gliederung der Sprache zum Ausdruck, der M o n e m e, die als kleinste bedeutungstragende Einheiten definiert sind.
Nun treten Zeichen aber in aller Regel nicht isoliert auf, als Unikate, sondern im Verbund mit anderen Zeichen im Rahmen einer Äußerung. Und hier kann nun der zunächst paradox erscheinende Sachverhalt eintreten, dass in einer Äußerung die einzelnen verbalen Zeichen durchaus eine Bedeutung haben, die Äußerung aber dennoch nicht akzeptabel ist:

Beispiel

> *Colourless green ideas sleep furiously.* (Chomsky)
> [Farblose grüne Ideen schlafen wütend.]

Bedeutung und Sinn

Dieser Satz ist nicht akzeptabel, obwohl jedes der einzelnen Zeichen Bedeutung trägt. Wir haben also zu unterscheiden zwischen B e d e u t u n g und S i n n. Im Zeichenverbund der Äußerung haben die Zeichen die Funktion, auf etwas zu verweisen, etwas zu bezeichnen. Wenn diese Funktion den Erfahrungsnormen der Sprachteilhaber entspricht, wird sie als s i n n v o l l akzeptiert. Sie wird als s i n n l o s und damit nicht akzeptabel zurückgewiesen, wenn diese Prämisse nicht erfüllt ist, und zwar auch dann, wenn jedes einzelne Zeichen für sich Bedeutung hat.

An dieser Stelle unserer Überlegungen wird deutlich, dass semantische Fragestellungen sich nicht auf die Ebene der einzelnen Zeichen, die Wortebene, beschränken lassen, sondern dass sie auch die Satz- und Textebene einschließen müssen. In dieser Einführung können ausführlicher nur wortsemantische Probleme und Forschungsansätze dargestellt werden, auf satz- bzw. textsemantische Aspekte werden lediglich Hinweise gegeben. Eine ausführliche Darstellung dieser Gegenstandsbereiche finden Sie in den Studieneinheiten *Einführung in die Semantik* bzw. *Textlinguistik*. ⟹

5.2.3 Wort und Name

Die Feststellung, dass verbale Zeichen eine Bedeutung haben und damit die Funktion erfüllen können, mittels einer Zeichenform auf etwas zu verweisen, betrifft nur einen Teil des Wortschatzes, des Lexikons einer Sprache, wenn auch den größten.

Das Wort *Schmied* – der Name *Herr Schmied*

Das W o r t hat eine ganz bestimmte Bedeutung und kann damit die Funktion erfüllen, als Berufsbezeichnung auf ganz unterschiedliche Individuen zu verweisen.
Im Gegensatz hierzu hat der N a m e keine Bedeutung, er hat vielmehr einzig und allein die Funktion, ein und nur ein Exemplar zu bezeichnen, und zwar zu i d e n t i f i z i e r e n.

Identifikation

Der Wortschatz wird deshalb traditionell differenziert in die Wörter, auch N o m i n a A p p e l l a t i v a genannt, und die Namen, auch als N o m i n a P r o p r i a bezeichnet. Die Grenze zwischen den Appellativa und den Namen ist teilweise fließend. So gibt es so genannte „reine“ Namen wie z. B.

Beispiel

die Familiennamen:
dt. *Spillmann*
engl. *Churchill*
ital. *Lollobridgida*

oder die Ortsnamen:
dt. *Hamburg*
indones. *Banten*
franz. *Brétignolles.*

Diese Namen sind für den normalen Sprachteilhaber nicht ausdeutbar und damit auch nicht übersetzbar in eine andere Sprache.

Beispiel

So käme wohl niemand auf die Idee, den Namen des englischen Staatsmannes *Churchill* ins Deutsche mit *Kirchberg* zu übersetzen.

Da aber fast alle Namen aus Wörtern entstanden sind, also appellativischen Ursprung haben, sind bei näherem Hinsehen die appellativischen Bedeutungen in vielen Namen noch erschließbar:

Beispiel

Im deutschen Familiennamen *Spillmann* die Bedeutung „Spielmann“ = „Musikant“, im indonesischen Ortsnamen *Jakarta* die Bedeutung „Jayakarta“ = „großer Sieg“.

Namen, bei denen die appellativische Komponente noch lebhaft ist, sind z. B. übersetzbar,

so der deutsche Name *Schwarzwald* in das englische *Black Forest* und das französische *Forêt Noir.*

Eindeutigkeit

Kriterium des Namens ist also die Funktion der Identifizierung und damit seine E i n - d e u t i g k e i t. Diese ist bei Ortsnamen meistens gesichert oder wird durch Zusätze bei Namensgleichheit bewirkt.

Viele Städte in Deutschland tragen den Namen *Neustadt.* Die Differenzierung erfolgt durch Zusätze wie:

Neustadt, Kreis Marburg,
Neustadt an der Aisch,
Neustadt am Rübenberge usw.

Bei Personennamen wird Eindeutigkeit durch eine Namenkombination hergestellt:

Fritz Müller,
Horst Müller,
Lieschen Müller usw.

Diese Eindeutigkeit als Kriterium des Namens wird in bestimmten Sprachvarietäten angestrebt, in denen es auf hohe sprachliche Präzision ankommt, z. B. in Technik und Wissenschaft. Hier werden in einem intensionalen Normungsprozess Zeichen hinsichtlich des Geltungsbereichs des Bezeichneten so festgelegt, dass eine dem Namen vergleichbare Eindeutigkeit erreicht wird:

H_2O, Denotat, Phonem, Meter, Ringschlüssel, Kugellager, Kegelrollenlager usw.

Ein derart im Geltungsumfang festgelegtes Zeichen wird T e r m i n u s* genannt. Termini sind Kriterien von Fachsprachen. Terminus

Die linguistischen Disziplinen, die sich mit der Untersuchung und Darstellung des Wortschatzes, und zwar der Appellativa beschäftigen, sind die L e x i k o l o g i e*, die den Wortschatz einer Sprache analysiert, und die L e x i k o g r a p h i e*, die den Wortschatz in Form von Wörterbüchern systematisch erfasst. Lexikologie/ Lexikographie
Mit den Namen, den Nomina Propria, dagegen befasst sich die N a m e n s k u n d e oder O n o m a s t i k* (von griech. *Onoma* = Name). Onomastik

5.2.4 Lexikalische Polymorphie

„Hätte ich die Aufgabe, eine menschliche Kunstsprache zu entwerfen, ein in sich konsequentes und kohärentes Informationssystem zu konstruieren, so würde ich selbstverständlich jede Funktion durch eine bestimmte Form, und selbstverständlich nur durch diese eine Form kennzeichnen, würde Formen und Funktionen einander monosystematisch, d. h. umkehrbar eindeutig, oder, wie die Mathematiker heute sagen, ein-eindeutig zuordnen. Welches Zeichen ich auch immer wählen würde, um z. B. den Begriff ‚Mehrzahl' zu symbolisieren, dieses einmal gewählte Zeichen würde dann immer und überall die Aufgabe haben, ‚Mehrzahl' zu bedeuten und nichts anderes."

Wandruszka (1971), 56

In natürlichen Sprachen ist dieses ideale m o n o s y s t e m a t i s c h e Verhältnis nicht gegeben, es besteht vielmehr ein Überangebot an Formen, so z. B. auch an Pluralformen:

das Haus – *die Häuser*
die Maus – *die Mäuse*
die Frau – *die Frauen*
der Bau – *die Bauten.*

Auch im Bereich des Lexikons besteht ein Überangebot an Formen für die gleiche Funktion, dieses Phänomen kann als l e x i k a l i s c h e P o l y m o r p h i e bezeichnet werden. Es zeigt sich in unserem Zusammenhang im asymmetrischen Verhältnis in der Relation von Signifikant und Signifikat. lexikalische Polymorphie

Um auf das Zitat zurückzugreifen: Im Idealfall des verbalen Zeichens müsste einem Signifikanten jeweils nur ein Signifikat zugeordnet werden bzw. zugeordnet sein und umgekehrt. Dies aber ist nicht der Fall, wie die folgenden Ausführungen zeigen.

• Synonymie*

Synonymie

Ein bestimmtes Signifikat kann durch zwei oder mehrere Signifikanten aufgerufen werden:

Liebe, Zuneigung
Etage, Stockwerk, Geschoss
Metzger, Fleischer, Schlachter, Fleischhauer.

Diese Synonyme funktionieren nach verschiedenen Prinzipien. Versuchen Sie, diese Prinzipien zu beschreiben.

Aufgabe 18

Synonymie liegt dann vor, wenn die infrage kommenden Zeichen in der identischen Umgebung stehen können, also g l e i c h e D i s t r i b u t i o n haben. Wenn sich also ein Satzpaar nur durch zwei verschiedene Zeichen in der gleichen syntaktischen Position unterscheidet, aber den absolut identischen Inhalt hat, dann handelt es sich bei diesen Zeichen um Synonyme, z. B. Distribution

Er wohnt in der zweiten Etage. – Er wohnt in dem zweiten Stockwerk.
Sein Vater ist Metzger. – Sein Vater ist Fleischer.

Synonyme sind häufig durch den Umstand gegeben, dass neben dem deutschsprachigen ein fremdsprachiger Signifikant im Sprachsystem vorhanden ist, z. B.

Beispiel

Stockwerk – *Etage*
Anzeige – *Inserat* – *Annonce*
Auskunft – *Information.*

Ein zweiter Grund für die Existenz von Synonymen ist die Aufnahme von zunächst regional geltenden Zeichen in das standardsprachliche System, z. B.

Sonnabend – *Samstag*
Fleischer – *Schlachter* – *Fleischhauer* – *Metzger*
Rechen – *Harke*
Kelter – *Torkel.*

Bei näherer Betrachtung stellen wir aber fest, dass tatsächliche Synonymie, die dann gegeben ist, wenn zwei oder mehrere Signifikanten ein und dasselbe Signifikat aufrufen, selten ist. Denn auch bei den oben stehenden Beispielen kann im Falle von *Anzeige – Inserat – Annonce* oder *Auskunft – Information* bereits sowohl der Sozialstatus des Sprechers/Schreibers als auch die Textsorte distributionsbeschränkend wirken, im Falle von *Fleischer – Schlachter – Fleischhauer – Metzger* dagegen die Region.

Im Falle von Synonymen wie z. B.

anfangen – *beginnen*
aufmachen – *öffnen*
zumachen – *schließen*
gesund werden – *gesunden*
krank werden – *erkranken*
alt werden – *altern*

sind unter *stilistischem* Aspekt ganz eindeutige Distributionsbeschränkungen zu erkennen, die Zeichen in der rechten Spalte haben einen höheren Stilwert.
Diese Distributionsbeschränkungen können aber auch in engerem Rahmen kontextuell bedingt sein, wie folgende Beispiele demonstrieren sollen:

Bitte etwas lauter, ich kann Sie nicht verstehen für *hören*; aber nicht: **begreifen.*
Das Mädchen wird rot/errötet.
Der Apfel wird rot; aber nicht: **errötet.*

partielle Synonymie

In den meisten Fällen von Synonymie handelt es sich nur um eine teilweise, *partielle*, Synonymie.

Prinzip der Ökonomie

Ein Grundkriterium menschlicher Sprache ist das *Prinzip der Ökonomie*, nach dem mit beschränkten Mitteln unbeschränkte Variationsmöglichkeiten bereitgehalten werden. Im Bereich der Phonematik haben wir gesehen, dass mit einem ganz kleinen Inventar von Elementen, den Phonemen, die Signifikanten aller Zeichen der deutschen Sprache gebildet werden können. Diesem Prinzip der Ökonomie würde ausgeprägte Synonymie in einer Sprache zuwiderlaufen. Deshalb sind *echte* Synonyme sehr selten.

Polysemie

• Polysemie*

Bei der (echten) Synonymie rufen zwei oder mehrere Signifikanten ein Signifikat auf. Es gibt nun hinsichtlich der Asymmetrie des Sprachzeichens quasi den umgekehrten Fall, dass ein Signifikant zwei oder mehrere Signifikate aufruft:

Lauf – Laufen als sportliche Übung: 100-Meter-Lauf
– Wasserlauf
– Gewehrlauf
– in der Jägersprache: Bein des Schalenwildes, z. B. des Rehs

– Folge von Tönen im Musikstück
– Ablauf der Zeit

Wichtig hierbei ist, dass die Signifikate nicht voneinander unabhängig sind, sondern vielmehr „vom Sprecher als zusammengehörig empfunden werden" (Ullmann 1967, 111). Ein Signifikant ist also mehrdeutig, p o l y s e m.
Unter anderem Aspekt könnte dieser Befund sprachtheoretisch auch so formuliert werden, dass bei der P o l y s e m i e das Signifikat eines Zeichens eine extreme Ausweitung des Bezeichnungsumfanges (extensionaler Aspekt des Begriffs) aufweist.

Polysemie liegt auch dann vor, wenn ein und dasselbe Zeichen ganz unterschiedliche semantische Distribution haben kann:

Beispiel

scharfes Messer – *geschliffen*
scharfer Geruch – *unangenehm*
scharfe Säure – *ätzend*
scharfes Getränk – *stark* oder *bitter*
scharfer Wind – *kalt*
scharfe Stimme – *durchdringend*
scharfes Bild – *konturiert* und *stimulierend*
scharfe Kurve – *gefährlich*
scharfe Augen – *leistungsfähig*
scharfe Kritik – *radikal*
scharfe Antwort – *barsch*
scharfes Tempo – *schnell*
scharfer Hund – *wachsam*
usw.

Wir haben für diesen Sachverhalt so viele Beispiele gewählt, um einmal zu demonstrieren, wie ausgeprägt und quantitativ bedeutend die Polysemie im lexikalischen Bereich ist.

ökonomische Funktion der Polysemie

Nur unter einem rationalistisch-rigiden Standpunkt, der dem Untersuchungsobjekt Sprache inadäquat ist, kann die Polysemie als sprachstrukturelle Schwäche aufgefasst werden. Gerade die Polysemie des verbalen Zeichens macht vielmehr seine ausgeprägte ö k o n o m i s c h e F u n k t i o n aus: Mittels nur eines Zeichens kann je nach seiner kontextuellen Einbettung ganz Unterschiedliches bezeichnet werden.

Beispiele

Es ist kennzeichnend, dass z. B. Basic English, für das ein Wortschatz von ca. 1000 Lexemen anzusetzen ist, konsequent auf polysemen Prinzipien aufgebaut ist und „in vieler Hinsicht als Schulbeispiel für angewandte Semantik" (Ullmann 1967, 111) gelten kann.

Fachsprachen, die eine 1:1-Relation von Signifikant und Signifikat ihrer Zeichen anstreben und Polysemie bewusst ausschließen wollen oder müssen, bezahlen ihre Eindeutigkeit durch ein ungeheures Ansteigen des Fachwortschatzes und durch hohe Schwerfälligkeit. Für natürliche Sprachen dagegen bedeutet Polysemie „Biegsamkeit, Geschmeidigkeit, Beweglichkeit" (Wandruszka 1971, 72).

• Homonymie*

Homonymie

Wenn der Sonderfall von Polysemie vorliegt, dass die verschiedenen Signifikate, die ein Signifikant aufruft, von den Sprechern nicht mehr als zusammengehörend, sondern vielmehr als vollkommen disparat, d. h. ungleichartig, empfunden werden, sprechen wir von H o m o n y m e n , z. B.

Schloss (Türverschluss) – *Schloss* (Gebäude, Bauwerk)
Bank (Sitzmöbel) – *Bank* (Geldinstitut).

Wie im vorliegenden Beispiel sind sehr viele Homonyme sprachhistorisch gesehen aus Übertragungen entstanden und damit zu irgendeinem Stadium zunächst polyseme Zeichen gewesen.

Beispiel

So wie ein *Schloss* einen Raum verschließt, bezeichnet das übertragene Zeichen *Schloss* entweder den umschlossenen, befestigten Raum oder das durch dieses Bauwerk abgeschlossene, gesicherte Tal.
Und auf der *Bank* ruhen die Gelder wie der Körper auf dem Sitzmöbel.

Zu einem bestimmten Zeitpunkt in der Sprachentwicklung wird dieser Zusammenhang von den Sprechern nicht mehr empfunden, und diese Zeichen sind für sie dann vollkommen verschiedene Wörter, die rein zufällig die gleiche Lautgestalt haben.

Homonyme können aber auch dadurch entstehen, dass durch phonologische Entwicklungen die Signifikanten zweier vollkommen unterschiedlicher Zeichen schließlich zusammenfallen, z. B.

Ton (Laut)	–	*Ton* (Erde)
Reif (Ring)	–	*Reif* (gefrorener Tau).

Homonyme lassen sich in zwei Gruppen klassifizieren: in Homophone und Homographen.

Homophonie

Homophonie*

Bei den H o m o p h o n e n ist der Signifikant phonetisch identisch, bei graphetischer Repräsentation jedoch nicht, z. B.

Mohr	–	*Moor*
Rat	–	*Rad*
engl. *night*	–	*knight*
engl. *flour*	–	*flower*
franz. *sans*	–	*cent*
franz. *toi*	–	*toit.*

Homographie

Homographie*

Bei den H o m o g r a p h e n ist die graphetische Repräsentation identisch, die phonetische jedoch nicht, z. B.

modern (faulen [mo:dərn] – zeitgemäß [mo'dɛrn])

engl. *read* (lesen [ri:d] – gelesen [rɛ:d]).

Schließlich kann Homophonie mit Homographie zusammenfallen, z. B.

Ton	–	*Ton*
Bank	–	*Bank*
engl. *lute* (Laute)	–	*lute* (Kitt)
engl. *pitch* (Pech)	–	*pitch* (Wurf)
franz. *mousse* (Schiffsjunge)	–	*mousse* (Moos)
franz. *le son* (Ton)	–	*son* (Pronomen).

Homonymie in Form von Homophonie ist weitaus häufiger als Homographie. Die Häufigkeit der Homophonie hängt mit dem Vorherrschen bestimmter Strukturtypen im Aufbau der Signifikanten zusammen. Auf die Korrelation, d. h. die Wechselbeziehung, von Homophoniehäufigkeit und Einsilbigkeit wird immer wieder verwiesen (Ullmann 1967, 127), so z. B. für das Englische, bei dem von mindestens 2000 Homonymen auszugehen ist, was erhebliche Implikationen für das Erlernen und Vermitteln dieser Sprache als Fremdsprache hat.

Die Tatsache, dass es überhaupt Homonyme gibt, ist ein Beleg für die Arbitrarität des verbalen Zeichens, genauer formuliert, für die Arbitrarität der Verknüpfung von Signifikant und Signifikat.

Homonymie ist aber auch auf der Satzebene zu beobachten:

Beispiel

Später wurde der Brief von Klaus verlesen.
Dieser Satz kann so paraphrasiert werden:
– *Ein Brief wurde verlesen, den Klaus geschrieben hat.* Oder:
– *Irgendein Brief wurde von Klaus verlesen.*

Flying planes can be dangerous.
Dieser Satz kann folgendermaßen paraphrasiert werden:
– *Flugzeuge können* (für die Umwelt) *gefährlich sein.* Oder:
– *Das Fliegen* (als Passagier) *kann gefährlich sein.*

5.2.5 Strukturen des Lexikons

• Paradigmatische Strukturen

Ein sprachliches Zeichen kann als in unterschiedliche paradigmatische Relationen eingebunden betrachtet werden, die damit zugleich Strukturmerkmale des Lexikons einer Sprache darstellen.

Beispiel

Belehrung

1	2	3	4
Belehren	Unterweisung	Bekehrung	Täuschung
Lehre	Unterricht	Bekleidung	Verschleierung
Lehrer	Ausbildung	Beschreibung	usw.
gelehrt	Anleitung	Befolgung	
Gelehrter	Rat	usw.	
Lehrling	Schulung		
usw.	usw.		

Lexemidentisches Feld

Die in der Spalte 1 aufgelisteten Zeichen haben mit dem Ausgangswort *Belehrung* alle das Kernlexem *lehr-* gemeinsam. Die sich hieraus abzeichnende Struktur wird als lexemidentisches Feld oder als Wortfamilie bezeichnet.

Kernlexem
Wortfamilie

Die lexemidentischen Strukturen des Lexikons haben ganz unterschiedliche Größen. So umfasst z. B. die Struktur, in die das Verb *ziehen* gehört, ca. 1000 Einheiten bzw. Wörter, während das Feld um *drohen* von ganzen 7 Wörtern gebildet wird.

Die sprachstrukturelle Funktion der lexemidentischen Felder ist die gegenseitige Stützung, Motivation der zugehörigen Wörter und damit im Hinblick auf den Sprachteilhaber eine höchst ökonomische Reduzierung seiner aufzuwendenden Lern- bzw. Gedächtniskapazität.

Diese Funktion kann sehr schön an Fällen nachgewiesen werden, in denen durch die Sprachentwicklung ein Wort schließlich vollkommen isoliert im Lexikon steht und dann in aller Regel entweder daraus verschwindet oder an eine phonematisch ähnliche Struktur angeschlossen wird, mit der es lexikalisch überhaupt nichts gemein hat, wie die folgenden Beispiele zeigen:

Beispiele

1. Mittelhochdeutsch *lîn – wât = leinenes Bekleidungsstück.* Da *wât* in Isolierung geraten war, erfolgte eine Stellung zu der Struktur *Wand,* und es ergab sich aufgrund der lautgesetzlichen Entwicklung vom Mittelhochdeutschen zum Neuhochdeutschen das Wort *Leinwand*, das mit *Wand* etymologisch absolut keine Gemeinsamkeit hat.
2. Lateinisch *arcuballista* (= bogenartiges Schießgerät) entwickelte sich zu mittellateinisch (d. h. einer mittelalterlichen vulgären Form des klassischen Lateins) *arbalista.* Dieses Wort wurde nun bei der Aufnahme in das Lexikon der deutschen Sprache an zwei phonematisch ähnliche Strukturen angeschlossen, mit denen es lexikalisch in keinerlei Beziehung steht und wurde zu: *Armbrust*!

Volksetymologie

Ein isoliertes Wort wird also phonematisch ähnlichen „Verwandten" zugesellt, es wird fälschlich etymologisiert. Derartig entstandene Wörter werden als Pseudoetymologien bzw. Volksetymologien bezeichnet.

Wortfeld

Die in Spalte 2 unseres Beispiels auf Seite 85 aufgeführten Wörter stehen im Verhältnis der partiellen Synonymie zum Ausgangswort *Belehrung*. Derartige Strukturen des Lexikons einer Sprache nennt man Wortfelder oder Wortzeichenfelder. Der *Feld*-Begriff soll dabei charakterisieren, dass die Wörter wie in einem Magnetfeld in Wechselbeziehungen zueinander stehen und die Signifikate der einzelnen Zeichen durch die der Nachbarn in dieser Struktur mitbestimmt werden.

Beispiel

Auf den Begriff der *Erregung* kann im Deutschen mit folgenden Zeichen des Wortfeldes verwiesen werden:
Nervosität – Verwirrung – Tumult – Wirbel – Panik – Alarmstimmung – Unruhe – Ärger – Zorn – Wut – Koller – Raserei – Amok – Ekstase usw.

Wortfeld-Theorie

Die Wortfeld-Theorie wurde von Jost Trier in seinem berühmten Buch *Der deutsche Wortschatz im Sinnbezirk des Verstandes* (1931) publiziert und hat in Deutschland die linguistische Richtung der Sprachinhaltsforschung hervorgerufen, als deren bedeutendste Vertreter weiterhin Leo Weißgerber und Helmut Gipper zu nennen sind.

Die Wortfeld-Theorie geht davon aus, dass die Begriffe, mit der sich eine Sprachgemeinschaft ihre Umwelt verfügbar gemacht hat, durch Wortfelder repräsentiert werden. Innerhalb des Wortfeldes erhält das einzelne Zeichen seine Bedeutung erst dadurch, dass es Feldnachbarn hat, an deren Bedeutungen es anschließt bzw. von deren Bedeutungen es teilweise überlappt wird oder diese überlappt.

Beispiel

Bei dem Wortfeld der „Temperaturbezeichnungen"
eiskalt – kalt – kühl – lauwarm – warm – heiß – kochend heiß
ist es nicht möglich, den exakten Temperaturgrad anzugeben, auf den mit einem entsprechenden verbalen Zeichen verwiesen werden müsste. Vielmehr ist die sprachliche Bezeichnung nur in Relation zu den Feldnachbarn zu leisten:
kühl ist wärmer als *kalt*, aber *kälter* als *lauwarm.*

Die Wortfeldtheorie folgert nun, dass von Sprache zu Sprache unterschiedlich die für jede Sprachgemeinschaft typische Begriffsbildung und damit Verfügbarmachung der Umwelt sprachlich repräsentiert ist, dass also ein sprachliches Netz die Welterfassung in ihrer jeweiligen Spezifik wiedergibt, so dass Netze von unterschiedlicher Maschendichte entstehen. Es ist so denkbar und durch Untersuchungen auch nachgewiesen, dass die sprachliche Repräsentation eine von Sprache zu Sprache unterschiedliche Welterfassung dokumentiert, wie dies das schon mehrfach zitierte Beispiel für die Bezeichnung gefrorenen Wassers im Deutschen im Gegensatz zu den Eskimosprachen belegt. Wie eben dieses Beispiel nachweist, sind die Maschen dieses sprachlichen Netzes gerade dort am dichtesten durch Wortfelder markiert, wo Schwerpunkte der für eine Sprachgemeinschaft typischen Begriffsbildung liegen.

Die Wortfeldtheorie bietet damit – auch unter Berücksichtigung der hinsichtlich ihres methodischen Vorgehens erhobenen Kritik – ein Instrument, mit dem die in Kapitel 1 herausgearbeiteten kulturspezifischen Unterschiede des als Prozess immer identischen semiotischen Vorganges nachgewiesen werden können.

Zur Untersuchung und Darstellung der semantischen Strukturen eines Individualwortschatzes, eines Idiolektes, ist die Wortfeldforschung nachgewiesenermaßen die erfolgreichste, aussagekräftigste und am meisten gehandhabte Methode praktischer semantischer Analyse überhaupt. Zahlreiche Texte und Idiolekte der deutschen Sprache wie auch anderer, z. B. der französischen und englischen Sprache, und dies auch für vergangene Sprachepochen, sind mit dem Verfahren der Wortfeldforschung untersucht worden, das damit wichtige Beiträge zur jeweiligen Sprachgeschichtsschreibung bereitstellen konnte. Idiolekt

Morphemidentisches Feld

In Spalte 3 unseres Beispiels auf Seite 85 ist eine Reihe von Wörtern aufgelistet, die nicht wie das lexemidentische Feld hinsichtlich eines gemeinsamen Kernlexems übereinstimmen, sondern die bei differierendem Kernlexem alle nach dem gleichen Wortbildungsmuster zusammengesetzt sind, nämlich mit dem Präfix *be-* und dem Suffix *-ung*. Sie sind also mit identischen Morphemen gebildet. Eine derartige Struktur nennen wir ein morphemidentisches Feld.

Antonymisches Feld

Im Lexikon lassen sich Strukturen nachweisen, die auf der Bezeichnung von Gegensätzen beruhen, wie dies in der Spalte 4 in unserem Beispiel zum Ausdruck kommt. Derartige Strukturen werden als antonymische Felder bezeichnet (von griech. *anti* = gegen, entgegen und *Onoma* = Name). Antonymische Strukturen werden häufig den Wortfeldern zugeordnet, aus Gründen der Übersichtlichkeit werden sie hier separat dargestellt.

Wir können die überraschende Beobachtung machen, dass es uns oft leichter fällt, zu einem Wort spontan das Antonym* zu finden als ein Synonym, z. B.

Liebe – *Hass*
Leben – *Tod*
schlafen – *wachen*
häufig – *selten*
sauber – *schmutzig*
fröhlich – *traurig*
Nutzen – *Schaden*
Tag – *Nacht*
damals – *heute.*

Diese Beobachtung wird dadurch untermauert, dass im Bereich der Wortbildung ein umfangreiches Morpheminventar in Form von Präfixen zur Bildung von lexikalischen antonymischen Strukturen vorhanden ist, z. B.

auf-/zu-: *auf-/zumachen*
auf-/zuschließen
auf-/zuschlagen
ein-/aus-: *ein-/auspacken*
ein-/ausladen
ein-/ausgeben
be-/ent-: *be-/entladen*
be-/entwaffnen
be-/entsorgen
ver-/ent-: *ver-/enthüllen*
ver-/entschleiern
ver-/entriegeln

zu-/ent-:	*zu-/entkorken*		
	zu-/entlaufen		
un-:	*Glück*	–	*Unglück*
	Lust	–	*Unlust*
	Geduld	–	*Ungeduld*
miss-:	*Erfolg*	–	*Misserfolg*
	trauen	–	*misstrauen*
	billigen	–	*missbilligen*
usw.			

Besonders viele Adjektive lassen sich zu antonymischen Paaren ordnen (vgl. Bierwisch 1970), wobei besonders interessant ist, dass viele Bezeichnungen, auf die mittels Adjektiven verwiesen wird, wie z. B.

groß	–	*klein*
dick	–	*dünn*
hoch	–	*tief*
gut	–	*böse*
billig	–	*teuer*
usw.		

sich nicht etwa auf naturgegebene Antonymien beziehen.

So ist z. B. ein *kleiner* Hund größer als eine *große* Maus.

Diese Antonymien beziehen sich vielmehr wiederum auf Erwartungs- bzw. Erfahrungsnormen einer ganz bestimmten Sprachgemeinschaft, die sich als kulturelle Spezifika also – wie bei den Wortfeldstrukturen schon dargestellt – im Wortschatz einer Sprache niederschlagen.

Substitution

Die Tatsache, dass antonymische Strukturen überhaupt so stark im Wortschatz nachzuweisen sind, spiegelt nichts anderes als ein generelles Prinzip menschlicher Erkenntnisgewinnung wider. Beim geistigen Erfassen eines Sachverhaltes oder unserer Umwelt sind wir gezwungen, permanente Substitutionen* vorzunehmen und zu beurteilen, ob etwas vorhanden ist, stattfindet oder nicht. Gegenüberstellung und Gegensatzbildung sind elementare Verfahren menschlicher Orientierung, die sich selbstverständlich auch in der Sprache niederschlagen.

- **Syntagmatische Strukturen**

Rückverweis

Wenn in Kapitel 5.2.2 auf die notwendige Unterscheidung zwischen der Bedeutung eines verbalen Zeichens und dem Sinn einer Äußerung anhand des Satzes

**Colourless green ideas sleep furiously.*

hingewiesen wurde, so kann dieser Sachverhalt hier nun detaillierter, gleichsam unter der Lupe, dargestellt werden.

syntagmatische Normen

Sprachliche Zeichen müssen in einer Äußerung, d. h. in ihrer linearen Anordnung, nicht nur in grammatischer, sondern auch in semantischer Hinsicht den syntagmatischen Normen der entsprechenden Sprache genügen. Dies bedeutet, dass unter semantischem Aspekt ein Zeichen eine ganz bestimmte Distribution haben kann bzw. muss, die gleichzeitig andere Distributionen ausschließt:

So schließen sich *colourless* und *green* ebenso gegenseitig in der linearen Abfolge aus wie *colourless green* und *ideas* usw.

Die sprachlichen Zeichen müssen unter semantischem Aspekt also miteinander verträglich kombiniert werden. So setzen z. B. in Prädikatsstellung die Verben

bellen	als Subjekt	*Hund,*
grunzen	als Subjekt	*Schwein,*
fressen	als Subjekt	*Tiere* und
essen	als Subjekt	*Menschen*

voraus.

Als Objekte fordern die Verben

angeln	–	*Fische,*
fällen	–	*Bäume,*
reiten	–	*Reittiere* und
lenken	–	*Fahrzeuge.*

Wie im syntaktischen Bereich ist auch im semantischen also eine Übereinstimmung, d. h. eine semantische Kongruenz, erforderlich. semantische Kongruenz

Der Linguist Eugenio Coseriu (1967) nennt die Bedingungen, die die Zeichen unter semantischem Aspekt hinsichtlich ihrer normgedeckten Distribution erfüllen müssen, lexikalische Solidaritäten. Diesem terminologischen Vorschlag werden wir uns anschließen, weil hierauf aufbauend der Ansatz einer Forschungsrichtung der Semantik, der so genannten Komponentenanalyse* leicht zugänglich wird. lexikalische Solidaritäten Komponentenanalyse

Bei der Darstellung des Problems der Bedeutung ist bereits nachgewiesen worden, dass wir uns das Signifikat eines verbalen Zeichens als ein Bündel von semantischen Merkmalen, von Semen*, vorzustellen haben. Hieran knüpfen wir jetzt an. Lexikalische Solidarität und damit eine von der syntagmatischen Norm gedeckte Kombination von Zeichen ist dann gegeben, wenn die Zeichen übereinstimmende semantische Merkmale und nicht ein einziges entgegengesetztes, kontradiktorisches, Merkmal haben. Letzteres ist z. B. der Fall bei dem Zusammentreffen von *green*, das unter anderem das semantische Merkmal (+ farbig) und *colourless*, welches das semantische Merkmal (– farbig) trägt. Sem

Kommen wir zu unseren obigen Beispielen zurück: Im Deutschen können die genannten Verben auch durchaus ein anderes Subjekt haben, z. B.

Der Chef bellt schon wieder den Portier an.
Der Mann frisst.
Er grunzt zufrieden.
Die Blondine angelt sich einen Millionär.
Der Boxer fällt seinen Gegner.
usw.

In all diesen Beispielsätzen wird die Norm der lexikalischen Solidaritäten leicht verletzt. Im Fall der Ersetzung von *Hund* durch *Chef* in dem Satz

Der Chef bellt schon wieder den Portier an.

sind die semantischen Merkmale (+ belebt) neben allen anderen erhalten, nur das Merkmal (+ tierisch) ist durch das Merkmal (– tierisch) ersetzt. Damit aber ist die Übertragung der primären syntagmatischen Struktur auf einen sekundären Geltungsbereich geleistet. Dies wird als Metapher bezeichnet (von griech. *meta* = hinüber und *phoro* = ich trage). Metapher

Metaphorik ist demzufolge die Übertragung einer semantischen Struktur durch einen graduellen Verstoß gegen die Norm der lexikalischen Solidaritäten.

Proportional zur Normverletzung wird die Metapher schwerer verständlich bzw. ausdeutbar und der Text damit unzugänglicher bzw. hermetischer.

Als Beispiel hierfür sei der Anfang eines Gedichts von Paul Celan (1920 – 1970) zitiert:

Beispiel

Die Krüge

An den langen Tischen der Zeit
zechen die Krüge Gottes.
Sie trinken die Augen der Sehenden leer und die Augen der Blinden
die Herzen der waltenden Schatten,
die hohle Wange des Abends.

5.2.6 Komponentenanalyse

Das Signifikat des verbalen Zeichens kann als Bündel von semantischen Merkmalen aufgefasst werden. Diese Merkmale können im Einzelnen bestimmt werden.

Beispiele

Die Signifikate der folgenden verbalen Zeichen haben z. B. die semantischen Merkmale:

Mann	*Frau*
(+ Lebewesen)	(+ Lebewesen)
(+ Mensch)	(+ Mensch)
(+ erwachsen)	(+ erwachsen)
(+ männlich)	(+ weiblich)
usw.	

Schimmel	*Rappe*	*Fuchs*
(+ Lebewesen)	(+ Lebewesen)	(+ Lebewesen)
(+ Tier)	(+ Tier)	(+ Tier)
(+ Pferd)	(+ Pferd)	(+ Pferd)
(+ weiß)	(+ schwarz)	(+ braun)

Semem

Die Gesamtmenge aller dieser semantischen Merkmale, der Seme, aus denen sich das Signifikat eines Zeichens zusammensetzt, wird als S e m e m* des Zeichens bezeichnet.

Ausgehend von der Sprachtheorie des dänischen Linguisten Louis Hjelmslev haben vor allem die französischen Linguisten A. J. Greimas und B. Pottier Verfahren entwickelt und vorgestellt, die die semantische Mikrostruktur von Ausschnitten aus dem Wortschatz, die nichts anderes als Wortfelder sind, abbilden. Dies geschieht in Form einer Matrix.
Schon anhand dieser – sehr beschränkten – Matrix kann man sehr schön aufzeigen, dass verbale Zeichen sich mindestens durch ein differierendes Sem unterscheiden, wie an dem nachstehenden Beispiel *Mann – Frau* bzw. *Junge – Mädchen* deutlich wird.

Die Bedeutungsunterschiede zwischen Wörtern, z. B. denen eines Wortfeldes oder einer Synonymenreihe, lassen sich mit dieser Methode erfassen und detailliert darstellen:

Beispiel

Semant. Merkmal	*Mann*	*Frau*	*Junge*	*Mädchen*	*Kind*
(belebt)	+	+	+	+	+
(menschl.)	+	+	+	+	+
(männl.)	+	–	+	–	0
(weibl.)	–	+	–	+	0
(erwachsen)	+	+	–	–	–
(verheiratet)	0	0	0*	0*	0*

* in manchen Kulturen

5.3 Zeichenkombination – Kombinatorik

Sprachliche Zeichen können unter dem Aspekt ihrer Kombination untersucht werden. Dies bedeutet, dass die Einheiten der ersten Gliederung der Sprache, die M o n e m e, unter dem Gesichtspunkt betrachtet werden, welche Funktion sie in welchen Strukturen erfüllen. Hinsichtlich der Moneme ist jeweils zu differenzieren, ob es sich um L e x e m e, die frei auftreten können, handelt, oder um M o r p h e m e, die gebunden, d. h. nur zusammen mit mindestens einem anderen Monem, erscheinen.

Moneme können kombiniert werden, um neue Wörter zu bilden, z. B.

Haus	+	*Tür*	–	*Haustür*
krank	+	*heit*	–	*Krankheit.*

Die linguistische Disziplin, die das Zusammentreten von Monemen unter diesem Aspekt untersucht, ist die F o r m a t i k oder W o r t b i l d u n g s l e h r e.

Formatik/
Wortbildungslehre

Moneme können aber auch kombiniert werden, um verschiedene Formen eines Wortes zu bilden und damit unterschiedliche grammatische Kategorien anzuzeigen, wie z. B.

N u m e r u s:	*Haus – Häuser*	– Singular bzw. Plural
K a s u s:	*der Mann – des Mannes*	– Nominativ bzw. Genitiv
T e m p u s:	*ich sage – ich sagte*	– Präsens bzw. Präteritum.

Die linguistische Disziplin, die sich mit dieser Seite der Kombination von Monemen befasst, ist die M o r p h e m a t i k, häufig auch M o r p h o l o g i e oder F l e x i o n s - l e h r e genannt.

Morphematik/
Flexionslehre

Moneme formieren Wörter. Diese Wörter wiederum treten im Rahmen der Äußerung zu Satzgliedern und diese Satzglieder wiederum zu Sätzen zusammen, z. B.

Ein Student / schreibt / nach gewissenhafter Vorbereitung /
seine Abschlussklausur.

Die entsprechende linguistische Disziplin, die die Syntax einer Sprache beschreibt, ist die S y n t a k t i k.

Syntaktik

Die Kombination der Moneme erfolgt also auf verschiedenen Ebenen, die nicht nebeneinander, sondern rangmäßig, also übereinander, angeordnet sind.
Damit wird auch an dieser Stelle wieder deutlich, dass Sprache ein hierarchisch strukturiertes Phänomen ist, bei dem Einheiten zu Strukturen immer höherer Komplexität zusammentreten können.

Bevor im Folgenden die drei Disziplinen der Kombinatorik ausführlich vorgestellt werden, ist zunächst einmal das Eingehen auf einen Begriff notwendig, dessen Erwähnung bisher vermieden wurde, dessen Erörterung jetzt aber unumgänglich ist, den Begriff des W o r t e s.

5.3.1 Das Wort als linguistische Einheit

• Zur Problematik des *Wort*-Begriffs

Jedermann glaubt zu wissen, was ein W o r t sei, und ich bin sicher, dass eine Problematisierung des *Wort*-Begriffs Ihnen zunächst trivial bzw. überflüssig vorkommen wird.

In der Tat ist der *Wort*-Begriff in der Linguistik umstritten und wird deshalb gemieden, weil er nicht eindeutig definierbar ist. So ist z. B. die häufig spontan gegebene Begriffsbestimmung, nach der das Wort eine selbstständige bedeutungstragende Einheit sei, nicht akzeptabel, weil eine Vielzahl von Wörtern, wie z. B.

sprech – *en*
sprich – *t*
Haus – *frau*
häus – *lich*

aus mehreren bedeutungstragenden Einheiten, nämlich Monemen, besteht.

Darüber hinaus ergeben sich, je nachdem, ob das Wort als Einheit der *langue* bzw. der *parole* aufgefasst wird, unterschiedliche Definitionsprobleme.
Aus der Phonematik wissen Sie, dass im Bereich der *parole*, der sprachlichen Manifestationen also, die einzelnen Phone segmentierbar und gerade dadurch bestimmbar, diskriminierbar sind, dass sie als Einheiten eindeutig von anderen zu unterscheiden sind, weil sie eine unverwechselbare Eigenständigkeit, eine I d e n t i t ä t , haben.

Für die angesprochene *Wort*-Problematik würde die Anwendung dieses Standpunktes, nach dem nur identische Formen als ein Wort aufgefasst werden können, bedeuten, dass z. B.

(der) Mann		*(ich) bin*
(des) Mannes	oder:	*(er) ist*
(die) Männer		*(wir) sind*
(den) Männern		usw.

nicht etwa als Formen e i n e s Wortes, sondern als verschiedene Wörter aufgefasst werden müssten.

Unter diesem Aspekt müsste je nach Funktionszusammenhang ein und dasselbe sprachliche Zeichen einmal als ein Wort, z. B. in dem Satz:

Er muss ***nachdenken****.*

oder als zwei Wörter in dem Satz

Er ***denkt nach****.*

aufgefasst werden.

Wird dagegen das Wort als Einheit der *langue* angesehen, das isoliert durch bestimmte Repräsentationsformen vertreten wird, so z. B. beim Substantiv durch den Nominativ, beim Verb durch den Infinitiv und beim Adjektiv durch die unflektierte Form des Positivs (ungesteigerte Form), so ergeben sich dennoch kaum lösbare Probleme. Denn es bleibt zweifelhaft, ob dem Satz:

Er denkt schnell.

der unstrittig aus drei Wörtern besteht, der Satz:

Er denkt nach.

eindeutig als nur aus zwei Wörtern bestehend entgegengestellt werden kann, nur weil die Repräsentationsform *nachdenken* heißt, wobei nicht bestritten werden soll, dass *schnell* und *nach* in den Beispielsätzen eine differenzierbare syntaktische und semantische Funktion haben.

Und auch wenn die so genannten „Suppletiv-Paradigmen", wie z. B. *gut – besser – am besten* oder *bin – ist – sind – war*, als verschiedene Formen eines Wortes aufgefasst werden, bleibt z. B. der Status des Wortes *mehr* unklar, weil es gleichzeitig der Komparativ von *viel* wie auch von *sehr* ist (nach: Die deutsche Sprache 1970, I, 427).

Es hat durchaus Versuche gegeben, den *Wort*-Begriff für die Linguistik brauchbar, d. h. operabel, zu machen. Hierfür sei z. B. der Vorschlag des amerikanischen Linguisten L. Bloomfield zitiert, der ein Wort als *minimal free form* auffasst, d. h. als Phonemfolge, die zwischen zwei Pausen gesprochen, bzw. als Graphemfolge, die zwischen zwei Zwischenräumen geschrieben werden kann, und zwar als selbstständige Äußerung.

Zwar wird von dieser Definition ein Großteil der sprachlichen Einheiten erfasst, die wir Wörter nennen würden, aber abgesehen davon, dass diese Begriffsbestimmung vollkommen von der Bedeutung des Wortes absieht, ist sie auch deshalb unzureichend, weil sie bestimmte Formen nicht erfassen kann, wie z. B. die bestimmten Artikel *der, die, das* oder den unbestimmten Artikel *ein*, die herkömmlicherweise durchaus als Wörter bezeichnet werden, als selbstständige Äußerungen aber nicht vorkommen können.

Aus den angeführten Beispielen ist sicherlich hinreichend deutlich geworden, warum der *Wort*-Begriff für eine exakte linguistische Beschreibung unbrauchbar ist und durch eine präzise terminologische Differenzierung, in unserem Falle die Termini Monem, Lexem bzw. Morphem, ersetzt werden muss.

Wenn im Folgenden vom *Wort* die Rede sein wird, z. B. in der traditionell gebräuchlichen Kategorisierung der linguistischen Disziplin *Wortbildung*, für die hier die Bezeichnung *Formatik* vorgeschlagen wird, dann ist hierbei stets mitzubedenken, dass es sich um eine unspezifische Verwendung eines undifferenzierten Begriffes handelt.

• Wort und Wortarten

Die herkömmliche – traditionelle – Grammatik gliedert den Gesamtbestand des Wortschatzes, die Wörter einer Sprache, in Wortarten. Die Aufgliederung erfolgt dabei unter ganz unterschiedlichen Kriterien, so z. B.

- ➤ unter dem Aspekt der Bedeutung: „Die Welt der Dinge findet ihren sprachlichen Niederschlag in den *Dingwörtern* (Substantive); die Kennzeichnung von Eigenschaften, Merkmalen und Urteilen übernehmen die *Eigenschaftswörter* (Adjektive); Tätigkeiten und Vorgänge werden durch die *Tätigkeitswörter* (Verben) ausgedrückt ...“ (Jung 1968, 170),
- ➤ unter dem Aspekt der Form: Deklinierbare (Substantive und Adjektive) und flektierbare (Verben) Wörter werden undeklinierbaren (z. B. Adverbien, Präpositionen) gegenübergestellt,
- ➤ unter dem Aspekt der Funktion: So wird z. B. vom Adverb gesagt, dass es „Verben, Adjektive, Partizipien und übergeordnete Adverbien“ näher bestimmt (Jung 1968, 315).

Es handelt sich also keineswegs um eine systematische Klassifikation, sondern vielmehr um eine intuitive Aufgliederung des Wortschatzes.

Für die deutsche Sprache werden herkömmlicherweise neun oder zehn Wortarten benannt, die zu größeren Gruppen zusammengefasst werden können:

Flektierbare Wortarten

flektierbare Wortarten

1. Verb (*lesen, schreiben, sich erinnern, auffordern*),
2. Substantiv, auch Nomen genannt (*Buch, Tinte, Erinnerung, Liebe*),
3. Adjektiv (*groß, klein, gut, böse*).

Begleiter und Stellvertreter des Substantivs sind:

4. Artikel (*der, die, das, ein*),
5. Pronomen (*er, sie, es*),
6. Numerale oder Zahlwörter (*zwei, drei, mehrere, hundert*).

Den bisher genannten Wortarten ist also gemeinsam, dass sie flektierbar, veränderbar, sind. Die Flexion beim Verb wird als Konjugation, bei den übrigen genannten flektierbaren Wortarten als Deklination bezeichnet.

unflektierbare Wortarten

Unflektierbare Wortarten

Zu diesen gehören:

7. A d v e r b i e n (*bald, sehr, gern, hierher*),
8. P r ä p o s i t i o n e n (*in, auf, vor, hinter*),
9. K o n j u n k t i o n e n (*und, daher, weil, dass*),
10. I n t e r j e k t i o n e n oder A u s r u f e (*oh, pfui, au*),

die auch unter der Bezeichnung P a r t i k e l n zusammengefasst werden.

Abgrenzungsprobleme

Die Heterogenität der Gliederungskriterien des Wortschatzes bringt es mit sich, dass A b g r e n z u n g e n der einzelnen Wortarten im konkreten Fall schwierig bzw. problematisch sind, so z. B. zwischen Adjektiv und Adverb oder bei dem Numerale, das sehr wohl als Mengenadjektiv (z. B. *zwanzig Seiten*) oder als Substantiv (*ein Viertel, Hunderte von Seiten*) auftreten kann.

Wortartenwechsel

Darüber hinaus ist auf den W o r t a r t e n w e c h s e l hinzuweisen, d. h. die Möglichkeit, dass z. B. ein Adjektiv oder Verb substantiviert wird (*das Gute, das Schöne* bzw. *das Schreiben, das Lesen*) oder ein Substantiv zum Adjektiv wird (*der Ernst – es wird ernst*).

Eine schlüssige strukturalistische Gliederung des Wortschatzes in Wortarten ist nur von der syntaktischen Beschreibung der betreffenden Sprache aus zu leisten. Sie muss davon ausgehen, dass alle die sprachlichen Zeichen, die die gleiche Distribution in einem Satz haben, der gleichen W o r t k l a s s e angehören. Dass sich unter einem derartigen Ansatzpunkt eine andere als die hier skizzierte traditionelle Wortartengliederung ergeben wird und teilweise herkömmlich getrennte Wortarten wie z. B. Substantiv und Pronomen oder Numerale und Adjektiv zusammenfallen werden, liegt auf der Hand. Bei der Darstellung der strukturalistischen syntaktischen Beschreibung des Satzes im weiteren Verlauf dieses Kapitels wird dies deutlicher werden.

5.3.2 Wortbildung – Formatik

Wenn Moneme zusammentreten und dadurch neue Wörter entstehen, so sind hierbei grundsätzlich zwei Strukturtypen zu unterscheiden:

1. Lexeme, d. h. frei auftretende Moneme, werden miteinander kombiniert, z. B.

   Haus – tür
   Klausur – arbeit
   wasser – dicht.

   Kompositum

   Dieser Strukturtyp wird als Zusammensetzung oder K o m p o s i t i o n bezeichnet, das entstandene neue Wort wird Zusammensetzung oder K o m p o s i t u m (Plur. Komposita) genannt.

2. Lexeme werden mit Morphemen, d. h. nur in Bindung an andere Moneme auftretenden, gebundenen Monemen, kombiniert. Hier ist zu differenzieren zwischen zwei Funktionsklassen von Morphemen, den lexikalischen und grammatischen.

   Wenn durch die Verbindung eines Lexems mit einem oder mehreren Morphemen ein n e u e s Wort entsteht, z. B.

   Dumm – heit
   Un – glück
   arbeit – sam
   Spiel – er,

   so handelt es sich bei diesen Morphemen um l e x i k a l i s c h e Morpheme, die uns im vorliegenden Kapitel unter dem Aspekt der Wortbildung interessieren.

Der Strukturtyp, der durch die Kombination eines Lexems mit einem oder mehreren lexikalischen Morphemen gegeben ist, wird als Ableitung oder Derivation* bezeichnet, das entsprechende neu entstandene Wort wird Ableitung oder Derivat genannt. Derivation

Wenn dagegen durch die Verbindung eines Lexems mit einem oder mehreren Morphemen kein neues Wort, sondern vielmehr eine neue Form eines Wortes entsteht, z. B.

spiel-en – *er spiel-te*
Dummheit – *Dummheit-en*
Haus – *Häus-er,*

so handelt es sich bei diesen Morphemen um grammatische Morpheme, die grammatische Kategorien anzeigen und im Kapitel *Morphematik* (5.3.3) besprochen werden. Hinweis

• Zusammensetzung – Komposition

Paradigmatische Strukturen

Ein typisches Kennzeichen der deutschen Sprache besteht in der Möglichkeit, Wörter bzw. Lexeme oder Lexem-Morphem-Gefüge zu kombinieren und so Komposita zu bilden, die einen erheblichen Umfang haben können, z. B.

Bahnhofsgaststättenbierausschank oder:
Kernkraftwerkerrichtungsgenehmigung.

Wenn diese Beispiele auch als Extremfälle angesehen werden müssen, so handelt es sich bei der Komposition doch um eines der produktivsten Wortbildungsmuster der deutschen Gegenwartssprache, bei dem eine Vielzahl von Wortarten, so z. B. Substantiv, Adjektiv, Verb, Numerale, Adverb und Pronomen, vielfältig kombinierbar sind, z. B.

Haus – tür	*drei – zehn*
haus – hoch	*rosa – rot*
haus – halten	*fort – gesetzt*
	jeder – zeit
	usw.

Exemplarisch für die Zusammensetzung soll an dieser Stelle die Komposition von Substantiv und Adjektiv dargestellt werden. Auch dies kann nur in Form einer Skizze erfolgen.
Es sind sowohl reine Substantivkompositionen vom Typ *Haus-tür* als auch Substantiv- und Adjektivkomposita *haus-hoch* bzw. *Hoch-haus* sowie auch reine Adjektivkonstruktionen *hell-blau* möglich. Darüber hinaus sind z. B. auch Substantivkomposita mit einem verbalen (*Trinkwasser*) oder einem präpositionalen Kompositionsglied (*Vorfreude*) zu beobachten. Schon diese wenigen Beispiele verdeutlichen uns die große Variabilität dieses Wortbildungsmusters.

Syntagmatische Relationen

In Kompositionen wie z. B.

Haus – *tür*
Schlaf – *zimmer*
Blech – *topf*
Wasser – *flugzeug*
Brat – *kartoffel*
Brat – *pfanne*
haus – *hoch*
hell – *blau*
usw.

Determinativkompositum

wird das zweite Kompositionsglied (Grundwort) durch das erste näher bestimmt, determiniert. Deshalb werden Zusammensetzungen dieses Typs als Determinativkomposita bezeichnet.

Beim Determinativkompositum richtet sich die Zugehörigkeit zur betreffenden Wortart und zum Genus nach dem zweiten Kompositionsglied, z. B.

Hoch-haus	–	Substantiv, Neutrum
haus-hoch	–	Adjektiv
Klar-sicht	–	Substantiv, Femininum
sicht-klar	–	Adjektiv.

Bei den Determinativkomposita ist nun aber darauf hinzuweisen, dass dieser Wortbildungstyp in syntagmatischer Hinsicht ganz unterschiedliche semantische Relationen repräsentieren kann. So ist z. B.

eine Haus-tür	–	eine Tür des Hauses
ein Schlaf-zimmer	–	ein Zimmer zum Schlafen
ein Blech-topf	–	ein Topf aus Blech
ein Wasser-flugzeug	–	ein Flugzeug, das auf dem Wasser landen kann
eine Brat-kartoffel	–	eine gebratene Kartoffel
eine Brat-pfanne	–	eine Pfanne zum Braten
haus-hoch	–	bedeutet: hoch wie ein Haus
hell-blau	–	bedeutet: ein helles Blau
usw.		

Die Tatsache, dass ein und dieselbe Struktur sehr stark differierende semantische bzw. logische Verhältnisse ausdrücken kann, hat z. B. für die Vermittlung des Deutschen als Fremdsprache ganz erhebliche didaktische und methodische Implikationen.

Kopulativkompositum

Von den Determinativkomposita abzuheben sind die seltenen und dementsprechend unwichtigen Kopulativkomposita, bei denen sich die beiden Kompositionsglieder nicht im Verhältnis der Determination befinden, sondern gleichberechtigt, additiv zur Bedeutung der Zusammensetzung beitragen und damit im Verhältnis der Koordination stehen, z. B.

süß-sauer	–	süß + sauer
Prinz-gemahl	–	Prinz + Gemahl.

Eine spezielle Form der Zusammensetzung stellt die Zusammenrückung dar, deren präzise Abgrenzung von der Komposition problematisch bzw. umstritten ist und am ehesten und sichersten für spontan gebildete Kombinationen zu leisten ist, wie z. B.

Ohne-mich-Standpunkt
Jetzt-oder-nie-Mentalität.

• Ableitung – Derivation

Im Gegensatz zur Komposition besteht der als Ableitung oder Derivation bezeichnete Wortbildungstyp aus einem Lexem und einem/mehreren lexikalischen Morphemen, z. B.

Sand	–	*sand-ig*
Freund	–	*Freund-schaft*
Freund	–	*freund-schaft-lich.*

Die lexikalischen Morpheme können hierbei sowohl eine semantische als auch eine morphematische Funktion haben, d. h. die Überführung in eine andere Wortart leisten, z. B.

Freund-schaft – Substantiv
freund-schaft-lich – Adjektiv.

Die lexikalischen Morpheme werden traditionell als A f f i x e, d. h. Hinzufügungen zum Lexem, bezeichnet.

Affix

Die Affixe werden differenziert in:

➤ P r ä f i x e (Vorsilben), die vor das Lexem treten, z. B.

Präfix

Verbalpräfix: *ent*-laufen
Nominalpräfix: *Un*-glück
Der entsprechende Prozess wird P r ä f i g i e r u n g genannt.

➤ S u f f i x e (Nachsilben), die an das Lexem angehängt werden, z. B.

Suffix

Tag-*ung*
freund-*lich*
Der entsprechende Prozess wird als S u f f i g i e r u n g bezeichnet.

➤ I n f i x e (Einfügungselemente oder Einfügungssilben), die zwischen die Kompositionsglieder bei Zusammensetzungen treten, z. B.

Infix

Himmel-*s*-körper
Spitze-*n*-film
Mann-*es*-wort
lesen-*s*-wert.

Paradigmatische Strukturen

Neben der Zusammensetzung ist die A b l e i t u n g das wichtigste Wortbildungsmuster im Deutschen. Dieses ist erklärbar aus dem Grundprinzip der Ökonomie menschlicher Sprache, das wir bei der Besprechung der wichtigsten Strukturen des Wortschatzes in Form des lexemidentischen Feldes kennen gelernt haben, dessen Glieder sich gegenseitig semantisch stützen, m o t i v i e r e n, z. B.

Ableitung

lehren, Lehrer, Lehre, Lehrling, belehren, Belehrung usw.

Ableitungen können durch Suffigierung (*Lehr-ling*), Präfigierung (*Miss-ernte*) sowie durch Präfigierung und Suffigierung gebildet werden (*Be-lehr-ung*).

Es lassen sich zwei Formen von Ableitungen unterscheiden:

- Derivationen mit erkennbarem Suffix (*Sand – sand-ig*), die als e x p l i z i t e Ableitungen bezeichnet werden,
- Derivationen ohne Suffix, aber z. B. mit Veränderung des Haupttonvokals des Lexems (*binden – Band – Bund*), die i m p l i z i t e Ableitungen genannt werden.

explizite und implizite Ableitungen

Im Gegensatz zu den Zusammensetzungen, bei denen die Anzahl möglicher Kompositionsglieder beliebig groß ist, ist das I n v e n t a r der Derivationsmorpheme zahlenmäßig begrenzt, überschaubar. Allerdings handelt es sich hierbei nicht um eine geschlossene Klasse wie bei den grammatischen, den Flexionsmorphemen, weil neue Ableitungsmorpheme entstehen können.

So nimmt das ursprüngliche Adjektiv *mäßig* in der deutschen Gegenwartssprache unter gleichzeitiger semantischer Entleerung immer mehr die Funktion eines Suffixes an, z. B. *mittel-mäßig, spitzen-mäßig, gefühls-mäßig* usw.

A b l e i t u n g s s u f f i x e beim Substantiv sind z. B.

-e: hetzen – Hetz*e*; liegen – Lieg*e*
-ei: backen – Bäcker*ei*; fragen – Frager*ei*
-er: schreiben – Schreib*er*; bohren – Bohr*er*

-ler:	Sport – Sport*ler*
-heit:	klug – Klug*heit*
-keit:	aufmerksam – Aufmerksam*keit*
-nis:	Bild – Bild*nis*; Sorgen – Besorg*nis*
-ung:	wohnen – Wohn*ung*; Kleid – Kleid*ung*
-schaft:	Freund – Freund*schaft*; Feind – Feind*schaft*
-tum:	Pirat – Piraten*tum*; Herzog – Herzog*tum*
-chen/-lein:	Garten – Gärt*chen* – Gärt*lein*.

Fremdsuffixe sind z. B.

-tät:	Absurdi*tät*; Naivi*tät*
-ur:	Glas*ur*, Reparat*ur*
-ier:	Bank*ier*, Quart*ier*.

Ableitungssuffixe beim Adjektiv sind z. B.

-bar:	Frucht – frucht*bar*; lesen – les*bar*
-haft:	Schreck – schreck*haft*; Schüler – schüler*haft*
-ig:	Schmutz – schmutz*ig*; finden – find*ig*
-isch:	Teufel – teufl*isch*; Kind – kind*isch*
-lich:	Freund – freund*lich*; zart – zärt*lich*
-sam:	Arbeit – arbeit*sam*; satt – satt*sam*.

Präfixe beim Substantiv und Adjektiv sind z. B.

ur-:	Wald – *Ur*wald; alt – *ur*alt
un-:	Zahl – *Un*zahl; treu – *un*treu
miss-:	Gunst – *Miss*gunst – *miss*günstig.

Besonders ausgeprägt ist die Präfigierung beim Verb und hat hier so starke semantische und syntaktische Konsequenzen, dass sie deshalb manchmal nicht der Ableitung subsumiert, sondern als eigenständiger Wortbildungstyp aufgefasst wird.

Syntagmatische Strukturen

Die syntagmatischen Relationen, die die einzelnen Ableitungsmorpheme eingehen können, sind in quantitativer wie qualitativer Hinsicht so differenziert, dass hier eine der Hauptschwierigkeiten bei der Vermittlung des Deutschen als Fremdsprache liegt.

So ist z. B. das Suffix *-bar* ganz eindeutig das produktivste adjektivische Derivationsmuster zur Ableitung aus jedem transitiven, passivfähigen Verb (z. B. *waschbar, brauchbar, auffindbar, deklinierbar*).
Im Gegensatz hierzu ist die sprachhistorisch ältere und ursprüngliche Ableitung mit diesem Suffix aus Substantiven heute nicht mehr möglich, d. h., dieses spezielle Wortbildungsmuster ist u n p r o d u k t i v, die entsprechenden Adjektive in der deutschen Gegenwartssprache müssen als i d i o m a t i s i e r t angesehen werden (z. B. *fruchtbar, dankbar, ehrbar, wunderbar, kostbar*). Die Funktion als denominales Ableitungssuffix hat hier teilweise *-sam* übernommen (z. B. *kleidsam, gewaltsam, bildsam*).

Nun steht das Suffix *-bar* in sehr enger Beziehung zu *-lich*, und zwar in einem Maße, dass beide teilweise die gleiche Distribution haben, z. B.

unbegreifbar	–	*unbegreiflich*
unersetzbar	–	*unersetzlich.*

Andererseits sind aber ganz eindeutige Kombinationsrestriktionen zu beobachten, z. B.

waschbar	–	* *waschlich*
brauchbar	–	* *brauchlich*
auffindbar	–	* *auffindlich*
deklinierbar	–	* *deklinierlich.*

Oder aber es tritt, je nach dem Gebrauch des entsprechenden Suffixes, eine deutliche semantische Differenzierung ein, z. B.

anschaulich	–	*anschaubar*
ausführlich	–	*ausführbar*
verantwortlich	–	*verantwortbar*
löslich	–	*lösbar.*

Aufgabe 19

> *Schlagen Sie die oben stehenden Wörter im Wörterbuch nach und erklären Sie die Unterschiede.*

So lässt sich schon anhand dieser Beispiele sehr deutlich aufzeigen, wie vielfältig und kompliziert die syntagmatischen Beziehungen innerhalb eines Wortbildungsmusters sind.

Im Bereich des Substantivs ist die Derivation mit dem Suffix *-ung* das produktivste Wortbildungsmuster der deutschen Gegenwartssprache, und zwar werden mit diesem Suffix aus Verben Substantive mit weiblichem Geschlecht abgeleitet, die eine Tätigkeit bezeichnen, z. B.

Erfindung, Einladung, Lieferung, Sammlung, Erörterung usw.

Interessant ist nun, dass ein Großteil derartiger Ableitungen so wie die genannten Beispiele semantisch doppeldeutig im Hinblick darauf angelegt ist, ob der mit dem Wort bezeichnete Vorgang oder das Resultat gemeint ist, z. B.

der Vorgang der *Erfindung* oder *Sammlung* oder deren Produkt.

Diese Doppeldeutigkeit (Ambiguität) einer Vielzahl der Derivate aus dem produktivsten Wortbildungsmuster zur Ableitung von Substantiven ist sprachstrukturell sehr ökonomisch, weil ein und dasselbe Wort je nach dem Kontext, in den es eingebettet ist, unterschiedliche Nuancierungen der Aussage bewirken kann.

Die wenigen im Rahmen dieser Studieneinheit möglichen Darstellungen haben dennoch deutlich machen können, dass die Untersuchung der semantischen Konsequenzen der syntagmatischen Strukturen im Bereich der einzelnen Wortbildungsmuster die vordringlichste und schwierigste Aufgabe der Formatik darstellt, die noch weitgehend einer geschlossenen und zusammenhängenden Darstellung bedarf.

5.3.3 Formenlehre – Morphematik

Im Gegensatz zu den lexikalischen Morphemen, mit denen neue Wörter abgeleitet werden, ist die Funktion der g r a m m a t i s c h e n Morpheme die Bildung unterschiedlicher Formen ein und desselben Wortes, die F l e x i o n genannt wird. Flexion

• Paradigmatische Strukturen

Flexionsmorpheme

Das Inventar der F l e x i o n s m o r p h e m e ist nicht wie das der Wortbildungsmorpheme offen, vielmehr handelt es sich hierbei um eine unveränderbare, g e s c h l o s s e n e Klasse. Die Zahl sämtlicher Flexionsmorpheme des Deutschen ist überraschend gering. Die Flexionsmorpheme im verbalen Bereich sind z. B.

/*e*/ (nehm-*e*); /(*e*)*st*/ (nimm-*st*); /*t*/ (nimm-*t*); /(*e*)*n*/ (nehm-*en*); /*nd*/ (nehme-*nd*); /Präfix /*ge-*/ (*ge*-nommen); /Ablaut/ (n*a*hm); /Umlaut/ (n*ä*hme).

Im nominalen und pronominalen Bereich ist die Anzahl der Flexionsmorpheme nicht wesentlich größer, so dass für die deutsche Sprache insgesamt ein Inventar von achtzehn Flexionsmorphemen nachgewiesen werden kann, zu denen neben dem so genannten „Nullmorphem" (*der Kaiser – die Kaiser*) noch der Ablaut und Umlaut gezählt werden müssen.

Die geringe Ausdehnung des Inventars darf indessen nicht darüber hinwegtäuschen, dass seine präzise und vollständige Darstellung dadurch schwierig wird, dass die Flexionsmorpheme zum einen in Homonymiebeziehung zu Ableitungsmorphemen stehen, z. B.

-en:	Frau-*en*	–	Pluralsuffix
	gold-*en*	–	Derivationssuffix
-er:	Rind-*er*	–	Pluralsuffix
	Lehr-*er*	–	Derivationssuffix
-e:	Tag-*e*	–	Pluralsuffix
	Lieg-*e*	–	Derivationssuffix
	usw.		

Zum anderen besteht auch unter den Flexionssuffixen Homonymie bzw. Polyfunktionalität.

So bezeichnet z. B. in dem Satz

Die Frauen begegnen einem Bären.

das Morphem */-en/*
– den Nominativ Plural (Frau-*en*),
– die 3. Person Plural Präsens Indikativ (begegn-*en*),
– den Dativ Singular (Bär-*en*).

Das gleiche Morphem kann darüber hinaus den Infinitiv (arbeit-*en*), den Genitiv Singular (des Fürst-*en*), den Genitiv Plural (der Frau-*en*), den Dativ Plural (den Frau-*en*) und den Akkusativ Plural (die Frau-*en*) anzeigen.

Das System der Flexionsmorpheme ist also sehr viel differenzierter und komplizierter als seine rein schematische Auflistung zunächst vermuten lässt.

• Syntagmatische Strukturen

Die Flexionsmorpheme indizieren im Zusammenhang mit den Lexemen, mit denen sie vorkommen, grammatische Kategorien, wie z. B. Kasus, Tempus, Numerus usw., und stellen damit die Beziehungen der einzelnen sprachlichen Zeichen im Satz her. Hierbei ist es sehr wichtig, darauf hinzuweisen, dass in der deutschen Sprache die Flexion nicht das isolierte, einzelne, Wort betrifft, sondern vielmehr W o r t g r u p p e n, S y n t a g m e n, wie z. B.

Die fleißig*en* Student*en* /schreib*en*/ ihre Abschlussarbeit*en*.

Kongruenz

Die Wörter der Wortgruppe müssen übereinstimmend, k o n g r u e n t , flektiert sein. Ebenso muss auf der Ebene des Satzes der Subjektkomplex (*die* fleißig*en* Student*en*) hinsichtlich des Numerus (Plural) dem Prädikatskomplex (schreib*en ihre* Arbeit*en*) kongruent sein.

Tempus – Modus

Tempus

Die grammatische Kategorie des T e m p u s (lat. *Zeit*) wird neben anderen sprachlichen Formen – z. B. Zeitadverbien wie *gestern*, *heute* – vor allem durch die Verbindung von Flexionsmorphemen im Verbalbereich mit Verballexemen geleistet, die als Konjugation bezeichnet wird, z. B.

er sagt	–	*sagte*	–	*hat gesagt*
er nimmt	–	*nahm*	–	*hat genommen.*

Herkömmlicherweise werden die Zeiten klassifiziert in Gegenwart (Präsens), Vergangenheit (Präteritum, Perfekt), Zukunft (Futur).

Nach lateinischem Vorbild ist eine noch weitere Differenzierung in insgesamt sechs Tempora möglich. Eine derartige Kategorisierung ist für das Deutsche aber fragwürdig bzw. unzutreffend.

Modus

M o d u s (lat. *Art und Weise*) ist die grammatische Kategorie, in der die Einstellung des Sprechers zum Wirklichkeitsgehalt dessen, auf das er referiert, zum Ausdruck kommt, z. B.

Er sagt, dass er *kommt*. – Indikativ
Er sagt, dass er *komme*. – Konjunktiv I
Er sagt, dass er *käme*. – Konjunktiv II.

Indikativ
Konjunktiv
Imperativ

Die traditionellerweise als I n d i k a t i v (Wirklichkeitsform) und K o n j u n k t i v (Möglichkeitsform) bezeichneten flektierten Modalformen des Verbs, zu denen noch der I m p e r a t i v (Befehlsform) zu rechnen ist, sind längst nicht die einzigen Möglichkeiten zum Ausdrücken von Modalität. Hinzu kommen z. B. Umschreibungen mit Modalverben (*können, mögen, wollen, sollen, dürfen, müssen* usw.) und Modaladverbien (*gern, sehr* usw.).

Person – Numerus – Genus

Person
Numerus

In Verbindung mit dem Verballexem werden durch die Flexionsmorpheme P e r s o n und N u m e r u s bezeichnet, z. B.

ich schreibe	*wir schreiben*
du schreibst	*ihr schreibt*
er schreibt	*sie schreiben.*

Der N u m e r u s wird differenziert in S i n g u l a r und P l u r a l.

Genus

Das G e n u s (Geschlecht) als grammatische Kategorie stimmt nur teilweise mit dem natürlichen Geschlecht (Sexus) bei Personen überein (*der Mann*, aber: *das Mädchen, das Kind*) und hat keine durchsichtigen semantischen Beziehungen zu den meisten Lexemen (*das Haus, die Treppe, der Aufzug*).

Kasus

Kasus

Der K a s u s ist die grammatische Kategorie, in der die Flexion der flektierbaren Wortarten mit Ausnahme des Verbs, das konjugiert wird, Ausdruck findet.
Im Deutschen bezeichnen die Verbindungen der nominalen Flexionsmorpheme mit den entsprechenden Lexemen bzw. ihr Fehlen (Nullmorphem) vier Kasus:

Nominativ	– *der Mann*	– *der Mensch*
Genitiv	– *des Mannes*	– *des Menschen*
Dativ	– *dem Mann(e)*	– *dem Menschen*
Akkusativ	– *den Mann*	– *den Menschen*

Gerade für das Deutsche ist es wichtig darauf hinzuweisen, dass die so genannten „reinen Kasus" in der Funktion von Objekten (z. B. ich rufe *den Hund*, ich glaube *meinem Freund*) zahlenmäßig übertroffen werden von Präpositionalfügungen (ich warte *auf ihn*; ein Sachverhalt steht *zur Debatte* usw.).

5.3.4 Satzlehre – Syntaktik

Sprachliche Zeichen können kombiniert werden zu S a t z g l i e d e r n (Syntagmen), diese wiederum treten zusammen zu Sätzen.
Die S y n t a k t i k untersucht und beschreibt die Strukturen von Sätzen einer Sprache und die Funktionen dieser Strukturen für die mit einem Satz beabsichtigte Aussage, d. h. ihre kommunikative Funktion.

Diese weit gespannte Aufgabe kann im Rahmen einer Einführung in die Zeichenlinguistik, die ja eine Vielzahl von linguistischen Teildisziplinen vorstellen will, nicht geleistet werden. So gelten für die folgenden Ausführungen zwei Einschränkungen:

einfacher Satz

Erstens: Sie beziehen sich nur auf den einfachen Satz.
Als einfache Sätze werden solche bezeichnet, die über ein Phänomen (einen Gegenstand, Vorgang, Sachverhalt usw.) nur eine einzige ausdrückliche (explizite) Aussage (Prädikation) machen und grammatisch dadurch gekennzeichnet sind, dass sie nur ein Subjekt und eine flektierte Verbform als Prädikatskern haben. So ist der folgende ein einfacher Satz:

Beispiel

Der Student / schreibt / eine Klausur.

Aber auch bei dem folgenden, durch Erweiterungen (Expansionen) des oben stehenden Beispielsatzes entstandenen Satz handelt es sich aufgrund seiner grammatischen Struktur um einen einfachen Satz:

Der fleißige Student der Linguistik / schreibt / zum Abschluss des Syntaxseminars / am Ende des Wintersemesters / eine Klausur / im völlig überfüllten Hörsaal IV der Universität Kassel.

komplexer Satz

Als komplexe oder zusammengesetzte Sätze werden dagegen solche Konstruktionen bezeichnet, die mehr als eine explizite Prädikation enthalten und grammatisch dadurch gekennzeichnet sind, dass sie mehr als eine flektierte Verbform besitzen und damit aus mehr als einem einfachen Satz bestehen bzw. auf mehr als einen einfachen Satz zurückgeführt werden können. So enthält z. B. der folgende komplexe Satz zwei Prädikationen:

Beispiel

Der Student schreibt seine Klausur und fährt danach in die Semesterferien.

Er enthält die flektierten Verbformen *schreibt* und *fährt* und lässt sich damit zurückführen auf die beiden einfachen Sätze:

Der Student schreibt eine Klausur. und:
Der Student fährt danach in die Semesterferien.

Parataxe
Satzverbindung

Beide Sätze sind durch die beiordnende (koordinierende) Konjunktion *und* verbunden und befinden sich in der logischen Beiordnung der Nebenordnung (Parataxe). Derartige komplexe Sätze werden als Satzverbindungen bezeichnet.

Der Satz dagegen:

Beispiel

Der Student schreibt eine Syntaxklausur, weil er einen linguistischen Leistungsnachweis braucht.

lässt sich ebenfalls auf zwei einfache Sätze zurückführen, nämlich:

Der Student schreibt eine Klausur. und:
Er braucht (nämlich) einen linguistischen Leistungsnachweis.

Diese beiden Sätze befinden sich nicht in der Relation der Nebenordnung. Vielmehr ist der zweite Satz dem ersten untergeordnet. In grammatischer Hinsicht ist diese Relation dadurch deutlich erkennbar, dass bei dem übergeordneten ersten Satz die flektierte Verbform an zweiter Stelle der Satzglieder steht, während sie bei dem untergeordneten zweiten Satz Endstellung einnimmt.

Hypotaxe
Satzgefüge

Derartige komplexe Sätze, bei denen mindestens ein Satz in der Relation der Unterordnung (Hypotaxe) unter einen anderen Satz steht, werden als Satzgefüge bezeichnet. Übergeordnete Teilsätze eines Satzgefüges werden Hauptsätze, untergeordnete Neben- oder Gliedsätze genannt.

Zweitens: Die kommunikative Funktion syntaktischer Strukturen kann hier nicht behandelt werden. Für eine spezielle Darstellung der linguistischen Disziplin *Syntaktik* wäre aber gerade dies außerordentlich wichtig, um deutlich zu machen, dass z. B. strukturelle syntaktische Relationen durchaus nicht spiegelbildlich logische Verhältnisse wiedergeben müssen. So wird z. B. in dem Satzgefüge:

> *Ich habe den Eindruck, dass einige meiner Studenten von dem Linguistikstudium richtig begeistert sind.*

die viel weiter gehendere „wichtigere" Prädikation, Aussage, nicht im Haupt-, sondern im Neben-/Gliedsatz ausgedrückt!

Gerade für die an dieser Stelle ausgeschlossenen Gegenstandsbereiche sowie für eine detaillierte Darstellung des deutschen Satzbaus wird ausdrücklich auf die Studieneinheit *Grammatik des deutschen Satzes* verwiesen. ⟹

• Begriffsklärungen

Der *Satz*-Begriff

Eine eindeutige und zugleich allgemein akzeptierte Definition des Begriffes *Satz* ist in der Linguistik bisher nicht gefunden bzw. durchgesetzt worden.
Dieser Sachverhalt mag zunächst befremden; denn so, wie wir ganz selbstverständlich zu wissen glaubten, was ein *Wort* sei (s. S. 91ff.), verfügen wir auch über eine intuitive Vorstellung von der sprachlichen Einheit *Satz*, die uns z. B. dazu befähigt, in einem ohne Interpunktionszeichen geschriebenen Text in relativ hoher Übereinstimmung mit anderen Sprachteilnehmern die Satzgrenzen zu markieren. Rückverweis
Eine wissenschaftliche, d. h. exakte, Formulierung dieses intuitiven Wissens bereitet dagegen allergrößte Schwierigkeiten und ist damit der Ihnen bereits bekannten Problematik einer schlüssigen Definition des *Wort*-Begriffs vergleichbar.

Zunächst muss darauf hingewiesen werden, dass das sprachliche Zeichen *Satz* sehr wohl auch objektsprachlich zur Bezeichnung nichtsprachlicher Phänomene verwendet wird, so z. B.

– im Sport/Tennis: eine Einheit von Spielen = *1. Satz, 2. Satz, Gewinnsatz*
  Leichtathletik: ein weiter, gelungener Sprung im Weitsprung = *ein gewaltiger Satz*

– im Kfz-Gewerbe:
  eine Einheit von Schraubenschlüsseln = *ein Satz Ringschlüssel*
  4 Reifen = *ein Satz Reifen*

– im Haushalt:
  eine Ablagerung = *Kaffeesatz, Bodensatz*

Aber auch bei objektsprachlicher Verwendung zur Bezeichnung sprachlicher Phänomene ist der Geltungsbereich von *Satz* nicht linguistisch eindeutig zu definieren. In der Aussage:

> *Ich werde zu diesem Thema jetzt noch einige Sätze sagen.*

verweist das Zeichen *Satz* lediglich auf einen folgenden Text, der ganz unterschiedliche Ausdehnung haben kann und dessen Einheiten zumindest partiell durchaus nicht der linguistischen Satzstruktur entsprechen müssen, sondern z. B. auch Ausrufe oder unvollständige Sätze (Ellipsen) sein können. *Satz* verweist hier lediglich sehr vage auf *Aussagen*.

Satz-Begriff

Unter linguistischem Aspekt hat der S a t z - B e g r i f f eine Vielzahl von Beschreibungen gefunden, die aber allesamt nicht den Status einer Definition im strengen Sinne beanspruchen können, weil sie nicht umfassend sind.

Zur Veranschaulichung sollen hier einige Beispiele vorgestellt werden:

- „Der Satz im Deutschen wird also dadurch charakterisiert, daß er zweigliedrig, nominativisch und verbal ist." (Admoni 1966, 223)
- „Der Satz ist eine Sinneinheit." (Schmidt 1967, 241)
- „*Satz* bezieht sich also im Regelfalle auf eine Mehrheit sprachlicher Zeichen, die im zeitlichen Nacheinander der Elemente geäußert, doch als gleichzeitig geltend, als komplexe Einheit gemeint und gesetzt sind." (Erben 1968, 113)
- „Danach ist der Satz zunächst jene Redeeinheit, mit der der Sprechende zu einer besonderen Wirklichkeit im Leben, d. h. zur zeitlichen Verhaltensweise eines Wesens oder Dinges im geschlossenen Gedankenschritt, Stellung nimmt und bei welcher der Hörende das nacheinander Gesprochene als ein Miteinander in sein Bewußtsein aufnimmt." (DUDEN-Grammatik 1959, 432)

Während bei Admoni der *Satz*-Begriff g r a m m a t i s c h - f o r m a l gefasst wird, erfolgt die Beschreibung bei Schmidt unter einem l o g i s c h e n Aspekt, der auch bei Erben angesprochen wird, bei dem zusätzlich auf die Linearität des verbalen Zeichens und die damit verbundenen psychologischen Implikationen verwiesen wird.
In der DUDEN-Grammatik erfolgt die *Satz*-Beschreibung unter einem l o g i s c h e n und p s y c h o l o g i s c h e n Aspekt, der auch die p r a g m a t i s c h e n Kommunikationsbedingungen der Hörerseite einschließt.
Es ist in weiteren Ansätzen zur Beschreibung bzw. Klärung des *Satz*-Begriffes darauf hingewiesen worden, dass es sich um eine Intonationseinheit, eine Formeinheit, um die größte g r a m m a t i s c h e r Beschreibung zugängliche Einheit handelt usw.

J. Ries hat in seiner Schrift *Was ist ein Satz?* (1931) schon 140 *Satz*-Definitionen aufgelistet, die Seidel (1935) durch weitere 83 Begriffsbestimmungen ergänzt hat, zu denen in der Zwischenzeit eine Vielzahl hinzugekommen ist.
Hiermit ist wohl hinreichend deutlich geworden, dass es aufgrund der strukturellen als auch der funktionalen Komplexität des Phänomens *Satz* nicht möglich und auch nicht nötig ist, eine erschöpfende mathematisch knappe Definition im eigentlichen Sinne zu finden. Je nach dem linguistischen Beschreibungszusammenhang, in dem die sprachliche Einheit *Satz* thematisiert wird, werden andere Aspekte des Begriffs als relevant in den Vordergrund treten.

In der hier vorliegenden zeichenlinguistischen Darstellung des einfachen Satzes bietet sich als plausibelste Begriffsbestimmung des Phänomens die Beschreibung des amerikanischen Strukturalismus an:

> „ ... each sentence is an independent linguistic form, not included by virtue of any grammatical construction in any larger linguistic form."
> [Jeder Satz ist eine unabhängige sprachliche Form, die durch keine grammatische Konstruktion in eine größere sprachliche Form eingebettet ist.]
>
> Bloomfield (1933), 170

Mit dieser Definition wird darauf hingewiesen, dass sich nur i n n e r h a l b der Satzgrenzen, d. h. u n t e r h a l b der Satzebene, grammatische Beziehungen analysieren bzw. vorhersagen lassen.

Um hierfür ein ganz einfaches Beispiel zu geben, das Sie bereits kennen:
Die Kongruenz-Relation zwischen Subjekt- und Prädikatbereich lässt bei einem Subjekt im Singular die Vorhersage zu, dass die Flexionsendung des Verbs bei aller sonst möglichen semantischen Differenzierung *-t* sein wird, z. B.

Er ~t (*Er komm-t*)
und nicht:
Er ~en* (Er komm-en*)

Derartige grammatische Beziehungen lassen sich oberhalb der Satzgrenze nicht vorhersagen oder analysieren, d. h., es ist nicht möglich vorauszusagen, welche grammatisch-strukturellen Eigenschaften ein Satz haben wird (bzw. muss), der im Text auf einen vorhergehenden Satz folgt. Mit anderen Worten formuliert: Während unterhalb der Satzgrenze distributionelle Strukturen bestehen, gibt es diese oberhalb der Satzebene in dieser Form nicht.

Die Strukturmerkmale von Texten untersucht die relativ junge linguistische Disziplin T e x t l i n g u i s t i k, für die die gleichnamige Studieneinheit eine Einführung bietet. ⟹

Satz und *Äußerung*

Bei der Differenzierung des Begriffs *Sprache* (s. Kap. 2.1) haben Sie gelernt, dass das Sprachsystem, die *langue*, ein für eine Sprachgemeinschaft zu einer bestimmten Zeit im Sinne einer Norm geltendes und verpflichtendes System von Zeichen und Verknüpfungsregeln darstellt, aus dem der einzelne Sprachteilhaber im Sprechakt, im Rahmen der *parole*, eine individuelle Abwahl trifft und einen Text produziert. Bei diesem Prozess der Realisierung einer sprachstrukturellen Norm in der *parole* sind häufig Variationen bzw. Abweichungen in einer ganz bestimmten Bandbreite feststellbar, so z. B. bei der Repräsentation eines Phonems durch die entsprechenden Phone. Rückverweis
Sie wissen weiterhin, dass diese Abwahl und die Textproduktion durch die Intention des Sprechers, die Erwartung des Hörers und die situative Einbettung des Sprechaktes, d. h. seine kommunikativen Bedingungen, gesteuert wird.

Dieser Sachverhalt ist für die uns hier interessierende Klärung des *Satz*-Begriffs von weit reichender Bedeutung: Der Satz ist eine sprachstrukturelle Einheit, eine Norm der *langue*, deren Realisierung im Bereich der *parole* als Ä u ß e r u n g (engl. *utterance*) bezeichnet wird und dieser Norm je nach kommunikativen Bedingungen deckungsgleich ist oder aber nur partiell entspricht. Äußerung

In Texten, die dem herkömmlichen philologisch-literaturwissenschaftlichen Textbegriff entsprechen, fiktionalen Texten, wie einem Roman, einer Novelle, oder auch in Sachtexten, wie z. B. einer historischen oder technischen Darstellung, werden die Äußerungen, aus denen die Texte zusammengesetzt sind, in hohem Maße oder ausschließlich den entsprechenden Sätzen als sprachstrukturellen Einheiten entsprechen. Der Grund hierfür liegt in der Tatsache, dass derartige Texte keine oder eine sehr geringe außersprachliche situative Einbettung haben und alle kommunikativen Bedingungen sprachlich aufgebaut, v e r b a l i s i e r t werden müssen.

> Damit bei dem Leser oder Hörer eine entsprechende Vorstellung entsteht, muss in einem Roman oder einer Novelle *gesagt, verbalisiert* werden, dass z. B. drei Männer in einem Raum einer Gaststätte um einen runden Tisch sitzen und Karten spielen, dass einer der Spieler ermüdet oder unaufmerksam ist und dass ihn daraufhin ein Mitspieler schließlich auffordert, seinerseits nun endlich die Karten auszuteilen und damit das Spiel fortzuführen. Beispiel

In gedruckten Texten dagegen, die hohe nichtverbale Elemente aufweisen, wie z. B. Comicstrips oder Werbeanzeigen, oder in mündlichen Texten, die in bestimmten Lebenssituationen produziert werden, z. B. im Beruf, beim Sport oder Spiel, in der Familie, werden die Äußerungen nur partiell den Sätzen entsprechen und dennoch von allen Sprachteilhabern intuitiv auf eben diese Sätze als sprachstrukturelle Normen bezogen werden.

Im Deutschen werden nominale Ausdrücke bei isolierter Nennung im Nominativ gebraucht:

ein durchtrainierter, schneller Läufer
ein schöner, starker Wagen
und nicht:
**einen durchtrainierten, schnellen Läufer*
**einen schönen, starken Wagen*

Aber: Wenn ich meine Studenten in meiner Vorlesung begrüße und sage:

Beispiel

„Einen schönen guten Morgen!"
käme niemand auf die Idee, hier als normgerecht für die isolierte Nennung eines Nominalausdrucks den Nominativ zu verlangen:
**Ein schöner guter Morgen*

Es handelt sich nämlich nicht um eine derartige isolierte Nennung. Vielmehr wird meine Äußerung intuitiv von allen als partielle Realisierung des Satzes verstanden:

„Ich wünsche Ihnen einen schönen guten Morgen!"

Unser intuitives Wissen von Sätzen als sprachstrukturellen Einheiten und die Internalisierung dieser Strukturen macht die Äußerungen für uns auch dann nicht nur verständlich, sondern eindeutig, wenn sie scheinbar stark defektiv im Vergleich mit dem entsprechenden Satz sind. Der Grad der Reduzierung der Norm in der Realisierung als Äußerung hängt hierbei vom Grad und der Komplexität ihrer Einbettung in die jeweiligen kommunikativen Bedingungen ab.

Es wird kaum vorkommen, dass einer von drei Kartenspielern an einem Tisch im Gasthaus auf die Aufforderung eines Mitspielers: *Du gibst!* zurückfragt: *Was denn?*

Grammatikalität und Akzeptanz

Werden Sätze nach dem Kriterium ihrer G r a m m a t i k a l i t ä t beurteilt, so sind Äußerungen darüber hinaus nach dem Kriterium ihrer k o m m u n i k a t i v e n A k z e p t a n z zu bewerten.
Dem Satz als Einheit der *langue* entspricht also auf der Ebene der *parole* die Äußerung. Wenn wir bisher festgestellt haben, dass der Satz eine Einheit ist, aus der sich der Text zusammensetzt, so kann jetzt linguistisch präziser formuliert werden: Der Text setzt sich aus Ä u ß e r u n g e n zusammen, die ihrerseits S ä t z e n deckungsgleich oder partiell entsprechen können.

Aufgabe 20

Bei wichtigeren Tennisturnieren fordert der Unparteiische die Spieler nach Spielpausen zur Fortführung des Matches dadurch auf, dass er „Time!" ruft.

Skizzieren Sie den sprachstrukturellen und kommunikativen Zusammenhang, der diese Äußerung sinnvoll und verständlich macht.

• Paradigmatische Strukturen

Satzarten

Im Deutschen gibt es vier grundsätzliche Satzarten, die der Sprecher in Abhängigkeit von seiner Kommunikationsintention und den Kommunikationsbedingungen wählen kann.
Strukturell sind diese vier Satzarten auf zwei unterschiedliche Satzgliedpositionen des Verbs als Prädikatskern zurückzuführen:

Aussagesatz

Bei Zweitstellung des Verbs liegt ein A u s s a g e s a t z vor:

Julie / deckt / den Tisch.

Bei Erst-/Spitzenstellung des Verbs wird ein F r a g e s a t z oder A u f f o r d e r u n g s - / B e f e h l s s a t z produziert, z. B. Fragesatz Befehlssatz

Deckt / Julie / den Tisch?
Deck / den Tisch / Julie!

Durch Spitzenstellung gekennzeichnet ist auch der A u s r u f e s a t z, z. B. Ausrufesatz

Nehmen Sie / doch noch / ein Stück Torte!
Schmeckt / Ihre Torte / wieder phantastisch!

Wie die beiden Beispiele deutlich machen, handelt es sich bei dem Ausrufesatz entweder um eine Form des Aufforderungssatzes oder um eine Umformung des Aussagesatzes, bei der die Emphase (Gefühlsausdruck) gerade durch die Spitzenstellung des Verbs mitbewirkt wird.

Satzglieder

Verfahren zur Ermittlung von Satzgliedern

Der Satz hat keine einschichtige Struktur, die durch die unmittelbare Kombination der Zeichen, der W ö r t e r, zur Satzebene gekennzeichnet wäre. Wie Sie vielmehr wissen, formieren die Zeichen zunächst Einheiten komplexerer Struktur, die Satzglieder, und erst diese wiederum bilden durch ihre Kombination den Satz, der damit eine mehrschichtige, und zwar eine hierarchische Struktur hat. Um herauszufinden, welche Zeichen oder Zeichenkombinationen den Status von Satzgliedern haben oder haben können, werden verschiedene Verfahren angewendet.

Das wichtigste dieser Verfahren ist die P e r m u t a t i o n* (Umstellprobe), mit der ermittelt wird, welche Folgen von Sprachzeichen bei der Transformation (Umformung) des Satzes immer zusammenbleiben müssen und damit den Status von Satzgliedern haben. Permutation

Mit niedergeschlagenen Augen / nimmt / die naschhafteTante / ein viertes Stück Torte.

Welche Permutationen dieses Satzes auch vorgenommen werden, die in Schrägstriche eingeschlossenen Zeichenkombinationen müssen immer zusammenbleiben und sind damit Satzglieder.

Durch Permutation lässt sich ein Satz in eine andere Satzart oder eine beabsichtigte stilistische Variante überführen:

Julie / deckt / heute einmal / den Tisch.
Deckt / Julie / heute einmal / den Tisch?
Den Tisch / deckt / Julie / heute einmal.

Ein weiteres Verfahren ist das der S u b s t i t u t i o n (Ersatzprobe). Dieses erlaubt es einerseits, den syntaktischen Distributionswert der einzelnen Zeichen eines Satzgliedes zu bestimmen, wie dies bei der Darstellung der paradigmatischen und syntagmatischen Relation (s. Kap. 2.3) nachgewiesen worden ist. Andererseits kann durch die Substitution ermittelt werden, durch welche P r o - F o r m e n ein Satzglied ersetzt werden kann, so z. B. ein nominales Satzglied durch ein P r o n o m e n: Substitution Rückverweis

Die gestressten armen Studenten / können / ihrem redegewaltigen Professor / nicht mehr zuhören.
Sie / können / ihm / nicht mehr zuhören.

Besonders wichtig ist das Verfahren der Substitution für die Beschreibung des komplexen Satzes und für den Nachweis der Beziehung zwischen Satzgliedern und Glied-/Nebensätzen.

Deletion

Das Verfahren der Deletion* (Weglassprobe) schließlich zeigt auf, welche Satzglieder eines Satzes obligatorisch und welche fakultativ sind:

Beispiel

Die naschhafte Tante / nimmt / mit niedergeschlagenen Augen / ein viertes Stück Torte.
Die naschhafte Tante / nimmt / ./ / ein viertes Stück Torte.

In einem weiteren Schritt können auch innerhalb der verbleibenden obligatorischen Satzglieder fakultative Einheiten deletiert, also weggelassen, werden, was bei der Ermittlung von Kernsätzen (vgl. S. 111) wichtig ist, z. B.

Die naschhafte Tante / nimmt / ein viertes Stück Torte.
Die Tante / nimmt / ein Stück Torte.

Satzglieder der Subjektsphäre

Subjekt

Das Subjekt eines Satzes ist das Satzglied, das durch die mit dem Satz getroffene Prädikation näher bestimmt bzw. beschrieben wird.
Am leichtesten lässt sich das Subjekt eines Satzes durch die Frage: *Wer oder was?* ermitteln:

Das Beschneiden der Obstbäume sollte ein erfahrener Gärtner ausführen.
Wer oder was sollte das Beschneiden der Obstbäume ausführen?
Ein erfahrener Gärtner sollte ...

Als Subjekt fungiert meist ein Substantiv oder eine Nominalgruppe im Nominativ wie im oben stehenden Beispiel. Aber auch Eigennamen, Pronomen oder Infinitiv- und Partizipialkonstruktionen können Subjekt eines Satzes sein:

Julie deckt den Tisch.
Sie deckt den Tisch.
Frühstücken macht Spaß.
Gezögert heißt beim Tennis schon halb verloren.

Satzglieder der Prädikatsphäre

Der Subjektsphäre wird in der Syntaktik gemeinhin die Prädikatssphäre gegenübergestellt, zu der alle die Bestandteile des Satzes gehören, die nicht in die Subjektsphäre fallen.

Prädikatskern

Bei der Prädikatsphäre muss differenziert werden zwischen dem Prädikatskern oder dem eigentlichen Prädikat, worunter nur die Verbanteile der Prädikatsphäre fallen, und weiteren Anteilen, z. B. Objekten oder Adverbialen.

finites Verb

Der Prädikatskern kann einteilig sein in Gestalt einer flektierten Verbform (finites Verb) oder mehrteilig aus dem finiten Verb und dem dazugehörigen Partizip bzw. Infinitiv bestehen.

verbale Klammer

Ebenfalls zum mehrteiligen Prädikatskern gehören Morphem- bzw. Lexem-Komponenten des Verbs, die in bestimmten syntaktischen Konstruktionen vom Verb lösbar sind und zu der für das Deutsche typischen Klammerbildung in der Prädikatsphäre führen:

Verb: *vorlesen*
Der Student *liest* seinen Kommilitonen sein Referat leider *vor.*

Verb: *warm machen*
Der Wirt *macht* für die frierenden Skifahrer ein Süppchen *warm.*

Verb: *zur Wahl stellen*
Der Dekan *stellt* sich nach langer Überlegung wieder *zur Wahl.*

Diese verbale Klammer kann durch Ausfüllen mit Satzgliedern sehr stark gespreizt werden, was besonders bei Ausländern zu massiven Verständnisschwierigkeiten führen kann.

Das Prädikativ

Eine Anzahl von Verben (z. B. *sein, werden, bleiben, gelten als* usw.) fordert als obligatorisches Satzglied der Prädikatsphäre ein Subjekt im Nominativ, das auch als Prädikatsnomen oder Gleichsetzungsnominativ bezeichnet wird, oder ein Adjektiv/Adverb, das Prädikatsadjektiv genannt wird. Prädikatsnomen und Prädikatsadjektiv werden unter der Bezeichnung Prädikativ häufig zusammengefasst, z. B.

Prädikatsnomen
Prädikatsadjektiv

Klaus wird später einmal *Lehrer.*
Julie ist *fröhlich / hier.*

Objektergänzungen

Nominale Satzglieder der Prädikatsphäre, die direkt vom Prädikatskern abhängen, werden als Objekte bezeichnet.
Hierbei unterscheidet die herkömmliche (traditionelle) Syntaktik zwischen kasusregierten Objekten und Präpositionalobjekten, die durch eine Präposition eingeleitet bzw. bestimmt werden. Kasusregierte Objekte finden wir in folgenden Beispielen:

kasusregiertes Objekt

Der Gärtner beschneidet *die Obstbäume.*
Der Hund gehorcht *seinem Herrn.*

Bei den kasusregierten Objekten differenziert man zwischen dem Akkusativobjekt, das durch die Frage: *Wen oder was?*, dem Dativobjekt, das durch die Frage: *Wem?* und dem Genitivobjekt, das durch die Frage: *Wessen?* zu identifizieren ist, z. B.

Der Gärtner beschneidet *die Obstbäume.*
Wen oder was beschneidet der Gärtner?

Der Hund gehorcht *seinem Herrn.*
Wem gehorcht der Hund?

Die Gemeinde gedenkt *ihrer Toten.*
Wessen gedenkt die Gemeinde?

Die Präpositionalobjekte sind jeweils fest, d. h. idiomatisch mit einer Präposition verbunden, und können durch Fragen ermittelt werden, die diese Präposition integrieren, z. B.

Präpositionalobjekt

Julie wartet *auf* den Gärtner.
Auf wen wartet Julie?

Der Patient spricht *mit* seinem Arzt.
Mit wem spricht der Patient?

Als Adverbiale werden Satzglieder bezeichnet, die meist fakultativ sind und in der Form von Adjektiven, Adverbien und Nominalgruppen erscheinen können, z. B.

Adverbiale

Der Männerchor singt *laut.*	–	Adjektiv
Der Männerchor singt *dort.*	–	Adverb
Der Männerchor singt *zwei Stunden.*	–	Nominalgruppe
Der Männerchor singt *zur Unterhaltung.*	–	präpositionale Nominalgruppe.

Wie aus den oben stehenden Beispielen hervorgeht, kann die semantische Funktion der Adverbiale eine modale (Art und Weise), lokale (örtliche), temporale (zeitliche) oder kausale (Grund, Ursache) Differenzierung der Aussage sein. Die entsprechende Frage zur Identifizierung dieses Satzglieds macht dies schon deutlich: *Wie?*(modal), *Wo?* (lokal), *Wann/wie lange?* (temporal), *Warum?* (kausal) usw.

Die Abgrenzung des Präpositionalobjekts von der Adverbiale in der Form der präpositionalen Nominalgruppe ist im Einzelfall oft zunächst nicht leicht, z. B.

Julie wartet *auf den Gärtner.* – Präpositionalobjekt
Julie wartet *auf dem Bahnsteig.* – Adverbiale.

Hierzu kann gesagt werden, dass Präpositionalobjekte sich in der Regel auf belebte oder unbelebte Gegenstände beziehen und syntaktisch durch Pronomen substituiert werden können, während präpositionale Adverbiale einen Zustand oder Prozess differenzieren und durch Adverbien substituierbar sind, z. B.

Julie wartet *auf den Gärtner.*
Julie wartet auf *ihn.*
Julie wartet *auf dem Bahnsteig.*
Julie wartet *dort.*

Das Attribut

Fakultative Erweiterungen von nominalen Satzgliedern, die nicht den gleichen Satzgliedrang wie die bisher besprochenen Syntagmen haben, werden als A t t r i b u t e bezeichnet. Es handelt sich also um Satzgliedteile, die den Satzgliedern erster Ordnung untergeordnet sind. Dies wird deutlich dadurch, dass bei deren Permutation, der Umstellprobe, die Attribute von dem sie dominierenden Satzglied nicht getrennt werden können und stets in ihrer festen Position mitverschoben werden müssen.

Adjektivattribut

Das Attribut kann als vorangestelltes A d j e k t i v a t t r i b u t , z. B.

Ein *kluger* Kopf

Adverbialattribut

oder nachgestelltes A d v e r b i a l a t t r i b u t auftreten, z. B.

Der Wagen *dort.*

Apposition

Das voran- oder nachgestellte Attribut in Form eines Substantivs oder einer Nominalgruppe im gleichen Kasus wird als A p p o s i t i o n bezeichnet, z. B.

Karl *der Große*
Die Bundeshauptstadt Bonn.

Genitivattribut

G e n i t i v a t t r i b u t e stellen neben den Adjektivattributen die häufigsten Attribute dar, z. B.

Die Klausur *des Studenten*
Der größte Teil *meiner Arbeitszeit.*

Präpositionalattribut

P r ä p o s i t i o n a l a t t r i b u t e sind meist nachgestellte präpositionale Nominalgruppen, die eine vielfältige Differenzierung des dominierenden Satzgliedes erlauben, z. B.

Mein Freund *in Kassel*
Ein Herz *aus Stein.*

Bei Zweifeln, ob es sich in einem gegebenen Satz um eine präpositionale Adverbiale oder ein präpositionales Attribut handelt, kann das Verfahren der Permutation Klarheit schaffen. Während nämlich die präpositionale Adverbiale als Satzglied ersten Ranges selbstständig verschoben werden kann, bleibt das präpositionale Attribut immer an das dominierende Satzglied gebunden:

Karl schreibt seinem Freund *im Krankenhaus* einen Brief.
Im Krankenhaus schreibt Karl seinem Freund einen Brief. – Adverbiale

Karl schreibt *seinem Freund im Krankenhaus* einen Brief.
Seinem Freund im Krankenhaus schreibt Karl einen Brief. – Attribut

Kernsätze

Sie haben gelernt, dass Sätze Einheiten des Sprachsystems, der *langue*, sind, deren Realisierungen als Äußerungen auf der Ebene der *parole* bestimmten Modifikationen oder Transformationen in Abhängigkeit von den jeweiligen Kommunikationsbedingungen unterliegen. Der Satz kann also als ein Muster aufgefasst werden, das Variationen zulässt, die aber alle dem Muster als Grundstruktur entsprechen. Während die Zahl der potenziellen Äußerungen unendlich ist, sind die Grundmuster deutscher Sätze nicht nur überschaubar, sondern stellen ein sehr kleines Inventar dar. Diese Grundmuster, die nicht weiter reduzierbare unterschiedliche syntaktische Strukturen darstellen, werden als K e r n s ä t z e bezeichnet. Der Kernsatz wird durch das Verfahren der D e l e t i o n ermittelt, mit dem alle für die Grundprädikation nicht notwendigen Satzelemente getilgt werden. Hierbei werden sowohl Satzglieder erster Ordnung als auch weitere untergeordnete Satzteile getilgt:

Deletion

Beispiel

> *Der fleißige Student der Linguistik / schreibt / am Ende des Wintersemesters / eine schwierige Klausur zu Fragen der deutschen Syntax / im völlig überfüllten Hörsaal IV der Universität Kassel.*

Durch Deletion der Satzglieder erster Ordnung, in diesem Fall der temporalen und lokalen Adverbialen, erhalten wir den Satz:

> *Der fleißige Student der Linguistik / schreibt / eine schwierige Klausur zu Fragen der deutschen Syntax.*

Die Deletion des nachgestellten Genitivattributs und des präpositionalen Attributs führt zu dem Satz:

> *Der fleißige Student / schreibt / eine schwierige Klausur.*

Die Deletion der vorangestellten Adjektivattribute führt schließlich zu dem Kernsatz:

> *Der Student / schreibt / eine Klausur.*

Dem umfangreichen Aussagesatz liegt also eine ganz einfache Struktur zugrunde. Oder anders formuliert: Der Ausgangssatz ist durch E x p a n s i o n e n der Grundstruktur, nämlich des Kernsatzes, entstanden.

Expansion

Es muss hier nachdrücklich darauf hingewiesen werden, dass die Ermittlung von syntaktischen Grundstrukturen eine teilweise erhebliche semantische Modifikation der Äußerung darstellt.

Die Valenz des Verbs

Welche Satzglieder in einem Kernsatz obligatorisch sind, wird von der Eigenschaft des Verbs als Prädikatskern gesteuert, eine bestimmte Zahl von Ergänzungen in Form von Satzgliedern zu fordern.

- So fordert das Verb *finden* z. B. zwei obligatorische Ergänzungen, nämlich Subjekt und Akkusativobjekt:
  Er findet das Buch.
- Das Verb *geben* dagegen bindet obligatorisch drei Ergänzungen:
  Er gibt seinem Freund das Buch.
  Die drei Ergänzungen sind obligatorisch, keine von ihnen ist zu deletieren, ohne dass der Satz ungrammatisch würde. Deshalb fordert das Verb *geben* als Ergänzungen neben dem Subjekt zwei weitere Ergänzungen in der Prädikatsphäre, nämlich das Akkusativobjekt und das Dativobjekt.

Diese Eigenschaft des Verbs, als Prädikatskern eines Satzes eine Anzahl ganz bestimmter Satzglieder als Ergänzung obligatorisch zu binden, wurde von dem französischen

Linguisten Lucien Tesnière die V a l e n z* des Verbs (von lat. *valere* = wert sein, einen Wert haben) genannt. Diese Bezeichnung hat sich in der Linguistik allgemein durchgesetzt.

Wertigkeit des Verbs (Valenz)

Je nachdem, ob ein Verb die Valenz 1, 2 oder 3 hat, wird es als e i n w e r t i g, z w e i - w e r t i g oder d r e i w e r t i g bezeichnet. Die Valenz des Verbs bestimmt die Struktur des mit ihm gebildeten Kernsatzes: Ist das Verb einwertig, bindet es obligatorisch nur das Subjekt, z. B.

Julie singt.

Ist es dagegen zweiwertig, erfordert es neben der Subjektergänzung noch eine Ergänzung im Prädikatsbereich, im folgenden Beispiel das Akkusativobjekt:

Julie pflückt Blumen.

Da das Verb aufgrund seiner Eigenschaft, bestimmte Satzglieder obligatorisch zu binden, die Struktur von Kernsätzen bestimmt, kann es quasi als Dreh- und Angelpunkt des Satzes aufgefasst werden.

Nach dieser Darstellung des Kriteriums der Valenz des Verbs ist es im Folgenden sehr leicht möglich, eine Übersicht über die wichtigsten Kernsätze des Deutschen zu geben.

Kernsätze ohne Ergänzungen der Prädikatsphäre

einwertige Verben

Da jeder deutsche Satz mindestens aus den Satzgliedern Subjekt und Prädikat (finites Verb als Prädikatskern) besteht (auf die wenigen problematischen Abweichungen kann hier nicht eingegangen werden), wird der Typ des Kernsatzes ohne Ergänzungen der Prädikatsphäre von e i n w e r t i g e n V e r b e n gebildet, die obligatorisch nur das Subjekt als Ergänzung binden nach der Struktur:

Subjekt – Prädikat:
Er schläft.
Die Uhr schlägt.

Zur Gruppe der einwertigen Verben gehören die V o r g a n g s v e r b e n wie *schlafen, ruhen, weinen* usw.
Verben, die eigentlich ein Objekt erfordern und damit zweiwertig sind, wie z. B. *singen: Julie singt ein Lied*, können dann einwertig gebraucht werden, wenn sie einen Vorgang bezeichnen:

Julie singt.

Eingliedrige Ergänzungen der Prädikatsphäre

zweiwertige Verben

Kernsätze mit eingliedriger Ergänzung der Prädikatsphäre werden mit z w e i w e r t i - g e n V e r b e n gebildet, die neben dem Subjekt noch ein weiteres Satzglied binden. Unter Berücksichtigung des Verbs *sein*, das wegen seiner morphologischen und funktionalen Sonderstellung in manchen Darstellungen getrennt behandelt wird, gehören hierher folgende Kernsatztypen:

Subjekt – Prädikat – Akkusativobjekt:
Der Arzt betreut seine Patienten.
Der Jäger lobt seinen Hund.

Subjekt – Prädikat – Dativobjekt:
Das Buch gehört meinem Freund.
Der Hund folgt seinem Herrn.

Subjekt – Prädikat – Genitivobjekt:
Die Versammlung gedenkt der Toten.
Die Behauptung entbehrt der Grundlage.

In der deutschen Gegenwartssprache sind Sätze dieser Struktur außerordentlich selten und werden eigentlich nur noch idiomatisch gebraucht. Ihre Funktion ist von dem folgenden Strukturtyp übernommen worden:

Subjekt – Prädikat – präpositionales Objekt/Adverbiale:
Sie denkt an den Toten.
Die Studenten sprechen von ihrem Professor.
Der Professor spricht zwei Stunden.
Der Sportler ist in Hochform.

Subjekt – Prädikat – Prädikativ:
Zu diesem Kernsatztyp gehört zunächst das Prädikatsnomen:
Klaus ist Lehrer.
Kinder bleiben Kinder.

Ebenso gehören dazu das Prädikatsadjektiv/Prädikatsadverb:
Das Wetter ist / bleibt schön.
Die Kinder bleiben / sind dort / allein.

Zweigliedrige Ergänzungen der Prädikatsphäre

dreiwertige Verben

Dreiwertige Verben bilden Kernsatzstrukturen, die durch zweigliedrige Ergänzungen der Prädikatsphäre gekennzeichnet sind:

Subjekt – Prädikat – Dativobjekt – Akkusativobjekt:
Der Lehrer gibt dem Schüler das Buch.
Der Dekan schenkt seiner Sekretärin Blumen.

Subjekt – Prädikat – Akkusativobjekt – präpositionales Objekt/Adverbiale:
Der Trainer hält den Sprinter für eine Ausnahme.
Er verrät ihn an seine Feinde.
Julie stellt die Blumen auf den Tisch.
Der Sohn fährt den Wagen in die Garage.

Subjekt – Prädikat – Dativobjekt – Adverbiale:
Er klopft seinem Freund auf die Schulter.
Er hilft ihm bei der Arbeit.

In einigen Darstellungen finden sich Beispiele für dreigliedrige Ergänzungen, wie z. B.

Er schlägt ihm die Faust auf den Kopf.

Es ist aber sehr fraglich, ob es sich hier um die Kernsatzstruktur handelt: Subjekt – Prädikat – Dativobjekt – Akkusativobjekt – Adverbiale. Das Akkusativobjekt kann nämlich durch Deletion getilgt werden, ohne dass der Satz ungrammatisch wird, womit zweifelhaft ist, ob es sich um einen Kernsatz handelt.

sprachliche Ökonomie

Unabhängig von eventuellen zahlenmäßig unerheblichen weiteren Kernsatztypen ist hinreichend deutlich geworden, dass für die deutsche Syntax eine verblüffend geringe Zahl syntaktischer Grundstrukturen gilt. Gemäß dem Prinzip der Ökonomie als generellem Kriterium menschlicher Sprache ist so auch im Bereich der Syntax wiederum offensichtlich, dass mit einem begrenzten Inventar von Satzstrukturen durch vielfältige Kombinationsmöglichkeiten unbegrenzte Realisierungen erfolgen können.

• Syntagmatische Strukturen

Die Syntaktik hat nicht nur das Inventar syntaktischer Einheiten und Grundstrukturen nachzuweisen, sondern auch die vielfältigen syntagmatischen Konstellationen dieses

Inventars in konkreten Sätzen zu beschreiben. Diese Beschreibung sollte in einer zusammenhängenden Darstellung erfolgen, d. h., die Beschreibungskategorien sollten geeignet sein, alle syntaktischen Phänomene der betreffenden Sprache widerspruchsfrei zu erfassen.

Rückverweis

Bei der Besprechung der wissenschaftlichen Modellbildung an früherer Stelle in dieser Studieneinheit (Exkurs in Kap. 2.2.1, S. 27ff.) haben Sie bereits kennen gelernt, was Sie sich unter einer derartigen – im Idealfall widerspruchsfreien und zusammenhängenden – Darstellung eines Phänomens vorzustellen haben: das zum Original in Analogiebeziehung stehende Modell. Derartige Modelle werden, wie Sie wissen, T h e o r i e n genannt. Die zahlreichen syntaktischen Theorien und ihre Analyse- und Darstellungsverfahren entsprechen diesem Postulat in unterschiedlich hohem Grade; eine in sich absolut schlüssige Syntaxtheorie ist bis zum heutigen Tage nicht vorgelegt worden.

Syntaktische Untersuchungs- und Beschreibungsprozeduren können entweder von den Sprachzeichen bzw. Wörtern ausgehen und deren Kombination zu Satzgliedern und die der Satzglieder zu Sätzen verfolgen. Der umgekehrte Weg geht von der Satzebene aus und untersucht die Zusammensetzung des Satzes aus Einheiten von immer geringerer Komplexität. Diese beiden Ansätze und Verfahren syntaktischer Beschreibung sind nicht beliebig austauschbar oder gleichwertig: Vielmehr ist die jeweils eingenommene Analyse- und Beschreibungsrichtung im gesamten Darstellungsrahmen – der einbettenden Theorie – zu begründen.

In der strukturalistischen Linguistik hat sich die Ansicht durchgesetzt, dass die primäre Einheit menschlicher Kommunikation der T e x t ist, der unter ganz bestimmten Kommunikationsbedingungen produziert bzw. realisiert wird. Ein Text umfasst in der Regel eine Folge von Äußerungen, er kann aber auch aus nur einer einzigen Äußerung bestehen. Damit aber ist die Äußerung ganz eindeutig als Gegenstand und Ausgangsebene syntaktischer Untersuchung und Beschreibung legitimiert und nicht das Wort. Da Äußerungen, wie Sie wissen, sich auf die Struktur von Sätzen beziehen, gehen deshalb strukturalistische syntaktische Theorien und ihre Untersuchungs- und Beschreibungsverfahren von der Satzebene aus.

Im Folgenden wollen wir zwei derartige Analyse- und Beschreibungsprozeduren skizzieren, die besondere Verbreitung und Anerkennung gefunden haben: die K o n s t i t u e n t e n s t r u k t u r - G r a m m a t i k und die D e p e n d e n z - G r a m m a t i k. Es ist an dieser Stelle ausdrücklich darauf hinzuweisen, dass es sich bei beiden grammatischen Beschreibungsverfahren nicht etwa um konkurrierende oder sogar einander ausschließende Positionen handelt, sondern um zwei Modelle bzw. Theorien von einem identischen Modelloriginal, die mit unterschiedlichen Voraussetzungen und Aspekten aufgestellt wurden und sich gegenseitig ergänzen (können).

Die Konstituentenstruktur-Grammatik (KS-Grammatik)

Die im amerikanischen Strukturalismus entwickelte KS-Grammatik geht vom Satz als der größten Einheit grammatischer Beschreibung aus (Bloomfield) und analysiert diesen durch fortschreitende Teilung als ein Gebilde, das sich aus konstitutiven Einheiten zusammensetzt.

Konstitut

Konstituent

terminaler Konstituent

Dabei werden alle Einheiten von Sprachzeichen, die geteilt werden, K o n s t i t u t e genannt, alle Folgen von Sprachzeichen oder Sprachzeichen, die aus der Teilung hervorgehen, als K o n s t i t u e n t e n dieses Konstituts bezeichnet. Die durch Teilungen betriebene Analyse des Satzes ist dann beendet, wenn die Ebene der letzten, nicht weiter teilbaren, der t e r m i n a l e n Konstituenten erreicht ist, wobei diese je nach der Zielsetzung der Fragestellung die Wort- bzw. die Monem-Ebene sein kann.

IC-Analyse

Konstruktion

Konstituenten, die durch Teilung unmittelbar aus einem Konstitut hervorgehen, sind die u n m i t t e l b a r e n K o n s t i t u e n t e n (i m m e d i a t e c o n s t i t u e n t s = ICs) dieses Konstituts. Nach dieser Bezeichnung hat auch das gesamte Analyseverfahren seinen Namen: *Immediate Constituents Analysis*, deutsch: *IC-Analyse*. Die Beziehung zwischen unmittelbaren Konstituenten wird als K o n s t r u k t i o n bezeichnet.

Je nach Blickrichtung können alle Konstitute zugleich auch Konstituenten der nächsthöheren Teilungsebene sein mit Ausnahme der terminalen Konstituenten und des Satzes. Da der Satz nämlich die größte Einheit grammatischer Beschreibung darstellt und nicht aufgrund grammatischer Beziehungen oberhalb der Satzgrenze strukturell gebunden ist, kann er nur Konstitut, nicht aber Konstituent sein.

Die IC-Analyse geht immer von einer Zweiteilung des Satzes in die Subjekt- und die Prädikatsphäre aus. Das Prinzip der Zweiteilung, das in anderen Bereichen der Zeichenlinguistik, z. B. der Phonematik, konsequent durchzuhalten ist, sollte auch bei der syntaktischen Analyse möglichst befolgt werden, was aber nicht durchgängig möglich ist.

Die Analyse wird in Form eines Baumgraphen dargestellt. Baumgraph

Baumgraph 1

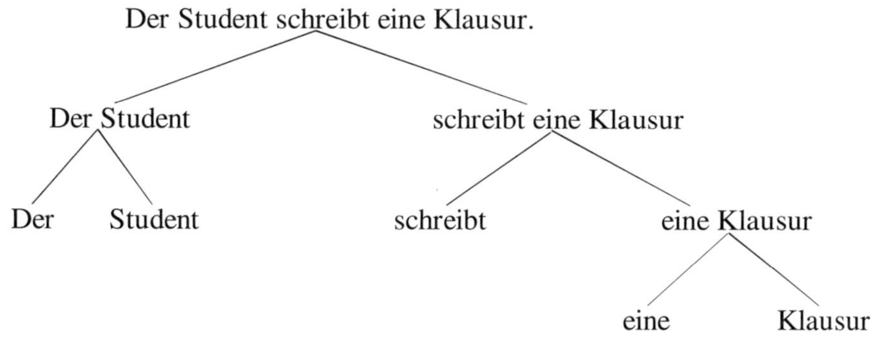

Im oben stehenden Beispiel wird der Satz als Konstitut in seine unmittelbaren Konstituenten *Der Student* und *schreibt eine Klausur* geteilt. Diese ICs stehen im Verhältnis einer Konstruktion, die die traditionelle Grammatik *Subjekt-* und *Prädikatsphäre* nennt. Bei der weiteren Teilung sind nun die Folgen von Sprachzeichen: *Der Student* und *schreibt eine Klausur* ihrerseits Konstitute, die einerseits in die unmittelbaren Konstituenten *der* und *Student*, die bereits terminale Konstituenten sein können, und *schreibt* und *eine Klausur* andererseits geteilt werden.
Die Konstruktion zwischen den ICs *schreibt* und *eine Klausur* nennt die traditionelle Grammatik z. B. *Prädikat-Akkusativobjekt-Relation*.
Zwischen *Student* und *eine Klausur* besteht keine direkte Relation in Form einer Konstruktion, da es sich hierbei nicht um unmittelbare Konstituenten eines Konstituts handelt. Diese Konstituenten stehen nur über die Tatsache, dass sie in einen Satz eingebettet sind, miteinander in Beziehung.

Die IC-Analyse verwendet nicht die Terminologie der traditionellen Grammatik, sondern benutzt zur Kennzeichnung der Konstituenten rein formale Bezeichnungen und vermeidet damit problematische Abgrenzungen, wie sie z. B. zwischen *Präpositionalobjekt* und *Adverbiale* in der traditionellen Grammatik vorliegen.

Die Konstituenten werden an den Verzweigungs- bzw. Endstellen der Äste des Baumgraphen, den Knoten, durch die Angabe der jeweiligen Distributionsklasse gekennzeichnet. Die Äste bilden die jeweiligen syntaktischen Funktionen ab. Äste Knoten

Die wichtigsten distributionellen Konstituentenbezeichnungen sind:

S	=	Satz	ADJ	=	Adjektiv
NP	=	Nominalphrase	ADV	=	Adverb
VP	=	Verbalphrase	PRÄP	=	Präposition
PP	=	Präpositionalphrase	ART	=	Artikel
VERB	=	Verb	PRON	=	Pronomen
N	=	Substantiv			

Der Klassenbaumgraph des Beispielsatzes *Der Student schreibt eine Klausur* sieht demnach folgendermaßen aus:

Baumgraph 2

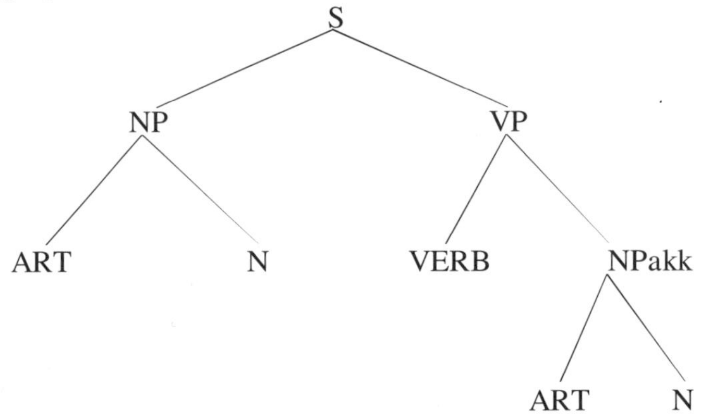

Nach diesem Baumgraphen können durch Einwählen von Zeichen aus den entsprechenden Distributionsklassen nun die unterschiedlichsten Sätze mit der gleichen syntaktischen Struktur gebildet werden wie: *Der Jäger schießt den Löwen, Der Gärtner schneidet den Obstbaum,* nicht aber: *Der Fisch schwimmt im Wasser.*

Aufgabe 21

> *Zeichnen Sie den Baumgraphen des Satzes: „Der Fisch schwimmt im Wasser."*
> *Erläutern Sie, worin sich die Struktur dieses Satzes von der im Baumgraphen 2 abgebildeten Struktur unterscheidet.*

Bei doppeldeutigen Sätzen wird durch unterschiedliche Baumgraphen die jeweilige Bedeutungsmöglichkeit repräsentiert.

Baumgraph 3

Er grüßt den Mann mit dem Hut.

1.

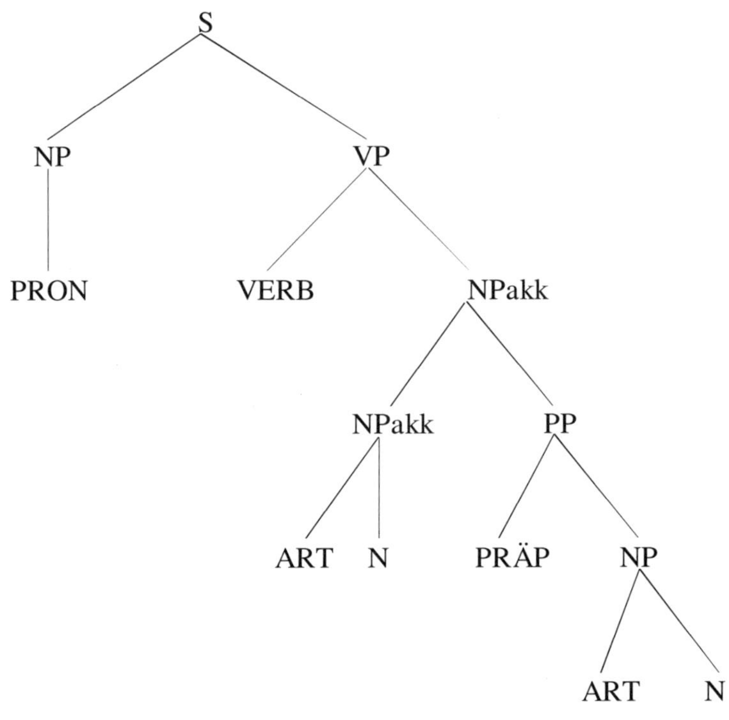

2.

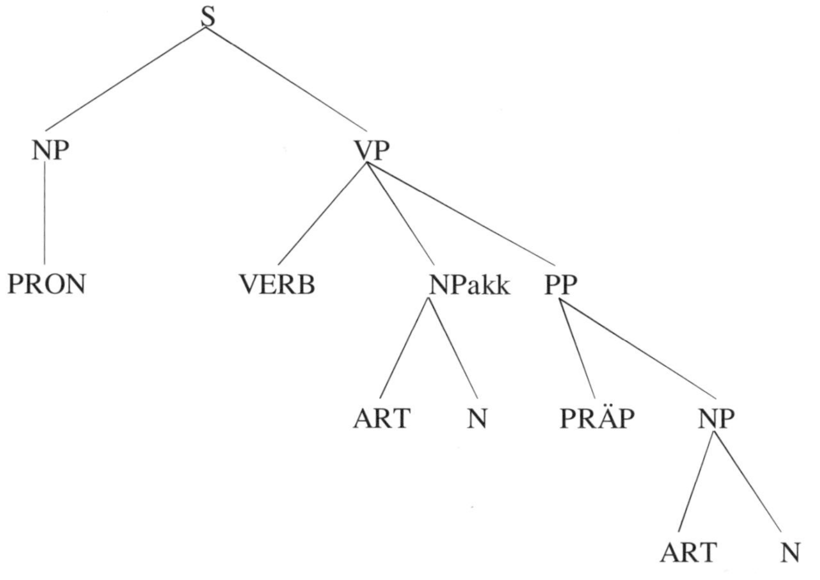

Bei beiden Bedeutungsmöglichkeiten des Satzes *Er grüßt den Mann mit dem Hut* (Baumgraph 3) wird die Folge von Sprachzeichen *mit dem Hut* als PP gekennzeichnet. Die unterschiedliche syntaktische Funktion kommt durch die unterschiedliche Anordnung der Äste zum Ausdruck: Als präpositionales Attribut unter 1 sind PP und NPakk nicht permutierbar, d. h. nicht umstellbar.
Im zweiten Beispiel von Baumgraph 3 dagegen wird die PP als Adverbiale aufgefasst, ist permutierbar (*mit dem Hut grüßt er den Mann*) und muss damit als selbstständiges Satzglied gleichrangig mit dem Akkusativobjekt in der VP abgebildet werden.
Mit der IC-Analyse kann so sehr klar die hierarchische Struktur von Sätzen ermittelt und beschrieben und jedem Sprachzeichen bzw. jeder Folge von Sprachzeichen ihr Rang und Platz in dieser Struktur zugewiesen werden.

Die Dependenz-Grammatik

Auf der Grundlage der vorangehenden ausführlicheren Darstellung der KS-Grammatik kann die anschließende Darstellung der Dependenz-Grammatik komprimierter erfolgen.
Wie die KS-Grammatik geht auch die von Tesnière entwickelte Dependenz-Grammatik von der hierarchischen Struktur des Satzes aus, die aber unter einem anderen Aspekt analysiert und dargestellt wird.
Während es nämlich der KS-Grammatik um eine Aufgliederung der komplexen Einheit *Satz* in seine konstitutiven Teile geht, will das Dependenzkonzept die unterschiedlichen Abhängigkeitsrelationen (lat. *dependere* = abhängen von) von Sätzen beschreiben, die dadurch gegeben sind, dass die Sprachzeichen eines Satzes in einer Über- bzw. Unterordnungsbeziehung stehen.

So sind in dem Satz:

Der fleißige Student schreibt eine sehr schwierige Klausur.

z. B. folgende hierarchische Relationen enthalten:

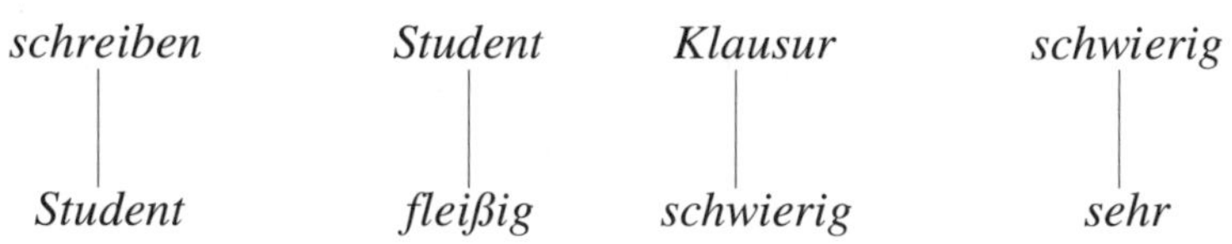

All diese Abhängigkeitsbeziehungen sind im Rahmen des Satzes komplex miteinander verknüpft.

Im Zentrum dieser Dependenzrelationen steht das Verb, auf das hin alle untergeordneten Abhängigkeitsbeziehungen ausgerichtet sind und das damit als Dreh- und Angelpunkt des Satzes angesehen wird. Da es wie bei der KS-Grammatik auch bei der Dependenzgrammatik um die Darstellung der hierarchischen Satzstruktur geht, können auch hier die syntaktischen Beziehungen im Baumgraphen visualisiert werden, an dessen Spitze allerdings nicht der gesamte Satz, sondern das Verb steht.

Baumgraph 4

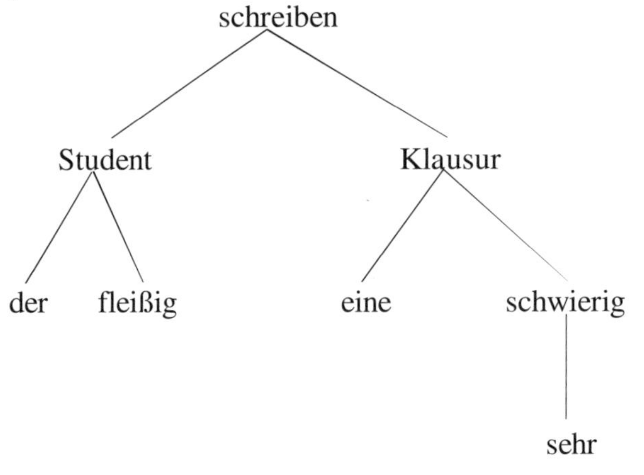

Aktanten

Von der Valenz abhängig sind die direkt vom Verb dominierten Satzglieder erster Ordnung, die Aktanten und Zirkonstanten genannt werden.
Als Aktanten gelten die von der Verbvalenz geforderten obligatorischen Ergänzungen, für das Deutsche können dies die kasusregierten Objekte, das Präpositionalobjekt, das Prädikativ sowie die Adverbiale sein.
Da die Dependenzkonzeption nicht wie die KS-Grammatik zwischen Subjekt- und Prädikatsphäre unterscheidet und das Verb alleiniges Organisationszentrum des Satzes ist, steht auch das Subjekt ohne Hervorhebung als ein Satzglied unter anderen in der Reihe der Aktanten.

Zirkonstanten

Als Zirkonstanten werden fakultative, freie Angaben bezeichnet, die im Deutschen Adverbiale sind.

Indices

Die von Aktanten bzw. Zirkonstanten abhängigen Satzelemente niedrigerer Rangordnung werden Indices genannt, wie z. B. Artikel, Pronomen oder Adjektive.

Ebenso wie bei der IC-Analyse wird auch im Graphen des Dependenzkonzeptes doppeldeutigen Sätzen eine unterschiedliche Strukturform zugeschrieben.

Baumgraph 5

Er grüßt den Mann mit dem Hut.

1.

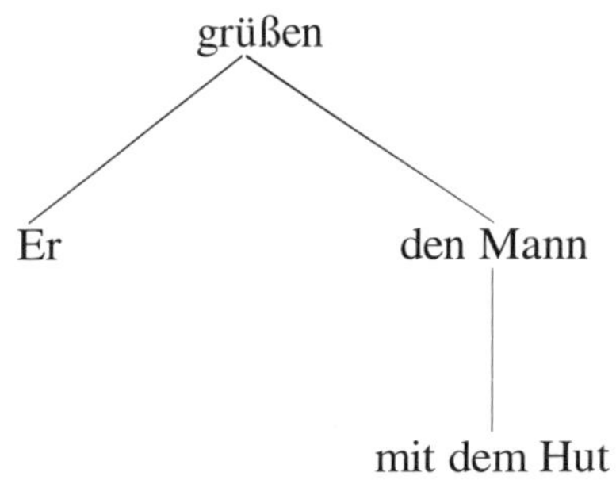

2.

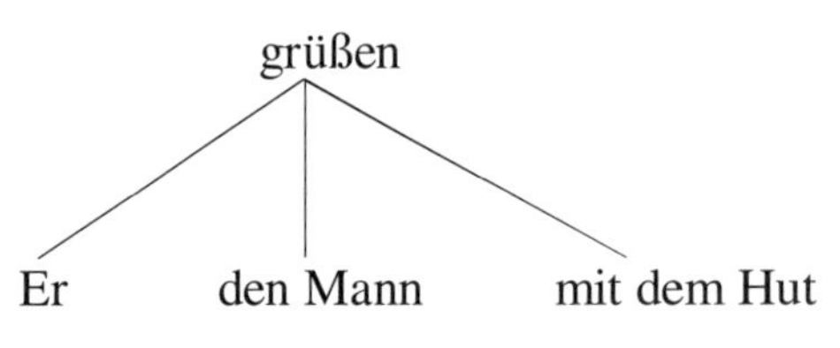

Aus der Spitzenstellung des Verbs im Baumgraphen der Dependenz-Grammatik ergibt sich allerdings eine mögliche Unklarheit bei der Erfassung bestimmter konkreter Sätze hinsichtlich der Funktion der Satzglieder, weil die Reihenfolge der dominierten Satzkonstituenten nicht festgelegt ist, wie sich schon an einem sehr einfachen Beispiel demonstrieren lässt:

Julie ruft Snert.

Baumgraph 6

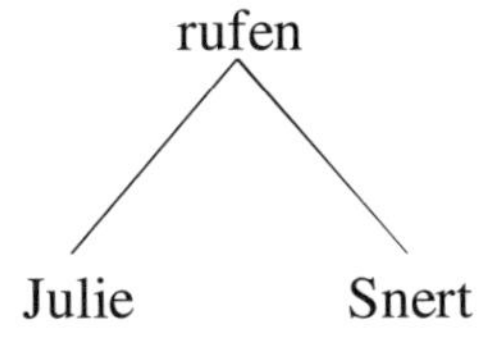

Im Gegensatz hierzu ist die Visualisierung der KS-Grammatik eindeutig:

Baumgraph 7

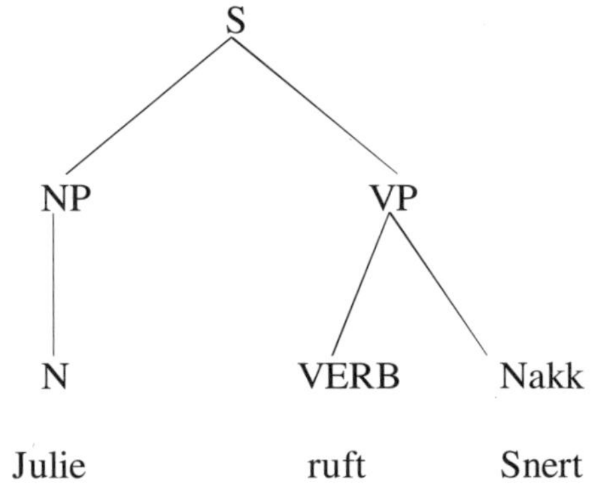

Da die Baumgraphen der Dependenz-Grammatik im Vergleich zur KS-Grammatik viel weniger formalisiert sind und z. B. eine Notierung der Distributionsklassen nicht erfolgt, ist es möglich, dass Sätze unterschiedlicher Struktur durch den gleichen Dependenzbaumgraphen repräsentiert werden.

Insgesamt aber ergänzen sich die beiden vorgestellten Analyse- und Beschreibungsverfahren sehr fruchtbar: Während die Konstituentenstruktur-Grammatik die hierarchische Gliederung des Satzes in seine Konstituenten und deren lineare Abfolge deutlich macht, kommt im Dependenzkonzept die zentrale Position des Verbs als Organisationszentrum des Satzes zum Ausdruck.

Stellen Sie den folgenden Satz im KS-Baumgraphen und im Dependenz-Graphen dar: „Der arme Professor beendet die Einführung in die Linguistik mit einem Seufzer.“ Aufgabe 22

6 Lösungshinweise zu den Aufgaben

Aufgabe 5

Sprachveränderungen in der deutschen Gegenwartssprache:

Im syntaktischen Bereich z. B. die Veränderung der Satzstellung nach *weil*. Man hört mehr und mehr die Hauptsatzstellung statt der Nebensatzstellung.
Im lexikalischen Bereich z. B. die Verwendung des Verbs *realisieren*, ursprünglich wurde es als *in die Tat umsetzen* gebraucht, inzwischen mehr und mehr auch im englischen Sinne: *erkennen*.

Übertragung des Textbeispiels von S. 23

„Es kommt wieder darauf an, eine berufliche Karriere gründlich zu planen, Klagen darüber sind nicht mehr zeitgemäß und wirken nur ermüdend.
Wer es unbedingt nötig hat, mag sich auch heute noch nicht mehr zeitgemäßen Weltverbesserungsbestrebungen hingeben. Aber eigentlich ist heutzutage ein derartiger Weltverbesserungseifer nicht mehr angesagt, das liegt auf der Hand.
Wer heute zwischen 15 und 25 Jahre alt ist, hat in der Regel absolut kein Interesse an terroristischen Aktivitäten, bei denen man letztendlich nur von den Polizisten mit ihren brutalen Gesichtern festgenommen, in irgendein Gefängnis eingelocht und dort von diesen Handlangern der Großunternehmer zusammengeschlagen wird, sobald man nur den Mund zum Widerspruch aufmacht.
Nein, Härte um jeden Preis lohnt sich nicht mehr, wie es auch andererseits nichts mehr bringt, revolutionäre Aktivitäten zu entfalten.
Heute ist man total cool (emotionslos), zeigt absolut keine Angst hinsichtlich der eigenen beruflichen Zukunft, fällt nicht mehr durch Demonstrationen auf und tut lieber etwas für seine körperliche Ertüchtigung, anstatt die Mauern mit Parolen vollzupinseln und Molotow-Cocktails (Bomben) zu basteln und damit den politisch Maßgeblichen Paroli zu bieten.
Im Augenblick ist es total zeitgemäß, sich modern zu stylen, alles andere ist unwichtig, wirkt lächerlich und schlichtweg abstoßend."

Aufgabe 6

Fachsprachen: Berufsbezogene Fachsprachen sind z. B. die Sprache der Medizin, der Chemie, der Mathematik, der Computertechnik, der Sprachwissenschaft.

Aufgabe 10

Beispiel für Divergenz:

	engl. *possibility*
dt. *Möglichkeit*	engl. *opportunity*
	engl. *chance*

Beispiel für Konvergenz:

dt. *wissen*	
	engl. *know*
dt. *können*	

Aufgabe 12

z. B.	bilabial	:	[p]
	labiodental	:	[v] (= w in „wie")
	dental	:	[d]
	alveolar	:	[z] (= s in „Sonne")
	palatal	:	[j]
	velar	:	[g]; [x] (= ch in „Lachen")

Aufgabe 14

Minimalpaare des Deutschen sind z. B.:

Wille – Welle
Hölle – Halle
lösen – losen
Greis – Kreis
Macht – Nacht
reißen – reisen

Aufgabe 18

Synonyme: Es handelt sich um stilistische (*Zuneigung – Liebe*), fremdsprachliche (frz. *Etage*) und regionale (*Fleischer – Metzger*) Unterschiede.

Aufgabe 21

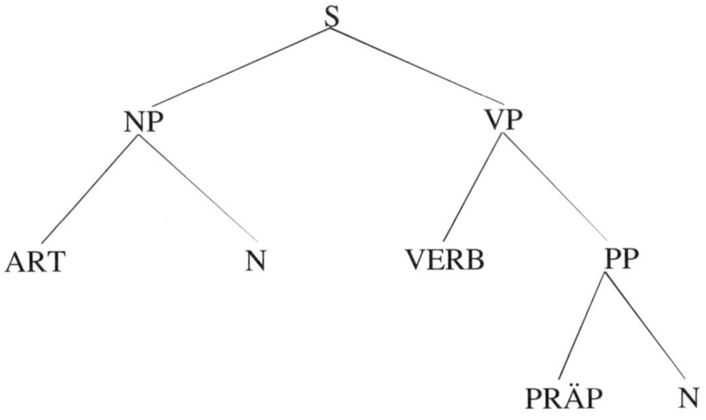

Im gegebenen Satz ist die NPakk des Baumgraphen 2 (s. S. 116) durch eine PP ersetzt.

Aufgabe 22

1. KS-Baumgraph

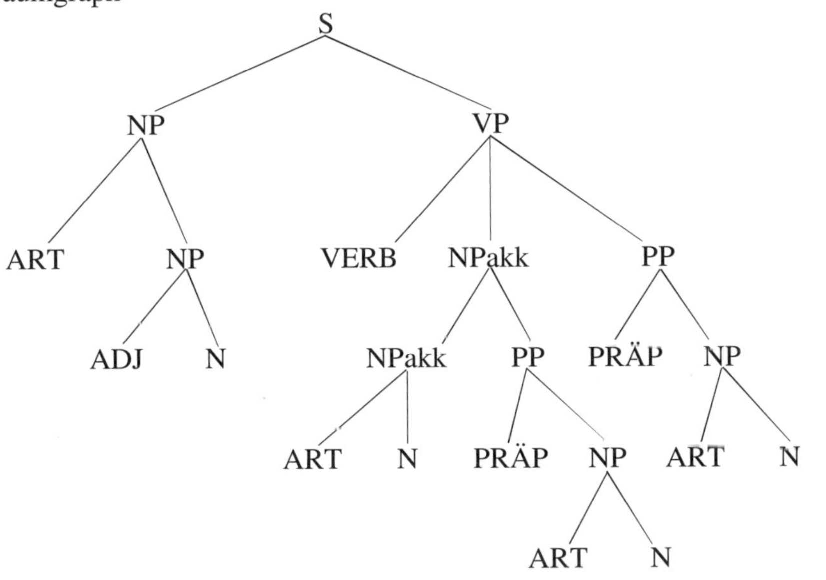

2. Dependenz-Baumgraph

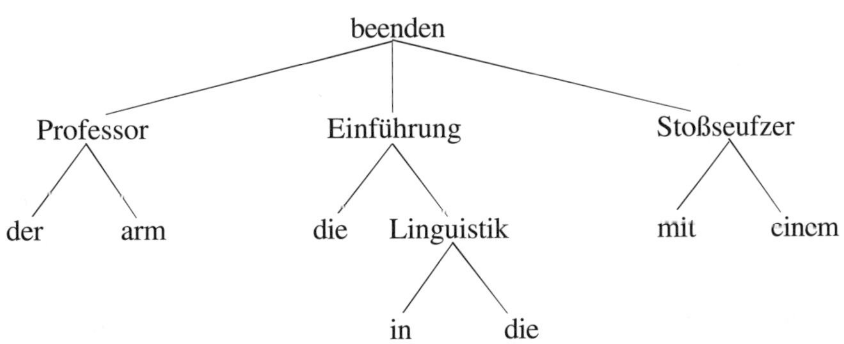

7 Glossar

Allophon, das (S. 65): Variante eines (→) Phonems, die in einer besonderen Umgebung vorkommt und die die Bedeutung einer sprachlichen Einheit nicht verändert.

Antonym, das (S. 87): Gegensatzwort, Oppositionswort, z. B. *schwarz–weiß* (→ Synonymie).

Code, der (S. 31): Gemeinsamer, konventionell festgelegter Vorrat von Zeichen und Verknüpfungsregeln im (→) Kommunikationsprozess.

Deletion, die (S. 108): (= Weglassprobe) Verfahren zur Ermittlung von Minimalstrukturen, bei dem Teile eines Satzes getilgt werden.

Denotat, das (S. 33): Generelle Bedeutung, die einem (→) Signifikanten unabhängig vom situativen Kontext zugeordnet werden kann.

Derivation, die (S. 95): (= Ableitung) Wortbildungstyp, der aus einem Lexem und einem/mehreren lexikalischen Morphemen besteht, z. B. sand-*ig,* freundschaft-*lich.*

Diskurs, der (S. 24): Individuell realisierter Teilbereich einer Sprachgemeinschaft; die von einem Sprachteilhaber auf der Basis seiner sprachlichen Kompetenz tatsächlich realisierten sprachlichen Äußerungen.

distinktives Merkmal, das (S. 67): Bedeutungsunterscheidende Eigenschaft einer sprachlichen Einheit.

Distribution, die (S. 46): Summe aller Umgebungen, in denen ein sprachliches Zeichen vorkommen kann.

Etymologie, die (S. 38): Lehre vom historischen Ursprung der Zeichen, ihrer wortbildungsmäßigen und lautlichen Veränderung sowie ihres Bedeutungswandels.

Extension, die (S. 78): Begriffsumfang, Klasse der Elemente, die ein Begriff bezeichnet.

faculté de langage (S. 18): Menschliche Sprach- und Sprechfähigkeit; Oberbegriff zu (→) *langue* und (→) *parole* bei de Saussure.

falsifizieren (S. 29): (Eine wissenschaftliche Behauptung) durch empirische Beobachtung, durch einen logischen Beweis widerlegen.

Formatik, die (S. 56) **(= Wortbildungslehre, die)**: Teildisziplin der (→) Linguistik, die die Kombinationsregeln zur Wortbildung aus kombinierten (→) Lexemen und (→) Morphemen analysiert und beschreibt.

Graphem, das (S. 55): Buchstabentyp, Klasse von Buchstabenvorkommen, die denselben Wert haben; kleinste bedeutungsunterscheidende Einheit in einem Schriftsystem, die ein (→) Phonem oder eine Phonemfolge repräsentiert.

Graphematik, die (S. 55): Lehre von den (→) Graphemen unter dem Aspekt ihrer Merkmale und strukturellen Beziehungen.

Historiolinguistik, die (S. 16): Teildisziplin der (→) Linguistik, die Sprache unter dem Aspekt ihrer historischen Entwicklung und Veränderung untersucht.

Homographie, die (S. 84): Form lexikalischer Mehrdeutigkeit, bei der mehrere sprachliche Ausdrücke orthographisch übereinstimmen, aber unterschiedliche Aussprache und Bedeutung haben, z. B. *módern* (faulen) – *modérn* (zeitgemäß).

Homonymie, die (S. 83): Übereinstimmung der (→) Signifikanten mehrerer sprachlicher Zeichen bei Verschiedenheit der (→) Signifikate, d. h. Gleichheit der Bezeichnung (von Wörtern) in Aussprache (→ Homophonie) und Schreibung (→ Homographie), z. B. *Bank* (Sitzmöbel) – *Bank* (Geldinstitut).

Homophonie, die (S. 84): Form lexikalischer Mehrdeutigkeit, bei der mehrere sprachliche Ausdrücke lautlich übereinstimmen, aber unterschiedliche Orthographie und Bedeutung haben, z. B. *Rad – Rat*.

Intension, die (S. 78): Begriffsinhalt; Menge der Eigenschaften bzw. Merkmale, die einen Begriff charakterisieren.

Kommunikation, die (S. 12): Austausch von Informationen zwischen Einheiten, die in der Lage sind, Informationen abzugeben und/oder aufzunehmen; Verständigung durch Sprache in schriftlicher oder mündlicher Form oder mittels anderer Kommunikationssysteme.

Kompetenz, die (S. 24): Individuell-virtualer Teilbereich einer Sprachgemeinschaft; Summe aller sprachlichen Fähigkeiten, die ein Muttersprachler besitzt.

Komponentenanalyse, die (S. 89): Beschreibung der Bedeutung sprachlicher Einheiten sowie der Struktur des Wortschatzes durch Mengen semantischer Merkmale.

Konnotat, das (S. 33): Nebenbedeutung, die einem Signal abhängig vom situativen Kontext von einer großen Zahl von Sprachteilhabern zugeordnet werden kann.

langue, la (frz.) (S. 18): Sprachsystem einer Einzelsprache im Gegensatz zur Aktualisierung dieses Systems in der Sprachverwendung (→ parole); Sprache als grammatisches und lexikalisches System.

Lexem, das (S. 50): Selbstständig auftretendes (→) Monem als abstrakte Einheit des Wortschatzes, ohne Berücksichtigung der möglichen Formen im Satz.

Lexikographie, die (S. 81): Aufgabe der Lexikographie ist die systematische Erfassung eines Wortschatzes in Form eines Wörterbuches sowie die wissenschaftliche Auseinandersetzung mit Formen lexikographischer Beschreibung.

Lexikologie, die (S. 81): Teildisziplin der (→) Linguistik, die den Wortschatz einer Sprache analysiert.

Linguistik, die (S. 10): Wissenschaft und Lehre von der Sprache. Im engeren Sinn die auf de Saussure zurückgehende moderne Sprachwissenschaft.

Minimalpaar, das (S. 64): Zwei sprachliche Einheiten, die sich lediglich durch die geringstmögliche Opposition von zwei Segmenten unterscheiden, z. B. *Hose – Rose*.

Monem, das (S. 50): Kleinste bedeutungstragende Einheit (→ Lexem).

Morphem, das (S. 50): (→) Moneme, die nur in Verbindung mit (→) Lexemen auftreten und grammatische Informationen tragen.

Morphematik, die (S. 56) **(= Morphologie, die)**: Teildisziplin der (→) Linguistik, die die Regeln zur Wortbildung aus kombinierten (→) Lexemen und (→) Morphemen, die der Indikation grammatischer Kategorien dienen, beschreibt.

olfaktorisch (S. 54): Den Geruchssinn betreffend.

Onomastik, die (S. 81) **(= Namenkunde, die)**: Teildisziplin der (→) Linguistik, die die Eigennamen einer Sprache unter dem Aspekt ihrer Entstehung und ihres Wandels untersucht.

Onomatopoetika (Pl.) (S. 40): Lautmalende Wörter, die durch Imitation von Geräuschen der außersprachlichen Umwelt gebildet werden.

paradigmatische Relation, die (S. 47): Beziehung von Wortschatzelementen, die im selben Kontext auftreten können und die austauschbar sind.

parole, la (frz.) (S. 18): Konkrete Realisierung des sprachlichen Systems im Sprachgebrauch; gesprochene, aktualisierte Sprache (→ langue).

Performanz, die (S. 24): Gebrauch des individuellen (→) Sprachsystems (→ Kompetenz) in der Sprachverwendung.

Permutation, die (S. 107): (= Umstellprobe) Syntaktisches Verfahren der Umordnung, Vertauschung, Änderung der Reihenfolge von Wörtern bzw. Satzgliedern innerhalb eines Satzes.

Perzeption, die (S. 33): Sinneswahrnehmung.

Phonem, das (S. 51): Kleinste bedeutungsunterscheidende Lauteinheit (→Allophon).

Phonematik, die (S. 55): Teildisziplin (→) der Linguistik, die den (→) Signifikanten unter dem Aspekt seines Aufbaus aus kleinsten bedeutungsunterscheidenden Einheiten, deren Merkmale sowie die Struktur von (→) Phonem Inventaren beschreibt.

Phonetik, die (S. 55): Wissenschaftliche Disziplin, die die Produktion, Übermittlung und Rezeption der Laute als physikalische Erscheinungen analysiert.

Polysemie, die (S. 82): Form lexikalischer Mehrdeutigkeit, bei der ein sprachlicher Ausdruck zwei oder mehr Bedeutungen aufweist, die meist aus einer Grundbedeutung abzuleiten sind, z. B. *Pferd* = Tier, Turngerät, Schachfigur.

Pragmalinguistik, die (S. 15): Teildisziplin der (→) Linguistik, die den Zusammenhang von Sprache mit beabsichtigten oder vollzogenen Handlungen untersucht.

Psycholinguistik, die (S. 16): Teildisziplin der (→) Linguistik, die sich mit den psychischen Voraussetzungen der Spracherlernung und -verwendung befasst.

Sem, das (Pl. Seme) (S. 89): Kleinste unterscheidende Bedeutungskomponente, mittels derer die Gesamtbedeutung sprachlicher Ausdrücke zu beschreiben ist.

Semem, das (S. 90): Bedeutung bzw. Inhalt eines sprachlichen Zeichens.

Semiotik, die (S. 10): Wissenschaft von den Zeichen und Zeichensystemen im Allgemeinen.

Signifikant, der (S. 37): („das Bezeichnende") Lautliche Seite des Zeichens im bilateralen Zeichenmodell de Saussures, durch die das (→) Signifikat manifestiert ist.

Signifikat, das (S. 37): („das Bezeichnete") Inhaltliche Seite des Zeichens im bilateralen Zeichensystem de Saussures, die durch den (→) Signifikanten manifestiert ist.

Soziolinguistik, die (S. 15): Teildisziplin der (→) Linguistik, die die soziale Bedeutung des Sprachsystems und -gebrauchs sowie die Abhängigkeit von Sozial- und Sprachstrukturen untersucht.

Sprachsystem, das (S. 24): Kollektiv-virtualer Teilbereich einer Sprachgruppe; System aus in gleicher Weise immer wieder vorkommenden und sich wiederholenden Elementen und Relationen, das dem Sprachteilhaber zur Verfügung steht.

Substitution, die (S. 88): (= Ersatzprobe) Syntaktisches Verfahren der Ersetzung eines sprachlichen Elements durch ein anderes.

Synonymie, die (S. 81): Verhältnis von Wörtern mit gleicher oder ähnlicher Bedeutung, z. B. *Ruhe – Stille* (→ Antonym).

syntagmatische Relation, die (S. 46): Beziehung eines Wortschatzelementes zu Elementen seiner Umgebung in der linearen Anreihung.

Syntaktik, die (S. 56): Teildisziplin der (→) Linguistik, die die Kombination von (→) Lexemen und (→) Morphemen zu Syntagmen und Sätzen analysiert bzw. beschreibt.

Syntax, die (S. 56): Das einer Sprache immanente System von Kombinationsregeln; in einer Sprache übliche Verbindung von Wörtern zu Wortgruppen und Sätzen.

taktil (S. 54): Den Tastsinn betreffend.

Terminale, die (S. 72): Endsymbol bei der Darstellung der Stammbaumstruktur von Sätzen, das nicht in weitere Konstituenten aufgegliedert werden kann; satzschließende Intonation.

Terminus, der (S. 81): Fachwort, dessen Bedeutung und Gebrauch eindeutig festgelegt bzw. definiert ist.

Textlinguistik, die (S. 56): Teildisziplin der (→) Linguistik, die die Kombination von Phrasen, Syntagmen und Sätzen zur Konstitution von Texten analysiert und beschreibt.

Valenz, die (S. 112): Eigenschaft des Verbs, eine bestimmte Anzahl von Satzgliedern in der Verbalphrase obligatorisch zu binden.

verifizieren (S. 29): (Eine wissenschaftliche Behauptung) durch empirische Beobachtung, durch einen logischen Beweis belegen.

Zeichenlinguistik, die (S. 16): Teildisziplin der (→) Linguistik, die die Sprache unter dem Aspekt ihres Zeichencharakters untersucht.

8 Literaturverzeichnis

ADMONI, W. (1966): *Der deutsche Sprachbau.* Moskau/Leningrad.

BARTHES, R. (1964): *Eléments de semiologie.* Paris.

BIERWISCH, M. (1967): *Some Semantic Universals of German Adjectivals.* In: *Foundations of Language,* H. 3/1967, S. 1 – 36.

BIERWISCH, M. (1970): *Einige semantische Universalien in deutschen Adjektiven.* In: STEGER, H. (Hrsg.): *Vorschläge für eine strukturale Grammatik des Deutschen.* Darmstadt, S. 269ff.

BLOOMFIELD, L. (1933): *Language.* New York.

BÜHLER, K. (1934): *Sprachtheorie.* Die Darstellungsfunktion der Sprache. Jena.

BÜNTING, K. D. (1971): *Einführung in die Linguistik.* Grundbegriffe, Methoden, Analysetechniken, Phonetik und Phonologie, Morphologie, Syntax, Semantik. Frankfurt/M.

CHOMSKY, N. (1965): *Aspects of the theory of syntax.* Cambridge.

COSERIU, E. (1967): *Lexikalische Solidaritäten.* In: *Poetica,* H. 1/1967, S. 293 – 303.

COSERIU, E. (1970): *Einführung in die strukturelle Betrachtung des Wortschatzes.* Tübingen.

DUDEN (1959): *Grammatik der deutschen Gegenwartssprache.* Mannheim.

ECO, U. (1977): *Zeichen – Einführung in einen Begriff und seine Geschichte.* Frankfurt/M.

ERBEN, J. (1968): *Deutsche Grammatik.* Ein Leitfaden. Frankfurt/M.

FRISCH, K. von (1953): *Aus dem Leben der Bienen.* Berlin/Göttingen/Heidelberg.

FUNKKOLLEG SPRACHE (1971): Eine Einführung in die moderne Linguistik, 2 Bde. Weinheim/Berlin/Basel.

GREIMAS, A. J. (1966): *Sémantique structurale.* Paris.

HJELMSLEV, L. (1963): *Prolegomena to a Theory of Language.* Madison/Wisconsin.

JUNG, W. (1968): *Grammatik der deutschen Sprache.* Leipzig.

LEWANDOWSKI, Th. (1985): *Linguistisches Wörterbuch,* 3 Bde. Heidelberg/Wiesbaden.

MARTINET, A. (1960): *Eléments de linguistique générale.* Paris.

MARTINET, A. (1961): *A functional view of language.* Oxford.

MARTINET, A. (1963): *Grundzüge der Allgemeinen Sprachwissenschaft.* Stuttgart.

PAWLOW, J. P. (1972): *Die bedingten Reflexe.* Eine Auswahl aus dem Gesamtwerk. Hrsg. von G. BAADER und U. SCHNAPPER. München.

PEIRCE, Ch. S. (1974 – 1979): *Collected Papers.* Cambridge.

PORZIG, W. (1971): *Das Wunder der Sprache*. Probleme, Methoden und Ergebnisse der Sprachwissenschaft. München.

POTTIER, B. (1974): *Linguistique générale*. Théorie et description. Paris.

RIES, J. (1931): *Was ist ein Satz?* Prag.

SAUSSURE, F. de (1931): *Grundfragen der allgemeinen Sprachwissenschaft*. Hrsg. von Ch. BALLY und A. SECHEHAYE. Berlin.

SAUSSURE, F. de (1967): *Cours de linguistique générale*. Paris.

SCHMIDT, W. (1967): *Grundfragen der deutschen Grammatik*. Eine Einführung in die funktionale Sprachlehre. Berlin (Ost).

SEIDEL, E. (1935): *Geschichte und Kritik der wichtigsten Satzdefinitionen*. Jena.

SPILLMANN, H. O. (1989): *Von den Verlockungen verbaler Exotik – Oder: Ist die deutsche Sprache schutzbedürftig?* In: *Zielsprache Deutsch,* H. 4/1989, S. 29 – 36.

TESNIERE, L. (1959): *Elements de syntaxe structurale*. Paris.

TRIER, J. (1931): *Der deutsche Wortschatz im Sinnbezirk des Verstandes*. Die Geschichte eines sprachlichen Feldes. Von den Anfängen bis zum Beginn des 13. Jahrhunderts. Heidelberg.

ULLMANN, St. (1967): *Grundzüge der Semantik*. Berlin.

ULLRICH, W. (1981): *Linguistische Grundbegriffe*. Kiel.

WANDRUSZKA, M. (1971): *Interlinguistik*. Umrisse einer neuen Sprachwissenschaft. München.

9 Quellenangaben

CELAN, P.: *Die Krüge*. In: *Mohn und Gedächtnis* (1952). Stuttgart.

DIE DEUTSCHE SPRACHE (1970): Kleine Enzyklopädie, 2 Bde. Hrsg. von E. AGRICOLA u. a. Leipzig.

ECO, U. (1977): *Zeichen – Einführung in einen Begriff und seine Geschichte*. Frankfurt/M.

MÜLLER, R./SCHIPPER, K. P. (1981): *Zwischen Lese-Rechtschreibschwäche und Legasthenie*. Frankfurt/M./Bern.

OGDEN, C. K./RICHARDS, I. A. (1923): *The meaning of meaning*. New York.

PELZ, H. (1982): *Linguistik für Anfänger*. Hamburg.

SÜDDEUTSCHE ZEITUNG vom 23.9.1988.

Angaben zum Autor

Hans Otto Spillmann ist Professor für Germanistische Linguistik am Fachbereich Germanistik der Universität Gesamthochschule Kassel.
Arbeitsschwerpunkte: Historische Lexikologie, Gegenwartssprache, Didaktik der Linguistik.

Veröffentlichungen in den genannten Bereichen, u. a.:

Untersuchungen zum Wortschatz in Thomas Müntzers Deutschen Schriften (1971)

Linguistische Beiträge zur Müntzer-Forschung (1991)

Zur curricularen Stellung der Linguistik in der Auslandsgermanistik. In: *Ergebnisse und Aufgaben der Germanistik*, hrsg. von E. Feldbusch (1989)

Linguistik in der Auslandsgermanistik? In: Info-DaF, 16/1989

Zur Problemstellung und zum Stand der feministischen Linguistik. In: *Linguistische Beiträge zur Frauenforschung*, hrsg. von B. Hufeisen (1993)

Internationale Tendenzen der Syntaktik, Semantik und Pragmatik, hrsg. mit I. Warnke (1999)